Klaus Bodemeyer
Gerold Kaiser

Körper und Raum im Kunstunterricht der Grundschule

Unterrichtsmodelle und theoretische Vorüberlegungen

Otto Maier Verlag
Ravensburg

CIP-Kurztitelaufnahme der Deutschen Bibliothek

Kaiser, Gerold
Körper und Raum im Kunstunterricht der Grundschule:
Unterrichtsmodelle und theoretische Überlegungen /
Gerold Kaiser; Klaus Bodemeyer. –
1. Aufl. – Ravensburg: Maier, 1977.
  ISBN 3-473-61530-7

NE: Bodemeyer, Klaus:

© Otto Maier Verlag Ravensburg 1977
Einbandgestaltung: Manfred Burggraf
Satz: IBV Lichtsatz KG, Berlin
Druck: aprinta, Wemding
Printed in Germany 1977
ISBN 3-473-61530-7

Inhalt

Vorwort 5
1. Zur Orientierung des fachlichen Arbeitsbereiches Körper/Raum 7
1.1 Gestaltungsprinzipien und strukturelle Eigenschaften von Körper und Raum 12
1.2 Zu Problemen einer spezifischen Strukturierung des Arbeitsbereiches Raum 17
2. Zur Konstruktion von Unterrichtsmodellen 22
3. Zum Problem der Operationalisierung von Lernzielen im Kunstunterricht 27
4. Die elementaren Lernprozesse im Kunstunterricht der Grundschule 31
4.1 Allgemeiner Teil 31
4.2 Die einzelnen Lernprozesse des Arbeitsbereiches Körper/Raum 33

A Arbeitsbereich Körper

1. Dreidimensional beurteilte Einzelfigur
„Parfümflasche mit Verpackung" 57
„Eishockey-Spieler" 64

2. Plastische Einzelformen und -figuren in einem gegenseitigen Beziehungsgefüge
„Leute in einem Ruderboot" 68
„Motorrad-Rennfahrer" 71

3. Organisation plastischer Elemente
„Akrobaten bilden einen Turm" 76
„Footballspieler im Kampf" 80
„Wir bauen ein Dorf aus Lehmhäusern 85
„Serielle Reliefordnung" 88

4. Materialform und Raumform
„Weltraumrakete auf der Startrampe" 92
„Fantastisches Schneckengehäuse" 97
„Gefährliches, gepanzertes Tier" 100

5. Bewegliche Plastik
„Spielgegenstand aus Styroporkugeln" 103
„Schwebende Astronauten außerhalb der Raumkapsel" 106

6. Experimentelles Erproben plastischer Mittel
„Superstar" 112
„Monströses Fahrzeug" 117

B Arbeitsbereich Raum

1. Gegliederter Raum
„Wohnung" 123

2. und 3. Raumgefüge
„Ganglabyrinth" 127

4. Durchdringung von Innen- und Außenraum
„Kletterwand" 132
„Gitterbau" 135

5. Bewegliche Raumgrenzen
„Wohnungs-Baukasten" 139

6. Experimentelles Erproben von Raumwirkungen
„Treppenlabyrinth" 144

Reale Raumversuche im Klassenzimmer
1. Gegliederter Raum: Gliederung eines großen Raumes für drei Geschwister 148
2. Gegliederter Raum/Raumgefüge: Gliederung eines großen Raumes in Teilräume, die zu einem Zentrum hin offen bleiben 151
3. Raumgefüge: Herstellen eines Labyrinths im vorgegebenen Innenraum 153
4. Durchdringung von Innen- und Außenraum: Raumgliederung mit transparenten Wänden 155
5. Bewegliche Raumgrenzen 156
6. Experimentelles Erproben von Raumwirkungen: Veränderung des Raumes durch Licht 157

Anhang: Vorläufige Arbeitsanweisungen für den Kunstunterricht in den Grundschulen des Landes Baden-Württemberg 167

Literatur 173

Vorwort

In diesem Buch wird ein Bereich des Kunstunterrichts aufgearbeitet, der in bezug auf die didaktische Analyse und gestalterische Praxis bisher nur in einzelnen Ansätzen berücksichtigt wurde und im Fachunterricht eher eine Randstellung einnahm: der Bereich „Körper/Raum". Seine bisher geringe Beachtung läßt sich erklären einmal aus der vergleichsweise vielschichtigen Struktur seiner Bezugsbereiche in der natürlichen und technisch-zivilisatorischen Umwelt und der Kunst, zum anderen – und da mag die Hauptschwierigkeit liegen – aus dem Mangel an systematisch entwickelten, aufeinander bezogenen Lernbereichen, die dieses Arbeitsgebiet didaktisch erschließen, für den Unterricht zugänglich und überschaubar machen.

Hier setzt die Fragestellung des Buches an. Es konzentriert sich auf die Ableitung elementarer Lernprozesse, die gleichermaßen
- anthropologische Voraussetzungen der Wahrnehmung und Beurteilung von Körper und Raum
- die Struktur und Funktion von Körper und Raum als Umweltphänomen
- die besondere Ausprägung der bildnerischen Probleme von Körper und Raum berücksichtigen.

Elementare Lernprozesse im Kunstunterricht können nach diesem Verständnis keine Verkürzung künstlerischer Problemstellung und Realisationsformen auf die Schulebene sein, deren Zielsetzung sich in einer bewußteren, kompetenten Aufnahme von Objekten der Kunst erfüllt. Vielmehr erscheint es gerade in diesem Arbeitsbereich unerläßlich, daß dem Schüler darüberhinaus die in Analyse und praktischer Arbeit erworbenen Kenntnisse und Erfahrungen beim Erkennen und Beurteilen von Umweltphänomenen zur Verfügung stehen.

Der angestrebte Transfer soll den Schüler zur selbständigen Umweltorientierung und kritischen Umweltanalyse befähigen. Von diesem Leitziel sind die Grobziele der verschiedenen elementaren Lernprozesse abzuleiten.

Eine Unterrichtskonzeption, die deduktiv von einem Leitziel bis zu den Entscheidungen des einzelnen Unterrichtsmodells zurückfragt, setzt lernzielorientierte Planung und Überprüfung voraus. (Vgl. im Anhang, S. 167–172, den Entwurf der Lehrplankommission Teil I der „Vorläufigen Arbeitsanweisungen für den Kunstunterricht in den Grundschulen des Landes Baden-Württemberg" vom Herbst 1973.)

Das Buch verbindet die Diskussion von Unterrichtsmodellen (als Hauptteil) mit der Darstellung der Probleme, die sich aus einem lernzielorientierten Unterricht für das Fach Kunst grundsätzlich ergeben. Die Unterrichtsmodelle stellen den jeweiligen elementaren Lernprozeß in exemplarischer Weise vor und werden durch die Angabe von Alternativen in ihrer Akzentuierung verdeutlicht.
Die besondere Schwierigkeit des Arbeitsbereiches Körper/Raum, Erfahrungen und Erkenntnisse des klein dimensionierten Modellversuchs nicht vorbehaltlos auf reale Raumsituationen übertragen zu können, wird im Vergleich entsprechender Unterrichtsmodelle diskutiert, die Aussageleistung der sich ergänzenden Realisationsformen analysiert.
Mit der Betonung des Abbildungsformates der Umweltbeispiele soll die Möglichkeit angeboten werden, diese Abbildungen bei entsprechenden Aufgabenstellungen durch Epi-Projektion im Unterricht einzusetzen.

Weingarten, Sommer 1976

Klaus Bodemeyer
Gerold Kaiser

1. Zur Orientierung des fachlichen Arbeitsbereiches Körper/Raum

Die begriffliche Bestimmung Körper und Raum zur Eingrenzung des fachlichen Bezugsfeldes ‚dreidimensionale Umwelt' schließt ein Grundverständnis, eine Entscheidung für einen didaktischen Standort ein. Dieses fachliche Grundverständnis ist von der Überzeugung bestimmt, daß das wesentliche Problem für eine lernende Auseinandersetzung mit der dreidimensionalen Umwelt weniger in der Unterscheidung jeweils eigengesetzlicher Funktions- und Sinnbereiche liegt als in unserer persönlichen Voraussetzung, diese Umwelt sinnlich und handelnd zu verarbeiten.

Wenn hier also auf die übliche Unterscheidung der dreidimensionalen Gegenstandsbereiche (Architektur – Design – Plastik) verzichtet wird, geschieht das nicht mit Rücksicht auf die besonderen Lernvoraussetzungen der Grundschule und auch weniger aus den bekannten Zweifeln, wo bei der Behandlung von Architektur und Design die Grenzen fachlicher Zuständigkeit und Kompetenz liegen. Vielmehr wird in der Zentrierung der Fragestellung auf ‚Architektur – Design – Plastik' eine Verengung und Akzentuierung gesehen, die – gemessen an der anthropologischen und sozialen Vieldeutigkeit der Problemstellung – zu verkürzten Fragen verleitet.

Verengt erscheint die Pespektive dort, wo in der räumlich-körperhaften Umwelt die Wirkungsweise und Bedeutung der naturgegebenen Formen und Räume, mithin auch die Erfahrung der eigenen Körperlichkeit nur mittelbar berücksichtigt wird; die Akzentuierung ist dann problematisch, wenn die Erarbeitung der besonderen funktionalen und strukturellen Bedingungen dieser Bereiche nicht eingebettet ist in die Grundfrage nach dem persönlichen Bezug zu ihnen, wenn die Sachanalyse nicht mit einem affektiven Beteiligtsein des Schülers rechnet.

Mit der Bezeichnung ‚Körper und Raum' sei demgegenüber darauf verwiesen, daß hier aus kunstpädagogischer Sicht weniger eine klassifizierende Unterscheidung der je verschiedenen Funktionsbereiche im Vordergrund steht, als vor allem die Zielsetzung, ‚Körper und Raum' als einen sehr komplexen Bereich sinnlicher Wahrnehmr Erfahrung zu erfassen, für den es neue Zugangsmöglichkeiten zu vermitteln gilt.

Mit der Eingrenzung des Arbeitsbereiches ist nach seinen Inhalten gefragt. Sie sind einander auf drei Ebenen zuzuordnen:

1. Die strukturellen Eigenschaften von Körper und Raum und die Entwicklung ihrer gestalterischen Differenzierung.
2. Die Funktionen und Bedeutungen von Körper und Raum und die in ihnen vermittelten Einstellungen.
3. Die Erfahrung von Körper und Raum und die mit ihr verbundene Selbsterfahrung.

Es muß hier nicht erörtert werden, daß alle drei inhaltlichen Ebenen miteinander verbunden und kunstpädagogisch gerade in dieser Verbindung von Interesse sind. Deshalb ist im folgenden nicht nach einer alternativen Zuordnung gefragt, sondern nach einer notwendigen Akzentuierung, welche den Lernvoraussetzungen des Grundschülers entspricht, welche die Probleme dieses Umweltbereiches in konkreten Erfahrungssituationen erkennen läßt und sie einer gestalterisch produktiven Auseinandersetzung zugänglich macht.

Zu 1. Die Fähigkeit, Struktureigenschaften von Körpern und Räumen unserer Umwelt zu analysieren, setzt, didaktisch gesehen, gestalterische Erfahrung voraus. Dies gilt insbesondere für den Schüler der Primarstufe. Wie auch dem Erwachsenen stellt sich für ihn die Realität der dreidimensionalen Umwelt als ein Beziehungsgefüge subjektiv bedeutungsvoller Gegenstände, Bauten, Wege, Plätze dar, die durch Handlungserfahrungen zu einer persönlichen Umwelt verbunden werden. Im Gegensatz zum Erwachsenen kann jedoch der Schüler noch nicht aus seiner persönlichen Umwelt – eben der durch Handeln, Wahrnehmen, Werten angeeigneten Welt – heraustreten, weil er ohne Kenntnis anderer Sehweisen und Beurteilungsstandorte von dieser nicht zu abstrahieren vermag.

Ein Unterricht, der dem Schüler die Umwelt schrittweise erschließen will, muß als Grundlage dessen persönliche Umwelt im Blick haben, soll nicht das Ziel einer rationalen, erkenntnismäßigen Verarbeitung unter Ausschluß emotionaler Beziehungen zur Umwelt erreicht werden.

Dieser emotionale Bezug wird im Kunstunterricht seit jeher vor allem im Motiv aufrecht erhalten, während die besonderen strukturellen Probleme der Gestaltung ohne bewußtes Auswählen, Entscheiden, Vergleichen, Verändern, In-Beziehung-Setzen, also kognitive Fähigkeiten, nicht zu lösen sind.

Strukturelle Eigenschaften, mit ihnen verbundene Wirkungen und die Bedeutungen von Räumen sind zwar ständig in der gebauten Umwelt enthalten, doch für den Schüler bewußtseinsmäßig nicht gegenwärtig. Die alltäglich gebrauchte räumliche Umwelt wird nicht zugleich auch als gestaltete Umwelt erkannt. Bestimmte, strukturell bedingte Wirkungen (z. B. die anregende Bewegung von Terrassen, die mit Treppen verbunden sind; der gefühlsmäßige Schutz eines Innenhofes) werden zwar empfunden, doch können sie nicht auf ihre Ursachen zurückgeführt werden.

Indem der Kunstunterricht Struktureigenschaften der sinnlich erfahrbaren Umwelt untersucht, bezieht er sich auf vorbewußte Erfahrungen des Schülers. (Das Kind kann z. B. um eine möglichst genaue symmetrische Darstellung einer Kirchenfassade bemüht sein, ohne vom Prinzip der Symmetrie gehört und dieses reflektiert zu haben.)

Das schrittweise erkenntnismäßige Verarbeiten von Struktureigenschaften ermöglicht es dem Schüler, Umwelt unter besonderen, bewußten Fragestellungen wahrzunehmen. Diese können seine nach persönlichen Bedeutungen aufgebaute Umwelterfahrung nicht ersetzen, sondern nur ergänzen, relativieren, unter neue Kriterien stellen. Die Erarbeitung von Struktureigenschaften hat also nicht zum Ziel, jegliche Sinnerfahrung in der optischen und haptischen Umwelt rational

"abzuklären", vielmehr liegt ihr Sinn darin, durch das Einbringen bewußter und damit verfügbarer gestalterischer Erfahrung die Ganzheit der sinnlichen Wirklichkeit zu differenzieren bzw. überhaupt erst herzustellen.
Für diese Zielsetzung übernimmt die Kunst im Unterricht eine unverzichtbare Aufgabe:

a) Sie vermittelt Einsichten in Strukturprobleme, welche in der Umwelt zwar angelegt, aber von anderen Funktionen und Bedeutungen überlagert und deshalb nicht bewußt sind.
b) Sie vermittelt Einsichten in die Herstellung neuer ästhetischer Wirklichkeiten, indem im Vergleich verschiedener Kunstepochen ihr Beitrag zur Gestaltung und Sehweise der dreidimensionalen Umwelt sichtbar wird.
c) Sie vermittelt Fragestellungen und Methoden für neue Gestaltungsmöglichkeiten, welche – bei einer entsprechenden didaktischen Umsetzung – als Orientierung für gestalterische Probleme im Unterricht dienen können.

Zu 2. An die hergestellte dreidimensionale Umwelt werden heute vor allem zweckrationale Ansprüche gestellt. Sie muß funktionieren, gebrauchstüchtig sein. Die Sorge, dieses Funktionieren durch Reibungszonen zu stören, hat zum noch anhaltenden Versuch geführt, Funktionsbereiche der gebauten Umwelt möglichst zu entflechten: Verkehrsfläche, Geschäftszone, Arbeitsbereich, Dienstleistung und Kultur, Wohnen, Erholung.
Kam man bei dieser Entflechtung in den noch vorhandenen Zentren in Schwierigkeiten – die vielfach zum Auszug nach "draußen" geführt haben –, so konnte sie bei den sich ständig hinausschiebenden Randsiedlungen fast reibungslos gelingen; bis hin zur ungestörten Insellage der Einzelbereiche.

Die Auswirkungen dieser Funktionstrennung, vor allem die ihr eigene Tendenz zur Selbstwiederholung mit einer entsprechenden Zentrifugalbewegung in die noch offene Landschaft, sind hinlänglich bekannt. Eine Folge dieses Prozesses, der insgesamt einer weitreichenden Desintegration des städtischen Lebens gleichkommt, sollte indessen herausgegriffen werden: die Abteilung in Funktionsbereiche, die nur mit Hilfe einer hohen Mobilität des Individualverkehrs aufrecht zu erhalten ist, führt zur Unbeweglichkeit des Erfahrungsraumes, in dem sich das Kind Einblicke in verschiedene Bedeutungen und Aufgaben städtischer Lebensbereiche verschaffen könnte. So erfährt es entweder: wo man wohnt *oder* wo man einkaufen kann, wo ein Spielgelände liegt *oder* wo es etwas anzugucken gibt, wo die eigene Schule liegt *oder* wo der Arbeitsbereich der Erwachsenen ist.
Ein Erfahrungsraum des Kindes, in dem diese Alternativen in einem räumlichen Zusammenhang aufgehen könnten, müßte – weniger Funktionsspezialisierung, viel mehr gestalterische und soziale Integration vorausgesetzt – durchaus nicht in Städten vergangener Jahrhunderte oder in der "Kleinstadtidylle" liegen.
Aus diesem Sachverhalt ist ein grundlegendes didaktisches Ziel abzuleiten:
Dem Schüler soll bewußt werden, *wo* er im städtischen Lebensraum *was* erleben kann; *wie* die dabei erfahrenen Räume beschaffen sind und welche Möglichkeiten es geben könnte, ihre Trennung zu überwinden. (Auch utopische Lösungsvorschläge hätten den Sinn, das Selbstverständnis des Bestehenden in Frage zu stellen.) Damit ist ein zweiter Problembereich angesprochen: Im Gebrauch der gebauten Umwelt neigen wir dazu, sie durch ihr bloßes Vorhandensein als selbstverständlich gegeben, als abgeschlossene Tatsache zu betrachten. Dies trifft für den Schüler umso mehr zu, als er keine, zumindest nicht bewußt

einsetzbare Vergleichsmaßstäbe hat, die ihn erkennen ließen, daß die gegebene Umwelt eine Möglichkeit unter anderen darstellt und daß sie das Ergebnis einer meist langen Entwicklung ist.

Ursachen und Bedingungen einer solchen Entwicklung sind für den Schüler kaum überschaubar, auch dann, wenn etwa durch alte Pläne und Ansichten das Wachstum und die Veränderung der eigenen Stadt in einzelnen Schritten rekonstruiert wird. Solche Materialien, welche die Vorentwicklung zu einer gegenwärtigen Situation aufzeigen, können ein Hilfsmittel der Veranschaulichung sein.

Direkter jedoch wird Veränderung dort faßbar, wo sich in der gegenwärtigen räumlichen Umwelt des Schülers Schnittpunkte einer vorhergehenden und einer nachfolgenden Situation ergeben: Z. B. wenn der frühere Marktplatz, der dann zum Parkplatz umfunktioniert wurde, in Erinnerung an seine wesentliche, ursprüngliche Funktion wieder zur Fußgängerzone umgestaltet wird; wenn der alte Stadtgarten neu angelegt wird; wenn ein altes Wohnquartier durch eine neue Straßentrasse zerschnitten wird, wenn Häuser der eigenen Umgebung umgebaut werden.

Das Bewußtmachen solcher Veränderungen, ihrer Anlässe und Ziele, ist eine wesentliche Voraussetzung, gebaute Umwelt als einen Entwicklungsvorgang begreifen zu lernen. Daraus folgt für die Gestaltungsprobleme im Unterricht, daß in Verbindung zu Veränderungen in der eigenen Umwelt oder auch unabhängig vom konkreten Bezugsbeispiel räumliches Gestalten immer auch ein Umgestalten von Vorgegebenem berücksichtigen muß.

Die Fragen nach den Einstellungen, die mit der Gestaltung von Räumen verbunden sind, führt uns zu einem dritten, auch schon für die Primarstufe wichtigen Problembereich: Bauten und Räume als Mittel der Darstellung.

Daß Bauten und Räume nicht einfach „da" sind, sondern dabei eine Auffassung und sich selber darstellen, ist für den Schüler keine Erfahrungstatsache. Gemeint ist der Sachverhalt, daß jede bewußte Gestaltung in der gebauten Umwelt Ausdruck einer besonderen Auffassung, einer Sehweise, einer wertenden Einstellung ist.

Aus dieser Sicht ist z. B. das Wohnhaus, das Stadion, die Schule, der Platz usw. einmal als eine funktional und formal jeweils unterschiedliche Bauaufgabe von Interesse; darüber hinaus aber die hinter der Verwirklichung dieser Aufgaben stehende Auffassung vom Wohnhaus, dem Stadion usw. – Bauen als praktische Herstellung und als geistiger Entwurf, als Interpretation von Umwelt.

„Es geht hier um die fundamentale Einsicht, daß durch die Raumgestaltung immer auch Einstellungen zur Realität (auch der des anderen Menschen) artikuliert und dadurch rückwirkend reproduziert werden."
(Griel/Hiller: Vorläufiger Entwurf eines curricularen Zusammenhanges für das erste Schuljahr)

Darin ist bereits darauf hingewiesen, daß der praktische Gebrauch der gebauten Umwelt immer auch einen geistigen Gebrauch, ein Mit- oder Nachvollziehen einer Werthaltung einschließt. Sie kommt am Beispiel ‚Wohnhaus' etwa darin zum Ausdruck, daß es einmal im Sinne der Repräsentation vor allem zur Außenwelt orientiert sein kann oder dagegen auf eine differenzierte, räumliche Gliederung der in ihm eingeschlossenen Lebensfunktionen eingestellt ist.

Innerhalb einer Wohnung wird eine solche Einstellung etwa in einer betonten Selbstdarstellung deutlich, die das ganze Raumgefüge einer Wohnung mehr auf einen Betrachter als auf den Bewohner zuschneidet, so daß der Bewohner selbst seine Wohnung aus der Einstellung eines Besuchers heraus beurteilt.

Es geht hier also um Einsichten in die Tatsache, daß räumliche Umwelt Einstellungen ausdrückt und erzeugt, daß ihr Gebrauch immer mit Akten der Identifikation verbunden ist. In dieser Erfahrung liegt die Voraussetzung, gebaute Umwelt bewußt zu gebrauchen und bewußt zu bewerten.
Zwei Ziele sind daraus abzuleiten:
Einsichten in die darstellende Funktion der räumlichen Umwelt
- sollen alternative (zeitlich, kulturell und persönlich bedingte) Einstellungen zur Umwelt bewußt machen und damit
- eine Grundlage schaffen, auf der sich eigene, reflektierte Einstellungen bilden können.

Methodisch gesehen, wird die Frage nach Einstellungen zur räumlichen Umwelt nicht ohne die Gegenüberstellung von Beispielen der gegenwärtigen Umwelt mit zeitlich und kulturell entfernten zu beantworten sein. Der Schüler ist auf die Erfahrung unterschiedlicher Standorte angewiesen, um solche Einstellungen in seiner Umwelt erkennen und ihre Verbindung zu bestimmten Formeigenschaften und Inhalten durchschauen zu können.

Zu 3. War bisher nach Voraussetzungen gefragt, aus dem unmittelbaren räumlichen Umgebensein durch Reflexion heraustreten und die notwendige Distanz zum Beurteilen einnehmen zu können, geht es hier um einen Aspekt der Wahrnehmung, der zugleich ein didaktisches Problem ist. Damit ist angesprochen, daß der Wahrnehmungsprozeß selbst hier den Inhalten des Arbeitsbereiches zugeordnet wird.
Gefragt ist nach der Bedingung, Körper und Raum wahrzunehmen.
Bekanntlich beruht die Fähigkeit zur Wahrnehmung von Körper und Raum nicht voraussetzungslos auf den naturgegebenen Sinnesfunktionen, sondern setzt einen Lernprozeß voraus, in dem wir uns die räumliche Umwelt aneignen, genauer gesagt: uns ihr annähern und einpassen. Entscheidende Bedingung dieses Lernprozesses ist, daß die Wahrnehmung mit aus Handlungen gewonnenen Erfahrungen verbunden ist.
Wahrnehmung, Vorstellung und Darstellung von Körpern und Räumen ist dem Kind nur möglich aufgrund zuvor auf sie ausgeübter Handlungen. Dies ist ein entscheidendes Ergebnis der entwicklungspsychologischen Untersuchungen von Piaget/Inhelder.
Handeln bedeutet in diesem Zusammenhang: Herstellen körperlicher Beziehungen zur räumlichen Umwelt. Angefangen vom Ertasten, dem Ursprung jeder räumlichen Wahrnehmung, bis zum Begehen von Räumen ist die Körperbewegung der eigentliche Vermittler von Räumlichkeit. So ist ein Erfahren des Raumes nicht denkbar, das nicht zugleich ein Erfahren des eigenen Körpers ist.
Die Körperbewegung ist nicht allein eine anatomisch physiologische Funktion; sie wirkt nach innen, ist mit psychischen Kräften, vor allem dem Ausdruck, verbunden und stellt mit der sinnlichen Wahrnehmung eine Wechselbeziehung her.
Diese Wechselbeziehung, die sensomotorische Aktivität, ist die Grundvoraussetzung der Raumwahrnehmung. Die Untersuchungen von Piaget/Inhelder belegen eindeutig, daß die sensomotorische Aktivität mittelbar ebenso der Fähigkeit zur Raum-Vorstellung und Raum-Darstellung zugrunde liegt.
Diese Untersuchungen sind auch für den Kunstunterricht von Bedeutung. In diesem Zusammenhang helfen sie, ein Problem einzugrenzen: die Tatsache, daß die Schüler in zunehmendem Maße Schwierigkeiten haben, Körper und Raum wahrzunehmen, räumlich zu denken und darzustellen.
Vieles weist darauf hin, daß der Lernprozeß der räumlichen Wahrnehmung sich deshalb

nicht aufbauen kann, weil unmittelbare körperliche Beziehungen zur räumlichen Umwelt gestört und verhindert werden.
Die Umwelt, in der das Kind aufwächst, ist gerade darin charakterisiert, daß sie eine zum Verbrauch produzierte Umwelt ist, die wenig Gelegenheit für sinnlichen Gebrauch läßt.
Da das Kind zum Spielen selbst nichts mehr herstellen muß (oder darf), kann es auch kein Material oder Werkzeug erfassend kennenlernen.
Da Wohnung und Garten einem Ordnungsdogma unterstehen, kann es hier nicht, oder nur unter Gegendruck, handelnd eingreifen, um so eigene Ordnungen zu verwirklichen.
Da es sich selbst nicht lösen kann von der Attraktion des Fernsehens – was jede sinnliche Beteiligung im Grunde ausschließt – verlernt es, aus eigenem Antrieb etwas herzustellen, an dem es die Beziehung von Vorstellung und Darstellung in elementarer Weise erfahren könnte.
Da es seine Umwelt immer weniger gehend als fahrend „erfährt" (Schulweg, Einkauf, Wochenende, Urlaub), verkürzt sich seine Erfahrung von neuen Umgebungen zunehmend auf einen visuellen Eindruck.
Da schließlich das ganze Erziehungssystem auf intellektuelle Fähigkeiten fixiert ist, wird es mit Medien und nicht mit Handlungssituationen konfrontiert.
Allen genannten Ausschnitten aus der alltäglichen Umwelt des Kindes ist eines gemeinsam: das Übergehen sensomotorischer Fähigkeiten und allgemeiner: der Entzug von Handlungsmöglichkeiten, in denen das Kind die Umwelt und sich selbst erfahren könnte.
Daraus folgt für den Kunstunterricht die Aufgabe, aus der Verbindung von Gestaltungsprozessen und Umweltbetrachtung Erfahrungsbereiche aufzubauen, an denen der Schüler durch eigenes Handeln im umfassenden Sinne beteiligt ist.

Die Entwicklung und Förderung sensomotorischer Fähigkeiten verlangt eine Akzentuierung der Gestaltungsaufgabe, nach der das Umgehen mit dem Material und – bei realen Raumsituationen – die Erfahrung der eigenen Körperbewegung von entscheidender Bedeutung sind.

1.1 Gestaltungsprinzipien und strukturelle Eigenschaften von Körper und Raum

Da in anderen Beiträgen*) dazu eingehende Analysen vorliegen, soll hier nur anhand einzelner Begriffe eine Übersicht gegeben werden.

A Körper

Seine Form kann Außen- oder Innenform oder auch deren simultane Verbindung sein; sie erhält ihre stoffliche Qualität in der *Oberflächenstruktur*, welche dicht geschlossen, porös geöffnet, rissig, rauh, zerklüftet usw. ausgeformt sein kann. Die Form erhält ihre Spannung durch die *Oberflächenbewegung*, die im Wechsel von konkav–konvex die Beziehung von Körpermasse und umgebendem Raum ausdrückt und damit weniger eine Oberfläche als eine Wirkungsgrenze zwischen Körper und Raumaktivität verdeutlicht.

---

*) Pfennig, Reinhard: „Probleme des Raumes in der bildenden Kunst und im Kunstunterricht", Oldenburg 1973.
Huber, Erich: „Visuelle Bildung 1, Körper und Raum", Wien 1973.
Badt, Kurt: „Raumphantasien und Raumillusionen, Wesen der Plastik", Köln 1963.
Moore, Henry: „Über die Plastik", München 1972.
Gombrich, E. H.: „Kunst und Illusion", Köln 1967.
Giedion, Siegfried: „Raum, Zeit, Architektur", Ravensburg 1965.
Rauda, Wolfgang: „Raumprobleme im europäischen Städtebau", München 1956.

Diese Beziehung zwischen Körper und Raum wird gesteigert durch die Stellung und Richtung. Verbinden sich Körper und Raum im Nahbereich durch die Oberfläche, so kann durch *Stellung und Richtung* der Raum über eine weitere Distanz in das Wirkungsfeld des Körpers gezogen und mitgeformt werden.

Die kompositorische Ordnung des Körpers wird vor allem durch seine *Proportionen* bestimmt. In ihnen sind nicht nur die dreidimensionalen Maßbeziehungen angelegt, sondern zugleich auch die *Gewichtung*, das Massenverhältnis, welches bei einer den Raum einschließenden Körperform ebenso als Beziehung der Raumformen wirksam wird.

Proportionen werden in den unbegrenzt vielfältigen Konturbeziehungen wie auch in der Binnengliederung einer Körperform (dann als innere Proportion) greifbar. Sie sind also auf innere und äußere Formgrenzen (Zäsuren) angewiesen.

Der *Rhythmus* hat die Aufgabe, die Formgrenzen in ihrer untergliedernden Wirkung aufzufangen. Er stellt ein integratives Prinzip dar und ist nicht mit den Maßbeziehungen selbst zu verwechseln. Seine Mittel können die übergreifende Konkav–Konvex-Bewegung sein, die Bündelung oder Auflösung von Richtungselementen, die abgestufte Steigerung von Gewichtungen, die Verkettung verwandter Formelemente.

Liegt im Rhythmus das für die Körperform belebende Moment, so finden wir in der *Bewegung* das Gestaltungsmittel, die Körperform weiter in den Raum hineinwirken zu lassen. Sei es, daß mit realer Bewegung verschiedene Raumzonen in zeitlichem Nacheinander besetzt und als Formzusammenhang sichtbar gemacht werden, oder daß bei der virtuellen Bewegung (dem Ausdruck von Bewegung), die sich vor allem mit den Struktureigenschaften der Richtungsbetonung und Rhythmisierung verbindet, dem Körper je unterschiedlich weit reichende, mitbeurteilte Raumschichten zuwachsen. Sie sind immaterielle, gleichwohl beurteilbare Wirkungsgrenzen.

Wird die Bewegung nicht als reales Ausgreifen in den Raum wirksam (z. B. kinetische Objekte, Tänzer), sondern bleibt sie im Körper eingeschlossen, bedarf sie einer „zügelnden" Kontrolle, um den Widerspruch von ruhender, träger Materie und bewegtem Gestus gestalterisch auflösen zu können. Hierbei hilft das *Gleichgewicht*, die gestalterische Balance zwischen Strukturmomenten der Bewegung, Richtung oder Gegenrichtung. Dieses Gleichgewicht bedeutet nicht unbedingt ein schematisch gleiches Begrenzen; es kann sehr dynamisch sein, vor allem dann, wenn die Bewegung eine Auflösung plastischer Massen verlangt. Eine andere Art von Gleichgewicht ist zu einem Hauptproblem der modernen Plastik geworden: Das Gleichgewicht zwischen Körperformen und den durch sie erzeugten Raumformen, wobei nun insbesondere die Umkehrung dieser Abhängigkeit von Interesse ist: der Raum als autonomes gestalterisches Medium, das den Körper erzeugt und formt. Es entsteht die Aufgabe, die Identität von Körperform und Raumform, von Körperbewegung und Raumbewegung, von Rhythmisierung der Masse und Rhythmisierung des Raumes als neue ästhetische Erfahrung zu formulieren. Die Gleich-Gewichtung von Körper und Raum stellt eine Wechselbeziehung her, welche im Begriff *Durchdringung* noch am zutreffendsten umschrieben ist. Sich mit ihr gestalterisch auseinanderzusetzen heißt, die Voreinstellung zu überwinden, daß Raum das Produkt seiner materialen Grenzen sei.

Aus der Übersicht von Gestaltungsprinzipien und strukturellen Eigenschaften könnte die Auffassung folgen, die Eigenart und Wirkung von Plastik – der Gattungsbegriff ist hier wohl nicht ersetzbar – ergebe sich direkt aus der

mehr oder weniger vielfältigen Verbindung der genannten Prinzipien und Eigenschaften.
Plastik schließt jedoch, unabhängig von Motiv, Material und strukturellen Eigenschaften, eine sinnliche Wirkung ein, die kaum anders als als „lebendiges Hervortreten" zu beschreiben ist. (Diese Wirkung läßt es sinnvoll erscheinen, vom „Wesen der Plastik" zu sprechen, und nicht ebenso vom Wesen der Malerei, vgl. K. Badt.)
Das hat mit Interpretation nichts zu tun, sondern mit den besonderen Bedingungen sensomotorischer Wahrnehmung. In ihr liegt der Grund, warum Plastik besonders schwer zu beschreiben ist. Es ist kaum ein Zufall, wenn mit „Energie, Kraft, Ausstrahlen, Beherrschen, Vitalität, Ruhen" usw. lauter Beziehungen zu sensomotorischen Erfahrungen des menschlichen Körpers gewählt werden, um die Eigenschaften und Wirkungen einer Plastik zu bestimmen.
Genauer besehen greifen beim Wahrnehmen von Plastik zwei Erfahrungsweisen ineinander:

1. Die direkte sinnliche Beziehung zum Objekt:
   - die optische Wahrnehmung, welche eher Distanz erzeugt,
   - die haptische Wahrnehmung, welche plastische Eigenschaften erfaßt, ertastet,
   - die motorische Wahrnehmung, in welcher die Bewegung der Augen und Hände mit der Gesamtbewegung des Körpers verbunden ist. Sie macht es möglich, daß der Betrachter sich in der Bewegung der Plastik anpaßt. Das zumeist unbewußte körperliche Nachahmen, mit dem der Betrachter sich (nicht nur figürlichen) Plastiken anzugleichen versucht, zeigt diese Beteiligung des ganzen Körpers an der Wahrnehmung.
2. Die Projektion von sensomotorischer Erfahrung auf das Objekt.

In ihr gehen frühere Tast- und Bewegungserfahrungen in das momentane Sehen ein. So kann der Betrachter aus der Distanz die Plastik mit den Augen gleichsam abtasten. In unseren Museen („Berühren verboten!") ist das die Regel. Wenn der Betrachter aber wenig differenzierte sensomotorische Erfahrungen hat, nimmt er Plastik tatsächlich als Bild wahr.

B Raum

Raum als Bezugsfeld ästhetischer Erfahrung wird erst durch *Raumgrenzen* wirksam. Sie verwandeln den immateriellen Raum in sinnlich erfahrbare Form.
Verbinden sich die Raumgrenzen noch nicht zur Umgrenzung, so entsteht ein *Raumkörper*, eine gestalthafte Raumform, die ohne kontinuierliche materiale Grenzen auskommt. Wenige Begrenzungselemente (wie Wand, Stufe, Pfeiler, Fels, Baum) genügen zur anschaulichen Verdichtung des fließenden Umraumes. Im Raumkörper, der sich als ein Beziehungsgefüge von materialen und immateriellen, von sinnlich faßbaren und ideellen Formen begreifen läßt, erkennen wir eine wesentliche strukturelle Eigenschaft des gestalteten Raumes. Denn er verdeutlicht in besonderem Maße die ästhetische Realität des Raumes, in der die konkrete Form und die formende Wahrnehmung in ständiger Wechselbeziehung stehen.

Der Vorgang der Durchgliederung und gegenseitigen Abstimmung der Raumgrenzen erzeugt relativ geschlossene Räume im relativ offenen Raum, für deren Unterscheidung die Trennung in *Innen- und Außenraum* gezogen wird. Innen und außen kann einmal auf das Maß des Umschlossenseins bezogen werden, weist vor allem aber auf einen Standort hin, für den sich innen und außen als Lagebeziehung darstellen.

Diese Unterscheidung ist also ohne das Festmachen eines Punktes im Raum nicht möglich, von dem aus sich die Relationen des anschaulichen Raumes ergeben. Die Grenze zwischen Eingeschlossenem und Umgebendem beinhaltet mehr als eine willkürliche Unterteilung. Sie ist der Ursprung der *Form*. Ihre strukturelle Aufgabe liegt darin, Innen- und Außenraum in wechselndem Grade, in unterschiedlicher Durchlässigkeit und Übereinstimmung zugleich zu bestimmen.

„Architektonische Form ist der Berührungspunkt zwischen Masse und Raum" (E. N. Bacon). Masse kann ein zentrierender Kern sein, der Raum an sich bindet (z. B. Pyramide), Masse kann ebenso umfangende Materie sein, die Raum in sich einschließt (z. B. Wölbung). Die Raumgrenzen erzeugen Eigenschaften des Raumes, die so sehr als eine Qualität eigener Art und eigenen Ursprungs erscheinen können, daß ihre Abhängigkeit von der umgrenzenden Form sich verwischt.
Dazu zählt die *Ausdehnungstendenz* des Raumes, welche sich einmal in unterschiedener Betonung seiner *Richtungsachsen:* Länge, Breite, Höhe äußert, zum andern anstatt einer Achse ein *Zentrum* zum Ursprung haben kann. Schließt der *Zentralraum* – wie im Begriff enthalten – sein Zentrum, sein „Ziel" als dominierende Mitte in sich ein, so verfolgt der *Axialraum* sein „Ziel" mit seiner Richtungsachse, ohne es innerhalb seiner Grenzen erreichen zu müssen.
Mit der Ausdehnungstendenz und den sie lenkenden Richtungsachsen erhält der Raum ein Bewegungsmoment, das sich als Blickführung und Wegführung auswirkt.
Deren subjektive Abfolge und Geschwindigkeit ist weniger eine Frage der absoluten Raummaße als eine gestalterische Wirkung des *Rhythmus*. Er entsteht aus der Wiederholung und Verbindung ähnlicher Elemente (z. B. Bogen, Pfeiler, Fenster, Stufe) innerhalb eines deutlich ordnenden Systems. Dieses arbeitet mit Abständen, die als räumliche Schrittfolge und zeitliche Abfolge die Beziehung der gliedernden Elemente im weiteren Sinne „organisieren".
Eine Veränderung der Abstände – z. B. vergrößern, verkleinern, regelmäßige oder unregelmäßige Variation, Ineinanderfließen gegenläufiger Variationsreihen – wie auch schon ihre bloße Wiederholung erzeugt eine pulsierende Bewegung; vor allem in Richtung der Raumachse, aber auch, diese durchkreuzend, in den Raum hinein. Rhythmus beruht auf zwar meßbaren Ordnungsbeziehungen, wird aber im Raum als vieldeutige Bewegung erfahren. Das Stichwort „meßbar" verweist auf die Verbindung von Rhythmus und *Proportion*. Proportionen sind hier die Verhältnisse der Raummaße, in welchen die Ausdehnungstendenz und die jeweils vorherrschende Richtungsachse begründet ist. Der scheinbar vollauf rationale Charakter solcher Größenverhältnisse schlägt um, sobald Größenverhältnisse bestimmte Verhaltensweisen auslösen. Sie können durch die absolute Größe eines Raumes wie auch die relative Größe seiner einzelnen Dimensionen bedingt sein. Ebenso stellt die Symmetrie bzw. Asymmetrie eines Raumes mehr dar als ein auf Maßentsprechungen beruhender Ordnungsfaktor. Als gestalterisches Prinzip zeigt sie das grundlegende Verständnis einer räumlichen Ordnung und ist elementare Entscheidung eines jeden Raumentwurfs.

Die genannten Prinzipien und Eigenschaften des Raumes verbinden sich mit Licht, Farbe, Material. Man könnte diese, die Wirkung eines Raumes wesentlich mitbestimmenden strukturellen Eigenschaften dennoch „sekundär" nennen, insofern sie die geformte Raumstruktur vor allem optisch überlagern (wobei es

leicht fällt, die verallgemeinernde Einordnung am Einzelfall zu widerlegen).
Abschließend sei auch für den Bereich Raum auf die Entwicklungsrichtung der Moderne hingewiesen. Nach R. Pfennig sind drei Gestaltungsprinzipien für das Raumverständnis der modernen Architektur zu unterscheiden:
- Auflösung der Masse/Transparenz
- Vieldeutigkeit und Auflösung der Raumgrenzen
- Integration, Durchdringung von Innen- und Außenraum.

Alle drei Prinzipien lassen eine Grundtendenz erkennen: Überwindung einer Raumvorstellung, welche den Innenraum wie ein Gehäuse vom Außenraum abschirmt. Dieses Ziel könnte auf den Einfluß neu verfügbarer Baumaterialien und Konstruktionsverfahren und damit auch auf neue Stilelemente bezogen werden. Man wird jedoch zugleich von einem neuen räumlichen Sehen ausgehen müssen.
Dazu sei im Zusammenhang Wolfgang Rauda zitiert (a.a.O., S. 30):

„Die architektonische Freiraumabgrenzung bedarf nach unserer heutigen Auffassung, architektonisch-geistig zu sehen, nicht unbedingt der umschließenden Wände, also der eigentlichen raumbildenden Substanzen. Es genügt oft für unsere Sinne die Fassung einer oder mehrerer Raumecken, ohne gegenseitige materielle Verbindung, um ein Raumgefühl zu erzeugen.
Zwischen den Ecken spannen sich gleichsam wie Häute oder Membranen nur für das geistige Auge spürbare Ebenen, die als räumlicher Abschluß empfunden werden.
...Im architektonischen Raum neuzeitlicher Prägung scheint eine Trennung von architektonischem Freiraum und Naturraum nicht mehr gewollt zu sein. Er bildet mit dem Raum höherer Ordnung keine Nahtstellen mehr; er ist nicht mehr Raum im Raum, sondern wird fließender Teil eines pulsierenden Gesamtraumes."

Daraus folgt eine Öffnung und Entmaterialisierung, welche die alten Raumbeziehungen aufhebt und welche eine Umstellung der Raumerfahrung fordert: Raum wird nun als Spannungsverhältnis erfahren, das Spannungsfeld wird nun zum wesentlichen Merkmal räumlichen Sehens.

„Die Betrachtungsweise des Menschen mit einem ausgesprochen einseitigen Standpunkt-Sehen, wie auch einem Sehen aus Bewegungsvorgängen heraus, scheint uns bei diesen neuartigen Raumformen nicht mehr das primäre Charakteristikum zu sein. Das räumliche Sehen als menschliche Wahrnehmung tritt gegenüber anderen sinnlichen Vorgängen erstmalig in den Hintergrund. Innerhalb des Raumes bewegt sich der Mensch nicht mehr als ein Gegenüber (Antike) oder als der Mittelpunkt (Hochrenaissance); er wird jetzt selbst mit in das Spannungsfeld einbezogen; er steht mit seinem eigenen Fluidum und dem Fluidum des Spannungsfeldes in ständiger, fließender, gegenseitiger Wechselwirkung. Der Mensch wird hierbei zugleich Objekt und Subjekt im Raumgeschehen, je nach dem Spannungsverhältnis und dem Spannungsgefühl. In der neuen, durch Dominanten sich darstellenden Raumgestaltung gehören gleichberechtigt die Atmosphäre, die Landschaft, die Natur, der Klang und die Farbe."
Die Umschreibung: Sehen mit dem „geistigen Auge" oder „Fluidum", also Ausstrahlung oder geistig-sinnliche Atmosphäre, erinnern uns daran, daß wir noch keine Begriffe für Wahrnehmungen haben, in denen sich verschiedene Sinneserfahrungen überschneiden und wo die sinnliche Beurteilung eines Objekts mit der Selbstwahrnehmung eines Subjekts verschmilzt.
Dieses ist eine für den Raum charakteristische Bedingung. Seine Wahrnehmung schließt in

komplexer Verzahnung und geradezu bedrängender Nähe die eigene Person ein.
So wäre auch gegenüber R. Pfennig einzuwenden, daß sich Raum nur dann als das „rational faßbarste Problem künstlerischer Gestaltung" darstellt, solange aus der Fragestellung verschiedener perspektivischer Sehweisen die konstruktiven Elemente als das eigentlich Raum erzeugende Moment erkannt werden.

Sobald jedoch die optische Wahrnehmung durch sensomotorische Wahrnehmung ergänzt, sobald die den Raum wahrnehmende und erzeugende Person der Raumbeurteilung stärker einbegriffen wird, haben wir im Raum das wohl komplexeste und am wenigsten rational auflösbare Problem der Wahrnehmung und Gestaltung vor uns.

1.2 Zu Problemen einer spezifischen Strukturierung des Arbeitsbereiches Raum

Der curriculare Aufbau das Arbeitsbereiches Raum berücksichtigt eine grundsätzliche Einschränkung: „Die begrenzte Übertragbarkeit von Beurteilungsmaßstäben zwischen Modell und Realität ist zu beachten." Diese Einschränkung erscheint selbstverständlich, wenn man sich bewußt wird, daß Raumwahrnehmung mit kinästhetischer (die Körperbewegung erfassende) und synästhetischer (verschiedene Sinne zugleich beanspruchende) Wahrnehmung verbunden ist. Wir leben *im* Medium Raum, sind seinen Wirkungen ausgesetzt. Dagegen urteilt der Schüler *vor* seinem praktischen Arbeitsmodell aus der Distanz.

Die Größenreduktion des Modells schließt eine qualitative Verkürzung der Raumbeurteilung ein. Vor allem die kinästhetische Wahrnehmung wird dabei weitgehend durch Tastsinn und visuelles Beurteilen ersetzt. Die Bewegung der Hände und Augen versucht die Raumeigenschaften zu erfassen, die sich in der Realsituation durch Körperbewegung ungleich intensiver und komplexer mitteilen. Von der Erfahrung, daß z. B. ein Raum immer enger wird, bleibt im Modell kaum mehr als der Tasteindruck eines Trichters, während sie in der Realsituation sich bis zur psychischen Bedrohung steigern kann.

So sehr sich mit der Reduktionsform des praktischen Modells eine didaktisch erwünschte Ausgrenzung, Steuerung und Kontrolle von Raumwirkungen einstellt, so wenig kann diese Form praktischer Versuche als einzige Grundlage für eine didaktische Strukturierung dieses Arbeitsbereiches befriedigen. Der Schüler ist auf die Reflexion von Erfahrungen *im* Raum angewiesen, um das Maß der Reduktion im Modell überhaupt einschätzen zu können.

Er soll im Modell akzentuierte Eigenschaften des Raumes analysieren können, um hergestellte oder vorgefundene Räume unserer Umwelt als Synthese sehr vielfältiger funktionaler und struktureller Bedingungen zu erfassen. Das Modell bietet den Schritt zur Objektivation, indem es Raum als Objekt verfügbar, im doppelten Sinne begreifbar macht; als didaktische ‚Hilfskonstruktion' ist es andererseits darauf angewiesen, daß die mit seiner Herstellung vermittelten Erfahrungen und Erkenntnisse wieder in die Reflexion des komplexen Wirkungsganzen der uns umgebenden Räume eingebracht werden. Ohne diese Rückbindung verkürzt sich die aufschließende Funktion von Raummodellen; sie werden leicht zu Puppenstuben, die – wenngleich dreidimensional – illustrieren, kaum aber dazu beitragen, die den Raum konstituierenden Struktureigenschaften zu erhellen.

Die Gefahr, im Modell Realität reproduzieren zu wollen, ist im besonderen Maße dann gegeben, wenn – vermeintlich mit Rücksicht auf die Altersstufe – der Schüler durch Ausschmükkungen sein karges Modell „mit Leben erfüllen" soll. In diesem Fall verstellt die illustrative Verkleinerung einen rationalen Zugang zu den Strukturproblemen des Raumes, weil der Vorgang des Abbildens bzw. Nachbildens am gegenständlichen Detail, nicht aber an Struktureigenschaften orientiert ist. Die fachlichen Forderungen an das Modell müssen vielmehr dort ansetzen, wo anstelle eines reproduktiven Ansatzes in der Akzentuierung, der besonderen, übertriebenen oder ungewohnten Ausprägung einer Raumeigenschaft ein neuer Beurteilungsmaßstab gewonnen werden kann; sei es durch phantastische Raumerfindungen, Materialwirkungen, Umgestaltung oder durch experimentelles Vorgehen.

Die Reduktionsform des Modells drückt sich also nicht im behelfsmäßigen dreidimensionalen Abbild einer Realsituation aus, sondern in der Bescheidung auf grundlegende, elementare Struktureigenschaften, so daß der Nachteil der „Vereinfachung" in den Vorzug der Verdeutlichung umzusetzen ist.

Die Forderung, Raummodell und Realsituation als einander bedingende Erfahrungsebenen im Unterricht gleichermaßen zu berücksichtigen, ist allerdings mit Schwierigkeiten verbunden, die in der Unterrichtspraxis oft zum völligen Übergehen dieses Arbeitsbereiches geführt haben. Diese Schwierigkeiten sind allgemein an drei Bezugspunkten der Unterrichtsplanung einzugrenzen:
1. Zeitliche und räumliche Voraussetzungen,
2. materielle Ausstattung,
3. besondere Arbeitsformen.

Zu 1.: Raum umgibt uns ständig, ist überall gegenwärtig; insofern ist die gesamte vorgefundene und hergestellte Umwelt potentiell auch „Lernraum", Ort bewußter Wahrnehmung und Analyse.

Jedoch beansprucht erst die charakteristische, einprägsame Durchformung eines Raumes unsere aktive Wahrnehmung. Wir sind auf die Reizschwelle des Besonderen und Überraschenden angewiesen, um uns aus der Bindung an einen funktional eingeschliffenen Umgang mit Räumen lösen und diese in umfassenderem Sinne wahrnehmen zu können. (Unsichere Orientierung und daraus folgende erhöhte Wachheit der Sinne z. B. in einer fremden städtischen Umgebung sind ein Hinweis auf die Beziehung von Wahrnehmungsaktivität und Gewohnheit.) Didaktisch gesehen wird man deshalb das besondere, prägnante Beispiel aus der Umwelt wählen, um, vom Sonderfall aufmerksam gemacht, auch alltägliche Raumsituationen von einem neuen Standort aus beurteilen zu lernen.

Nun sind Räume unserer Umwelt – aus den Bereichen des Wohnens, der Arbeit, des öffentlichen Lebens – durchaus nicht in einem für den Unterricht wünschbaren Maße verfügbar. Die Dokumentation in Abbildungen und Zeichnungen, Plänen usw. ist zwar ein unverzichtbares Repräsentationsmittel für den Unterricht, doch wird in ihnen der Raum auf zudem stark beschnittene visuell erfahrbare Eigenschaften reduziert. Andererseits wird das unmittelbare Aufsuchen und Betrachten von Räumen in der Umwelt aus unterrichtsorganisatorischen Gründen der Ausnahmefall bleiben. Beide Wege, Realsituationen des Raumes in den Unterricht einzubeziehen, haben überdies den entscheidenden Nachteil, daß sie in der Regel ein Eingreifen, ein gezieltes Verändern des Gegebenen nicht zulassen. In der Veränderung aber liegt gerade die Voraussetzung, die Beziehung von Struktureigenschaften und besonderer Raumwirkung aufzudecken.

Es muß also nach konkreten Möglichkeiten gefragt werden, wie realer, begehbarer Raum im Unterricht hergestellt und als Ort für sinnliche Erfahrung eingesetzt werden kann. So fruchtbar und motivierend Aufführungen,

Schulfeste usw. als Anlaß sein mögen, so problematisch ist es, auf solche Ausnahmesituationen zu warten. (Denn der Kunstunterricht sollte nicht „saisonbezogener Rahmengestalter" sein, vielmehr aus eigener Perspektive und fachlichen Zusammenhängen Erfahrungssituationen schaffen und anbieten.) Für Raumversuche kommt in erster Linie das normale Klassenzimmer in Betracht; günstiger, aber bei der derzeitig üblichen Raumbelastung der Schulen nur in Sonderfällen erreichbar, wäre ein Kellerraum, eine Flur- oder Treppenhausabteilung, welche für solche Versuche über einen längeren Zeitraum zur Verfügung stehen.

Die im folgenden dargestellten Raumversuche wurden in einem Klassenzimmer durchgeführt. Tische und Stühle wurden jeweils für eine Doppelstunde so zusammengeschoben, daß gut die Hälfte des Raumes freigeräumt war und die Mehrzahl der Schüler von erhöhten Plätzen aus die Raumversuche beobachten konnte, die wechselnd von verschiedenen Arbeitsgruppen durchgeführt wurden.

Die Wahl von Eckstunden im Stundenplan ergab für die organisatorische Vorbereitung und den Auf- und Abbau einen etwas größeren Spielraum. Allerdings muß eine Zeiteinheit von einer Doppelstunde vorausgesetzt werden, soll sich der Unterricht nicht in Materialorganisation erschöpfen.

Da es beim ständig benutzten Klassenzimmer unumgänglich war, die Raumversuche nach einer Stundeneinheit abzubrechen und aufzuräumen, die ‚Ergebnisse' also relativ schnell wieder aufzulösen, war es für die erkenntnismäßige Verarbeitung der praktischen Versuche besonders wichtig, die Unterrichtsphasen der Produktion und Reflexion innerhalb der Stundeneinheit zu integrieren.

Zu 2.: Die Frage des Materials wird vielfach als Argument angeführt, auf Unterrichtsversuche dieser Art überhaupt zu verzichten. Legt man aus bekannten Rücksichten an das Material den Maßstab eines möglichst reibungslosen Unterrichtsbetriebes an, so muß es leicht zu transportieren und zu lagern sein, Montage und Demontage sollten sich ohne großen Zeitaufwand durchführen lassen. Bei der Materialauswahl wird man im verwandten Sinne für Kompromiß und Improvisation offen sein müssen, denn es stehen in der Regel kaum Mittel für aufwendigere Baumaterialien wie z. B. großformatige Dämmplatten, Styroportafeln, Leinwand, stabile verschraubbare Rahmensysteme usw. zur Verfügung, selbst wenn diese Materialien nicht verbraucht, sondern für verschiedene Zwecke und in mehreren Klassen vielfach eingesetzt werden können.

Jedoch geht es hier auch nicht um handwerkliche Perfektion, sondern um Möglichkeiten der Raumveränderung, die auch vom Grundschüler ohne größeren Zeitaufwand und handwerkliche Probleme im Rahmen der Fachstunden zu verwirklichen sind.

Bei den durchgeführten Raumversuchen wurden vor allem folgende Materialien und Hilfsmittel eingesetzt: große Kartontafeln (Möbelverpackung), mit Leisten stabilisiert; Vierkantleisten, mit Zwingen an Wandverkleidungen und Fenstern befestigt, als Haltepunkte für Schnurverspannungen; Folien (Malerbedarf); Klebband, weiße Tapetenrollen, Zeichenpapier (Rollenware), Leinentücher; Weißblechplatten als Reflektoren, Neonröhren.

Die Auswahl der Materialien war, von organisatorischen und finanziellen Einschränkungen abgesehen, von zwei Grundbedingungen der Raumversuche bestimmt:
– die Realisation von neuen Raumformen (innerhalb der vorgegebenen Architektur) ist an raumabgrenzende und raumunterteilende Wandelemente gebunden, die so proportioniert sein sollten, daß sie für den Schüler je-

weils neue Formen der raumspezifischen Erfahrung des Darinnen- und Umgebenseins ermöglichen. Das heißt, die Wandelemente sollten vor allem hoch genug sein, um ein unkontrollierbares und unbeabsichtigtes Ineinanderfließen verschiedener Raumzonen zu verhindern und die Bedeutung von „innerhalb" und „außerhalb" eines bestimmten Raumes für die Sinneserfahrung zu konkretisieren. Denn auf dieser elementaren Unterscheidung gründen auch die Urteile über sehr viel differenziertere Zuordnungen von Räumen.

– Die Auswahl von Materialien zur Herstellung und Veränderung von Räumen war darüberhinaus an die Bedingung geknüpft, die Konzentration und das Interesse der Schüler weniger auf die Herstellung besonders differenzierter raumbildender Elemente zu lenken, als auf den handelnden Umgang, das experimentelle Erproben von Raumwirkungen mit vorgegebenen Materialien. Der Nachteil einer solchen Vorgabe (Festlegung bestimmter struktureller Bedingungen von Raumwirkungen, Steuerung bestimmter Handlungsformen und Urteilsweisen) wurde, positiv betrachtet, durch den Spielraum aufgewogen, den der Schüler mit der leichten Veränderbarkeit von Raumsituationen gewann. Die Möglichkeit, innerhalb einer Doppelstunde verschiedene Raumsituationen realisieren, beurteilen und vergleichen zu können, war für den Schüler der Primarstufe eine günstige Voraussetzung, Raumwirkungen aus unmittelbarer Erfahrung und persönlicher Beteiligung auf ihre elementaren Bedingungen zurückführen zu können.

Zu 3.: Die Hinweise zu den materialen Voraussetzungen der Raumversuche lassen bereits den zentralen Aspekt der hier intendierten Arbeitsformen erkennen: gefordert ist der handelnde Umgang mit Raumeigenschaften. Rufen wir in Erinnerung, unter welchen Bedingungen die Arbeit an Raummodellen steht, so ist auch für diese Lernsituation festzustellen, daß Erfahrung, Erkennen und Einsichten auf der Grundlage von Handeln bzw. Herstellen ermöglicht werden sollen. Bleibt jedoch das Modell – wie jeder gestalterische Prozeß – an ein schrittweises Ausprägen und Verdeutlichen gebunden, braucht es also mit einem Mindestgrad der gestalterischen Ausformulierung auch eine bestimmte Zeitspanne, um Gegenstand ästhetischer Erfahrung werden zu können, so findet sich der Schüler bei realen Raumsituationen, die mit wenigen Umstellungen schnell und grundlegend verändert werden können, unmittelbar neuen Wirkungen ausgesetzt.

Die Zeitspanne zur Herstellung von Modellen, welche einen zumeist langwierigen Prozeß von Problemeingrenzung, Ideenfindung, Lösungsversuchen und Realisation einschließt, läßt dem Schüler den individuellen Spielraum, sich mit der Problemstellung vertraut zu machen, sich rational und emotional darauf einzustellen. Die Realisation dagegen fordert den Schüler zwar in geringerem Maße beim Herstellungsvorgang, setzt dafür aber voraus, daß er sich flexibel und offen auf die neue Situation schnell einzustellen vermag. Dabei wäre es eine unsichere Erwartung, daß sich der Schüler aufgrund des konkret vorhandenen Raumes gleichsam selbstverständlich und problemlos den strukturellen Eigenschaften des jeweiligen Raumes zuwenden kann; denn – und hier liegt ein wesentlicher Unterschied zur Modellsituation – mit der verkürzten Distanz zum Wirkungsgefüge ‚Raum' nimmt der Schüler zunächst sich selber wahr: da der Raum als ein uns umgebendes Medium sich nicht „auf Distanz" bringen läßt, ist, gerade für den Schüler, die Unterscheidung zwischen Objektstruktur und subjektiver Wahrnehmung und Empfindung nicht selbstverständlich. Deshalb ist es für ein lernendes Handeln im und mit Raum wesentlich, die Relativität von Raumwirkungen durch kontrolliertes Verändern der Raumstruktur und eine bewußte Eingrenzung verschiedener Sinneseindrücke bewußt zu machen.

Der handelnde Umgang mit Raumqualitäten:

- ist die unverzichtbare Voraussetzung, Raumwirkungen auf Struktureigenschaften beziehen zu können;
- soll die Komponenten von Raumwirkung durch Akzentuierung und Reduzierung bestimmbar machen und damit
- einen Erfahrungsgrund schaffen für einen bewußten Gebrauch von Räumen der Umwelt.

Die Unterrichtsversuche mit räumlichen Realsituationen erfordern in einer weiteren Hinsicht eine Umstellung: Insbesondere der Schüler der Primarstufe erwartet vom Kunstunterricht das Herstellen von Bildern und Objekten; sie werden durch die persönliche Auseinandersetzung mit einer Problemstellung, durch die eigene Motivation und Identifikation zu einem Stück persönlichen Eigentums.

In den Raumsituationen wird demgegenüber etwas hergestellt, was in der Demonstration von Lösungsmöglichkeiten und als Erfahrungsgrundlage seinen Sinn erfüllt, was möglicherweise durch Fotos dokumentiert, grundsätzlich aber wieder aufgelöst wird. Eine solche fachliche Arbeitsform wird nur dann vom Schüler positiv aufgenommen und sinnvoll genutzt, wenn auch neue Erfahrungen und Erkenntnisse als motivierender „Besitz" akzeptiert werden. Das setzt voraus, daß der Schüler solche Erfahrungen und Erkenntnisse als Instrument zur vertieften Orientierung in seiner Umwelt einsetzen kann. Daraus folgt die Verpflichtung des Unterrichts, die Bedingungen und den Rahmen eines solchen Transfers mitzuvermitteln.

2. Zur Konstruktion von Unterrichtsmodellen

Die Gestaltungsaufgabe

Sie besteht im Kern aus zwei Komponenten: dem Umweltbezug des Motivs und den bildnerischen Problemen. Damit wird einerseits auf Umweltsituationen abgehoben, die für den Schüler relevant sind, andererseits auf eigene Gestaltungsversuche, die dem Schüler Einsichten und Erkenntnisse vermitteln sollen, um seine Umwelt in strukturierter Weise, visuell und haptisch, wahrnehmen zu können. Der Schüler soll sich in seiner Umwelt besser zurechtfinden und darüberhinaus seine Vorstellungen, Meinungen, Einsichten und Erkenntnisse durch Herstellen von Objekten oder Situationen ausdrücken können.

Die Schemazeichnung zeigt in einer vereinfachten Darstellung folgende Merkmale der Gestaltungsaufgabe:

a) Die Umwelt, die in engem Zusammenhang mit der individuellen und sozialen Situation des Schülers steht.
b) Das Motiv enthält wichtige situative und strukturelle Faktoren. Es ist umweltrelevant und gibt gleichzeitig Hinweise auf gestalterische Darstellungsmöglichkeiten. Die Überschneidung der beiden Kreisflächen soll diese Funktion deutlich machen.

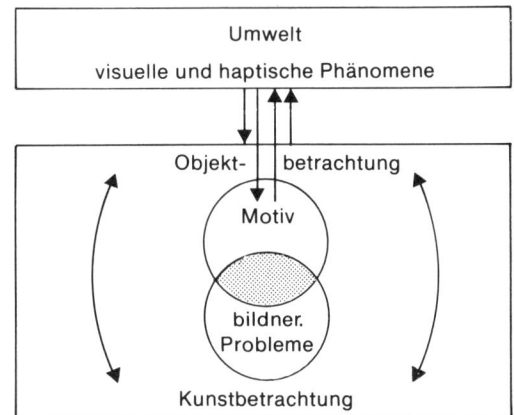

c) Die bildnerischen Probleme sind auf die Herstellung von Objekten und Situationen bezogen. Da es sich hierbei um pädagogisierte künstlerische Problemstellungen handelt, stehen sie entweder über das Motiv oder über das Material mit der Umwelt in Verbindung. Eine Isolierung dieser Probleme würde zu formalistischem Gestalten führen, denn sie bezeichnen ja nichts anderes, als Schwierigkeiten, die dann auftreten, wenn mit Hilfe der Bildsprache etwas ausgedrückt werden soll.

Die beiden Komponenten Motiv und bildnerische Probleme sollen etwas genauer untersucht werden.

Das Motiv (Motivation)

Das Motiv, als inhaltlich-gegenständlicher Teil der Gestaltungsaufgabe, verweist auf die visuellen und haptischen Phänomene der Umwelt, die in differenzierter Weise wahrzunehmen und zu analysieren sind. Dies schließt vorrangig das Beziehungsgefüge mit ein, in dem plastische Objekte stehen oder durch die eine Raumsituation bestimmt wird. Die Motivwahl zielt weniger auf den isolierbaren Gegenstand oder die Raumsituation als auf den Kontext, in dem sie auftreten. Um diese komplexe Situation analysieren und durchschauen zu können, braucht der Schüler Beurteilungskriterien, die er durch reflektiertes, gestalterisches Arbeiten (Herstellen von Modellen und Modellsituationen) erhält. Hier sind die inhaltlich-situativen und strukturellen Probleme soweit reduziert, daß sie der Schüler lösen kann. Der Transfer der gewonnenen Erfahrungen, Einsichten und Erkenntnisse auf die Realsituation sollte, soweit es möglich ist, durch unmittelbare Erfahrungen in der Umwelt eingeübt werden. Das Motiv hat so gesehen zum einen die Funktion, Brücke zur Reflexion der Umwelt zu sein, zum anderen aber auch, die sensomotorischen und affektiven Bezüge zu erfassen, um neben intellektuellen Erkenntnissen durch engagierte, gestalterische Arbeit auch sinnliche Erkenntnisse zu ermöglichen. Das Motiv sollte grundsätzlich neben inhaltlich-gegenständlichen auch gestalterische Hinweise enthalten. Es genügt nicht, Bild-, Körper- und Raumvorstellungen zu stimulieren, ohne dem Schüler zu helfen, diese zu objektivieren. Der Prozeß der Objektivierung ist wegen der Komplexität der Gestaltungsprobleme in diesem Arbeitsbereich schwierig. Der Schüler ist auf die Hilfe des Lehrers angewiesen, die mit der Wahl und Erarbeitung des Motivs beginnt.

Zunehmend gewinnen Arbeitsverfahren und Lernprozesse an Bedeutung, die keine Motivstellung im konventionellen Sinne (s. o.) haben. Das Motiv ist identisch mit dem Material oder Gestaltungs- und Lernprozeß. Werden für eine Aufgabe, als Ausgangspunkt, bestimmte Materialien (z. B. vorgefundenes Assemblagematerial oder verformbares Material wie Ton) oder eine bestimmte Raumsituation angeboten, so wird der Schüler zunächst zu experimentierendem Arbeiten angeregt. Dieses offene Gestalten darf nicht von Anfang an durch eine Motivstellung festgelegt werden. Nach und nach wird das Experimentieren durch individuelle Erfahrungen und Erkenntnisse und gemeinsame Überlegungen in ein gezieltes Arbeiten überführt, um bestimmte Wirkungen zu erreichen oder Darstellungsabsichten zu verwirklichen. Sowohl die angestrebten Wirkungen und Darstellungsabsichten als auch das entdeckende, gestalterische Arbeiten selbst können als „Motiv" bezeichnet werden. Entscheidend ist die Veränderung der Bedeutung des Wortes „Motiv", denn an Stelle der inhaltlich-gegenständlichen Aufgaben und Hinweise treten solche, die sich auf Methoden der Gestaltung beziehen. Dieses Erlernen von Methoden hat den Vorteil, daß sie auch in modifizierter Form zur Analyse und Veränderung von Umweltsituationen benützt werden können.

Unter diesen Gesichtspunkten wäre die Schemazeichnung so zu verändern, daß die beiden Kreise „Motiv" und „bildnerische Probleme" zur Deckung kommen. Gleichzeitig ist der Begriff „bildnerische Probleme" durch „Gestaltungsprobleme und -prozesse" zu ersetzen. Der Umweltbezug bleibt gleich relevant, er wird eher intensiviert, da sowohl die Modellsituation wie die Objekt- und Kunstbetrachtung unmittelbar auf die Umwelt verweisen. Der künstlerisch gestaltete Raum oder das gestaltete Objekt ist sowohl Teil der hergestellten Umwelt, also unmittelbar in die Realsituation eingebunden, als auch Interpretation dieser Umwelt, also soweit der Realsituation entbunden, daß sie in strukturierter Weise erfaßt werden kann.

Bildnerische Problemstellung

Aus der Definition dieser Probleme einerseits und der Sonderstellung und Funktion künstlerischer Objekte und Raumsituationen andererseits ergibt sich die Bedeutung dieses Teils der Gestaltungsaufgabe. Er ist unverzichtbar, weil er auf historische und zeitgenössische künstlerische Aktivitäten bezogen ist und somit auch eine ständige Revision der gestalterischen Arbeit garantiert. Gestaltungsprobleme sollten im Zusammenhang mit der Entwicklung der Kunst stets überprüft und erweitert werden (besonders im Bereich der Raumgestaltungen vom Environment bis zur Land-Art).
Die bildnerischen Probleme sind prinzipiell unteilbar. Im Zusammenhang der Aufgabe sollten sie methodisch so zugeschnitten werden, daß sie der Bildungs- und Altersstufe des Grundschülers entsprechen. Dies kann vor allem durch überlegte Kombinationen verschiedener Probleme geschehen. Ein einzelnes bildnerisches Problem kann nie allein zu einer kreativen Tätigkeit führen, denn der damit vorgegebene Lösungsspielraum ist zu klein. Eine Fülle von Problemen in einer Aufgabe dagegen kann das zielstrebige Arbeiten verhindern, weil der Schüler den Überblick verliert. Deshalb drückt die Zusammenstellung der Gestaltungsprobleme aus, ob der Lehrer bei seinen methodisch-didaktischen Planungen vom Schüler ausging und in wieweit er auf sein Gestaltungsvermögen Rücksicht nahm.

Die Auseinandersetzung mit Gestaltungsproblemen sollte in reflektierter, praktischer Arbeit geschehen, d. h. der Arbeitsprozeß sollte von Überlegungen begleitet werden, wie und warum diese oder jene Mittel eingesetzt oder eine Darstellungsabsicht und Wirkung erreicht werden.
Neben diesen mehr intellektuellen Einsichten spielen die sinnlichen Erkenntnisse eine entscheidende Rolle. Im Arbeitsbereich Körper/Raum ist der Schüler auf seine eigenen visuellen, haptischen und sensomotorischen Erlebnisse angewiesen. Das Agieren im Raum und die Herstellung von dreidimensionalen Objekten erfordert eine Eigentätigkeit, die im affektiven Bereich verankert ist. Es geht letztlich darum, Raumerlebnisse und Raumvorstellungen zu gestalten. Dies kann nur dann gelingen, wenn der nicht greifbare Raum Objektcharakter erhält, d. h. sinnlich erlebt und als Gestaltungselement eingesetzt wird. Dies lenkt die Aufmerksamkeit auf das Verhältnis von Modell- und Realsituation. In keinem anderen Arbeitsbereich ist dieses Problem so offenkundig vorhanden.
Die gestalterische Arbeit kann zu drei verschiedenen Arbeitsergebnissen führen:
a) zu einem plastischen Objekt, das eigenständigen Charakter hat (z. B. eine Figur aus Ton, eine Assemblage aus Abfallmaterialien),
b) zu einem räumlichen Modell, das eigenständigen Charakter hat (z. B. der Ausbau einer Schachtel zu einem Tastobjekt, in das man hineingreifen kann und soll),
c) zu einem räumlichen Modell, das Verweischarakter hat (z. B. ein Wohnmodell, eine im Klassenzimmer hergestellte Raumsituation).
Dieses letzte Modell ist besonders interessant, weil der Transfer von Erfahrungen und Erkenntnissen von der Real- zur Modellsituation und umgekehrt mit eingeplant und somit Be-

standteil der Aufgabe ist. Obwohl die Raumstrukturen der Real- und der Modellsituation weitgehend gleich sein können, ist die Raumqualität verschieden. Eine Reihe von funktionalen Bindungen und Eigenschaften wird im Modell aufgelöst und ausgeklammert (z. B. die Veränderung des Raumes durch die Anwesenheit von Menschen, die im Raum mitexistierenden Objekte, die Gebrauchsfunktion des Raumes). Im Modell wird die Möglichkeit gewonnen, Raumstrukturen herzustellen und zu erfassen. Räume können addiert, in ihren Größenverhältnissen variiert und durch Beleuchtung und Ausstattung verändert werden. Dies gilt besonders für begehbare Räume. Schüler und Lehrer können gemeinsam exemplarische Situationen schaffen, in denen der Einfluß der Raumgröße und Raumteilung auf die Körperbewegungen unmittelbar erfaßt werden kann. Die Modellsituation ermöglicht sinnliche und intellektuelle Erkenntnisse, die zu einer differenzierten Wahrnehmung der Realsituation und in der Folge zu einer kritischen Auseinandersetzung mit ihr führen.

Die Aufgabenfolge

Die Forderung nach lernzielorientiertem Kunstunterricht verlangt eine Planung, die über die Einzelaufgabe hinausgeht. Sie hat vor allem den Vorteil, daß der Schüler einmal erworbene Erfahrungen auf neue und ähnliche Situationen übertragen kann. Lehrer und Schüler können den Lernprozeß von Aufgabe zu Aufgabe besser kontrollieren und die zurückgelegte Wegstrecke genauer beurteilen. Letztlich können die Lernprozesse selbst intensiviert und wirkungsvoller gestaltet werden. Die Verbindung der einzelnen Aufgaben kann über das Motiv oder die Gestaltungsprobleme vorgenommen werden.

a) Die Wahl des Motivs als durchgängiges Prinzip der Aufgabenkoppelung hat den Vorteil, daß es zu fächerübergreifenden Einheiten führt. Wenn mehrere Motive aus einem Umweltbereich stammen (z. B. Architektur, Sport, Warenwerbung) wird dieser immer wieder von verschiedenen Seiten beleuchtet und analysiert, so daß in verstärktem Maße auf Probleme hingewiesen wird, deren Lösung eine Zusammenarbeit verschiedener Fächer (Projektarbeit) verlangt. Das Motiv ist hier ein an fachspezifische Aspekte und Intentionen gebundener Teil des übergreifenden, projektorientierten Themas. Die Gefahr dieser Aufgabenverbindung liegt darin, daß die Gestaltungsprobleme vernachlässigt werden. Dies ist immer dann der Fall, wenn im Kunstunterricht nur noch wenig (zur Illustration anderer Fachinhalte) oder überhaupt nicht mehr praktisch gearbeitet wird.

b) Die Wahl der Gestaltungsprobleme als durchgängiges Prinzip garantiert eine Differenzierung des gestalterischen Ausdrucks- und Mitteilungsvermögens und der Wahrnehmung und Analyse ästhetischer Objekte. Da die Gestaltungsprobleme in vielfältiger Weise kombiniert werden können, lassen sie sich von Aufgabe zu Aufgabe austauschen, verringern, vermehren oder neu akzentuieren. Die Unterrichtseinheiten können so im Schwierigkeitsgrad der zu lösenden bildnerischen Probleme sorgfältig aufeinander abgestimmt und der Alters- und Bildungsstufe angepaßt werden.

Diese Art der fachspezifischen Planung von Aufgabenfolgenplanung sollte auch dem Schüler erklärt und einsichtig gemacht werden. Er kann dadurch lernen, didaktische Entscheidungen in bezug auf die praktische Arbeit mitzuvollziehen und in Ausnahmefällen auch mitzubestimmen.

Die Gefahr dieser Aufgabenverbindung liegt darin, daß die Gestaltungsprobleme zu stark betont werden und damit die praktische Arbeit vom Umweltbezug über das Motiv getrennt wird.

Diese Gefahren können vermieden werden, wenn die Aufgabenfolgen auf den elementaren Lernprozessen aufgebaut werden. Diese beziehen sich ja auf anthropologische Voraussetzungen des Kindes, Umweltphänomene und gestalterische Probleme. Da sie in der Lernzielbestimmung auf der Ebene der Grobziele liegen, können aus ihnen jeweils mehrere Gestaltungsaufgaben abgeleitet werden. Die elementaren Lernprozesse stehen gleichwertig nebeneinander, obwohl sie in bezug auf einzelne Umweltaspekte unterschiedlich relevant sind. Sie können kombiniert werden, ohne daß die fachlichen Intentionen oder der Umweltbezug vernachlässigt werden.

Untersucht man die Lernprozesse auf ihre gegenseitigen Beziehungen, so läßt sich leicht feststellen, daß sie ineinander greifen. Das „Raumgefüge" vereinigt auch terminologisch das „Beziehungsgefüge" und das „Ordnen und Gruppieren" von Räumen; die Form–Grund-Beziehung ist in diesem Arbeitsbereich als „Körper–Raum-Beziehung" („Materialform und Raumform", „Durchdringung von Innen- und Außenraum") konstitutiv für alle anderen elementaren Lernprozesse. Dies erklärt die Tatsache, daß jede Gestaltungsaufgabe meist zwei (selten drei) elementare Lernprozesse enthält. Um die Intention der Aufgabe klar herauszustellen, ist es notwendig, einen Lernprozeß zu betonen. Die Veränderbarkeit dieser Zusammenstellungen und Akzentuierungen ermöglicht eine detaillierte und schülerbezogene Planung.

Für alle vier Grundschuljahre sind alle elementaren Lernprozesse gleich relevant und können im Rahmen von Gestaltungsaufgaben immer wieder durchgeführt werden. Dies führt letztlich zu einem konkreten Curriculumplan, der zyklisch aufgebaut ist.

3. Zum Problem der Operationalisierung von Lernzielen im Kunstunterricht

Die seit Jahren geführte Grundsatzdiskussion über die Probleme der Lernzielbestimmung ist in ein Stadium getreten, in dem Differenzierungen für und durch einzelne Fächer möglich werden. In allen neueren Lehrplänen (speziell für die Grundschule) ist der lernzielorientierte Unterricht verankert. Er ist ein unverzichtbarer Teil, denn er trägt entscheidend zur Objektivierung und Überprüfbarkeit didaktischer Entscheidungen bei. Nicht die durchaus notwendige Effizienz des Unterrichts in bezug auf den Schüler scheint mir heute der wichtigste Punkt zu sein, sondern die Möglichkeit, das Verantwortungsbewußtsein des Lehrers in bezug auf seine Planungen und Entscheidungen für Lernprozesse beurteilen zu können.

In aller Kürze möchte ich noch einmal die wichtigsten Gesichtspunkte nennen, die für die Lernzielorientierung sprechen:

1. Lernziele garantieren Unterrichtsprozesse, die auf ein Ziel gerichtet sind.
2. Lernziele garantieren einen geplanten Unterricht, der auf den Schüler bezogen ist.
3. Lernziele garantieren wirksame Unterrichtskontrollen, ob das Ziel erreicht wurde oder nicht.
4. Lernziele garantieren die Überprüfbarkeit der Arbeit des Lehrers.
5. Lernziele garantieren die Dauerrevision von Lehrplänen.

Die Lernzieldiskussion wurde vornehmlich am Beispiel von ,,Verhaltenszielen"*) geführt, die als konstituierenden Bestandteil die operationalisierten Feinlernziele enthalten.

Dies bedeutet, daß das festgelegte Verhalten als Verhaltensänderung nach Ablauf bestimmter Lernprozesse erreicht werden soll. Es ist deshalb notwendig, diese Ziele zu operationalisieren, d. h. in Feinlernziele aufzuteilen, die wiederum Verhaltensziele in bezug auf die Abfolge von Lernprozessen darstellen. Diese Form der Operationalisierung ist für Verhaltensziele notwendig. Ohne Operationalisierung keine Verhaltensziele. Entscheidend ist dabei, daß das Endverhalten (das Lernziel)

---

*) Mager, R. F.: ,,Lernziele und programmierter Unterricht", Weinheim 1965.
Skowronek, H.: ,,Lernen und Lernfähigkeit", München 1970.
Boekmann, H.: ,,Analyse und Definition operationaler Lernziele", in ,,Die deutsche Schule", 63. Jg. 1971, S. 235 ff.
Roth/Blumenthal: ,,Zum Problem der Lernziele", Reihe A Nr. 13, Schroedel 1973.
Peterßen, W. H.: ,,Grundlagen und Praxis lernzielorientierten Unterrichts", Ravensburg 1974.

so eindeutig beschrieben werden sollte, daß alternative Vorstellungen ausgeschlossen sind. Dazu gehört auch die genaue Beschreibung dessen, was der Schüler tun muß, um zu zeigen, daß er das Lernziel erreicht hat.
Mit dieser noch unmodifizierten Lernzielbestimmung hatten und haben wir im Fach Kunst immer Schwierigkeiten, besonders dann, wenn es um die Forderung kreativen Verhaltens geht. Überprüfen wir die Anwendbarkeit von derartigen Verhaltenszielen, so erkennen wir schnell, daß dies im Bereich der Reflexion (kognitiver Bereich) möglich und wünschenswert ist. Sowohl die Analyse von ästhetischen Objekten wie die Probleme der eigenen gestalterischen Arbeit (soweit sie reflektiert und verbalisiert werden können) sollten durch genaue Lernzielangaben erfaßt werden. Diese auf rationale Erkenntnis angelegten Lernprozesse können operationalisiert werden. In erster Linie geht es hier um Inhalte, in zweiter Linie um Methoden.
Anders liegen die Probleme auf der Ebene der sinnlichen Erkenntnis, also im praktisch-gestalterischen Bereich. Hier stellen sich der Operationalisierung unüberwindliche Hindernisse entgegen. Dies hängt mit folgenden Faktoren zusammen:

1. können wir nie genau vorhersagen oder bestimmen, welches überprüfbare Verhalten am Ende von komplexen Gestaltungsprozessen vorhanden sein soll; denn dies würde bedeuten, daß wir auch die Ergebnisse der praktischen Arbeit voraussagen und festlegen könnten. – Gerade dies aber widerspricht dem Prinzip der Gestaltung, der individuell gefundenen Lösung. Im Bereich ästhetischer Praxis dürfen keine Normen gesetzt werden, soll Gestalten nicht zu formalistischer Beschäftigung herunterkommen.

2. Die Operationalisierung kann zu problematischen Konsequenzen führen. Die Komplexität jeder Gestaltungsaufgabe und jedes kreativen Lernprozesses muß soweit vermindert, aufgelöst und elementarisiert werden, daß der Sinn dieses Handelns verloren geht. Statt erfinderischem Arbeiten im Sinne von individuellem Problemlösungsverhalten ist bestenfalls ein vorprogrammiertes Spiel mit technischen und bildnerischen Mitteln möglich. Operationalisierte Lernziele richten sich streng nach dem übergeordneten Grobziel, das durch Teilschritte erreicht wird. Auch dies widerspricht dem gestalterischen Arbeiten, denn hier sind Teilergebnisse genauso wichtig wie ,,Endergebnisse'' und umgekehrt. Es gibt keine Hierarchie der Ergebnisse, ganz abgesehen von der Tatsache, daß der Lernprozeß selbst wichtiger ist als das Ergebnis des Lernprozesses. Es geht also in erster Linie um Methoden, in zweiter Linie um Inhalte.

3. Verhaltensziele neigen dazu, das Logische in der Planung auf Kosten des Psychologischen zu betonen. Ein Aspekt, der im Bereich kreativen Arbeitens gefährlich werden kann, denn es geht hier nicht nur um Problemlösungsverhalten, sondern auch um Problemfindung.

Mit derartigen Schwierigkeiten konfrontiert, neigen positivistische Lernzieltheoretiker dazu, im Fach Kunst die praktische Arbeit als letztlich nicht kontrollierbaren Teil des Unterrichts einzudämmen, rigoros zu formalisieren oder gar abzuschaffen. Diese Schwierigkeiten verhinderten im Grunde die Rezeption und gleichberechtigte Teilnahme des Faches an der notwendigen Diskussion dieser Probleme. Dies hat sich durch neuere Entwicklungen grundlegend geändert.
Die Gefahr, daß durch Operationalisierung der Lernziele bereits in der Phase der Unterrichtsplanung und -vorbereitung eine Festlegung geschieht, die meist nicht revidiert wird, obwohl sie reversibel bleiben müßte, wurde er-

kannt und zum kritischen Ansatzpunkt für weitere Differenzierungen. Vor allem Brügelmann*) und Wulf**) haben darauf hingewiesen, daß der Prozeßcharakter der gesamten Unterrichtsplanung und vor allem der Lernzielkonzeption möglichst in allen Stadien offen gehalten werden sollte. Das Endverhalten kann nicht in operationalisierter Form vorherbestimmt und beschrieben werden, da das Planen und Handeln, d. h. die Unterrichtsprozesse selbst miteinbezogen werden und deshalb offen bleiben müssen. Sollen in bezug auf Unterrichtsprozesse und -situationen Lernziele aufgestellt werden, so kann es sich nur um solche handeln, die nicht ein Endverhalten normativ festlegen, sondern die die Bedingungen angeben, unter denen Unterrichtsprozesse stattfinden. Diese Prozesse können zu vielfältigen Lösungen innerhalb eines gegebenen Rahmens führen. Schüler und Lehrer arbeiten zusammen, finden neue Lösungen und modifizieren die Lernprozesse während des Unterrichtsverlaufs. Es geht hier vorwiegend um entdeckendes Lernen, d. h. um heuristische Lernziele. Derartige Lernziele beschreiben eine pädagogische Begegnung, sie beschreiben eine Situation, in der etwas erkundet werden soll.

Für unser Fach definiert: sie beschreiben die Bedingungen und Situationen für kreatives Verhalten, d. h. für gestalterische Arbeitsprozesse. Wenn wir den Spielraum bei der Lösung gestalterischer Probleme nicht allzu sehr einengen wollen, müssen wir auf die Festlegung eines Ergebnisses oder einer Lösung verzichten. Trotzdem kommen wir bei der Planung und Vorbereitung von Lernprozessen, die auf sinnliche Erkenntnis zielen, nicht ohne eine Zielvorstellung aus. Aber dieses Lernziel kann nur hypothetischen Charakter haben, d. h. es wird in vielfältiger Weise modifiziert und abgewandelt. Wir haben anstelle einer punktuellen Festlegung eine Bandbreite möglicher Verhaltensweisen und Lösungen (in bezug auf die praktische Arbeit), die wir allerdings so genau wie möglich beschreiben sollten. Auch die Bedingungen, unter denen diese Lernprozesse stattfinden sollen, müßten so genau wie möglich erarbeitet und geplant werden. Dies widerspricht nicht der Forderung, den Spielraum für gestalterisches Arbeiten möglichst offen zu halten, denn die Feinlernzielbestimmung kann und sollte dann abgebrochen werden, wenn formalistische Einengungen dieses Spielraumes, oder gar formalistische Verfestigungen der Zielvorstellungen drohen.*) In diesem Sinne ist für die Planung und Vorbereitung von gestalterischen Lernprozessen die heuristische Funktion vorrangig; d. h., daß diese Lernziele bis zur Durchführung der Unterrichtseinheit offen und deshalb bei aller möglichen planerischen Genauigkeit hypothetisch bleiben sollten. Dies gilt grundsätzlich auch für Lernziele, die sich auf die Bedingungen beziehen, unter denen Unterricht sinnvoll durchgeführt werden kann. Auch

---

*) Brügelmann, H.: „Offene Curricula", in „Zeitschrift für Pädagogen", 18. Jg. 1972, S. 95 ff.
„Offene Curricula – ein leeres Versprechen?", „Die Grundschule", 5. Jg. 1973, S. 165 ff.
**) Wulf, Chr.: „Heuristische Lernziele – Verhaltensziele", in Robinson, S. B.: „Curriculumentwicklung in der Diskussion", Düsseldorf 1972, S. 36 ff.

*) Ein Beispiel für dieses Vorgehen hat Josef Albers in seinen Kursen zur „Interaction of Color" gegeben. Die Zielvorstellung, eine bestimmte Farbwirkung durch entsprechende Farbkombinationen (und als übergeordnetes Richtziel die Sensibilisierung der Wahrnehmung) zu erreichen und herzustellen, blieb stets offen und reversibel. Dies galt auch für die Methoden, die Albers stets trotz eigener, detaillierter Vorstellungen mit den Schülern zusammen erarbeitete. Die bei seinen Schülern erreichte sinnliche Erkenntnis läßt sich eindeutig und objektiv nachweisen – siehe seine Publikation: „Interaction of Color" 1963, Yale University Press und Keller Verlag 1973.

diese methodenbezogenen Lernziele sollten hypothetischen Charakter haben, um die Möglichkeit offen zu halten, mit den Schülern diese Bedingungen und Methoden wenigstens teilweise zu erarbeiten und festzulegen. Das entdeckende und experimentelle Lernen ist im Bereich der Gestaltung grundlegend. Hier gilt die Feststellung, daß eine genaue Lernzielbestimmung, die nicht in allen Fällen operationalisiert sein muß (und auch noch nicht operationalisierbar ist), überhaupt erst die Voraussetzung schafft, andersartige, abweichende und innovative Varianten zu entdecken, zuzulassen und zu fördern.

Diese Art der Lernzielbestimmung verweist auch auf ein neues Schüler–Lehrer-Verhältnis, das der Forderung nach Selbst- und Mitbestimmung des Schülers Rechnung trägt. Trotz langfristiger, emanzipatorischer Richtziele bleibt eben doch die Qualität der Begegnung von Schüler und Lehrer in der aktuellen Situation entscheidend. Emanzipatorisches Verhalten und Handeln wird hier eingeübt und sollte nicht mit Blick auf langfristige Ziele beiseitegeschoben oder unterdrückt werden.*)
Gerade der lernzielorientierte Unterricht, dessen Verhaltensziele reversibel bleiben und dem entdeckenden und erforschenden Lernen dienen, erlaubt dem Schüler sowohl an der Präzisierung von Lernzielen selbst, als auch an den Bedingungen für Lernsituationen (Methoden) mitzuarbeiten. Eine Operationalisierung ist im einen oder anderen Falle möglich. Sie kann und sollte aber nicht zur Norm gemacht werden.**)

Zusammenfassend läßt sich festhalten, daß beide Konzeptionen, die der „operationalen" und die der „heuristischen" Lernziele, nicht als entgegengesetzte, sondern als sich ergänzende Modelle aufzufassen sind.

Im Fach Kunst sind wir grundsätzlich auf die Beschreibung von Verhaltenszielen und auf „heuristische" Lernziele angewiesen. Verhaltensziele bleiben notwendig, weil sie repräsentative Elemente der Lernaufgabe und Lernleistung des Schülers genau erfassen und damit sichern. Verhaltensziele sollten nicht normativ gesetzt werden. Sie sollten stets revidierbar bleiben, d. h. sie sollten um die Dimension von forschendem und entdeckendem Lernen erweitert werden.

„Heuristische" Lernziele sind für gestalterische Lernprozesse konstitutiv – sie sollen und können bis heute noch nicht operationalisiert werden. Der Schüler hat volle gestalterische Freiheit innerhalb der Bedingungen und der Situation, die er in Übereinstimmung mit dem Lehrer erarbeiten, oder wenigstens akzeptieren können sollte. Der Lehrer unterstützt hierbei die Absichten des Schülers. Selbst- und Mitbestimmung sind Voraussetzungen für Gestaltungsprozesse. Hier könnte der Kunstunterricht einen wichtigen Beitrag leisten zur derzeitigen Lernzieldiskussion.

---

*) Dazu schreibt Christopher Jencks: „Chancengleichheit", Rowohlt 1973, S. 276: „Statt Schulen nach ihren Langzeiteffekten auf die Schüler zu bewerten, die relativ uniform scheinen, halten wir es für klüger, sie nach ihren unmittelbaren Wirkungen auf Lehrer und Schüler zu bewerten, die weit unterschiedlicher scheinen... Wenn wir das Schulleben als Selbstzweck und nicht als Mittel zu irgendeinem Zweck betrachten, sind derartige Unterschiede enorm wichtig. Eine Beseitigung dieser Unterschiede würde zwar nicht sehr viel dazu beitragen, die Erwachsenen gleicher zu machen, aber sie würde erheblich dazu beitragen, die Lebensqualität der Kinder (und Lehrer) gleicher zu machen. Da Kinder ein Fünftel ihres Lebens in Bildungsinstitutionen verbringen, wäre das eine beträchtliche Leistung."

**) Deutscher Bildungsrat: „Strukturplan für das Bildungswesen", Stuttgart 1970. Die vom deutschen Bildungsrat aufgestellte Kategorisierung der Lernziele – Stufe 1: Reproduktion des Erlernten; Stufe 2: Reorganisation des Erlernten; Stufe 3: Transfer des Erlernten; Stufe 4: Problemlösung mit dem Erlernten – zeigt deutlich, daß sich das Problemlösungsverhalten nicht operationalisieren läßt.

4. Die elementaren Lernprozesse im Kunstunterricht der Grundschule

4.1 Allgemeiner Teil

Die sechs elementaren Lernprozesse sind:

1. Erfindung von Formen, Artikulation und Differenzierung von Zeichen
2. Beziehungsgefüge von Zeichen, Zuordnung von Formen
3. Ordnen und Gruppieren
4. Form–Grund-Beziehung
5. Erfindung, Artikulation und Differenzierung von Bewegungsvorgängen
6. Experimentieren und Verändern.

Diese Lernprozesse in Verbindung mit den 4 Arbeitsbereichen des Faches Kunst (Zeichnen/Grafik; Farbe; Körper/Raum und Spiel/Materialaktion) beziehen sich auf anthropologische Voraussetzungen des Kindes, Umweltphänomene und gestalterische Probleme. Elementare Lernprozesse können deshalb nicht mit bildnerischen Problemstellungen gleichgesetzt werden.

Von entscheidender Bedeutung ist zunächst der jeweilige Entwicklungsstand des visuellen und räumlichen Vorstellungsvermögens des Kindes. Die Entwicklung der Körper- und Raumvorstellung wurde schon vielfach untersucht, vor allem anhand von Kinderzeichnungen*). Lowenfeld**) weist eindringlich darauf hin, daß die Entwicklung der kindlichen Raumauffassung und Raumvorstellung eng verbunden ist mit sozialem und kommunikativem Verhalten. Hierbei ist die Entwicklung zu einer Raumauffassung und -vorstellung wichtig, in der Dinge und Personen nicht nur zur eigenen Person, sondern auch untereinander in Beziehung gesetzt werden können.

Die Differenzierung der Wahrnehmung und Vorstellung räumlicher Beziehungen geht Hand in Hand mit entsprechenden Differenzierungen im verbalen und gestalterischen Bereich. Besonders aufschlußreich ist hierzu die Arbeit von Piaget (s. Anmerkung). Seine Mitarbeiter konnten in zahlreichen Versuchen

---

*) Z. B.: Grözinger, Wolfgang: „Kinder kritzeln, zeichnen, malen", Prestel, München 1952.
Mühle, Günther: „Entwicklungspsychologie des zeichnerischen Gestaltens", München 1967².
Egen, Horst: „Kinderzeichnungen und Umwelt", Bouvier, Bonn 1967.
Piaget, Jean; Inhelder, Bärbel u. a.: „Die Entwicklung des räumlichen Denkens beim Kinde", Klett, Stuttgart 1971.
**) Lowenfeld, Victor: „Creative and Mental Growth", New York 1969⁹ – Er verweist in diesem Zusammenhang auf die Begriffe „body space" und „object space", S. 132.

nachweisen, daß sich im Alter von ca. 7–10 Jahren aus topologischen Raumbezügen allmählich der projektive und euklidische Raum herausbildet. Im projektiven und euklidischen Raum wird die Lage der Gegenstände durch ein Gesamtsystem von Projektionen und Perspektiven festgelegt, das die Koordinierung der Gegenstände in ihren objektiven Lagen und metrischen Relationen ermöglicht. Hierbei ist besonders wichtig, daß die räumliche Vorstellung eine verinnerlichte Handlung ist und nicht einfach die bildliche Vorstellung irgendeiner äußeren Tatsache, etwa des Ergebnisses einer Handlung (S. 527). Deshalb ist es notwendig, sich handelnd, d. h. sinnlich-anschaulich mit räumlichen Phänomenen auseinanderzusetzen.

Die elementaren Lernprozesse sollen auf der Grundlage dieser anthropologischen Voraussetzungen zu eigenen Erkenntnissen über Objekte und räumliche Phänomene der Umwelt führen. Grundsätzlich handelt es sich hierbei um alle visuellen und räumlich-haptischen Phänomene (z. B. Gebrauchsgegenstände, Architektur- und Kunstobjekte, Naturgegenstände). Sie sollen in ihrer Funktion und Bedeutung für den Schüler und für die Gesellschaft erkannt und beurteilt werden. Die Beurteilung geht aus von der Erscheinungsform des Raumes oder Gegenstandes, bezogen auf seine Funktion und soziale Bedeutung. Insofern zielen diese Lernprozesse in erster Linie auf das Beziehungssystem, in dem der entsprechende Gegenstand in seiner Umgebung steht und erst in zweiter Linie auf diesen selbst als einzelnes, herausgelöstes Objekt.*) Das Kunstobjekt und der künstlerisch gestaltete Raum (environment) nehmen eine Sonderstellung ein, da sie eine Wirklichkeit herstellen, die zugleich und wesentlich Interpretation der Umwelt ist. Hierzu schreibt Marshall McLuhan*): „Kunst als eine Anti-Umwelt ist ein unerläßliches Mittel zur Wahrnehmung, denn Umwelt als solche ist nicht wahrnehmbar. Ihre Kraft, ihre Grundregeln unserer Wahrnehmung aufzuerlegen, ist so komplett, daß für ein Zwiegespräch oder eine Annäherung kein Raum bleibt. Daher das Bedürfnis nach Kunst oder Anti-Umwelt."

Letztlich beziehen sich die elementaren Lernprozesse auf grundlegende Gestaltungsprobleme, die auf bestimmte künstlerische Strukturprobleme verweisen.**) Diese Strukturprobleme sind unteilbar, bedürfen aber je nach Alter und Bildungsstufe des Kindes der Modifizierung und des methodischen Zuschnitts innerhalb der Gestaltungsaufgaben. Durch die reflektorische und praktische Verarbeitung dieser Gestaltungsprobleme schaffen wir genügend Abstand zur Umwelt, um diese entsprechend wahrnehmen, reflektieren und kritisch analysieren zu können.

Hier ist der entscheidende Ansatzpunkt zu sehen: Die Entwicklung differenzierter Raumvorstellungen (auf der Grundlage altersspezifischer Wahrnehmungs- und Denkoperationen) soll gerade durch die praktische und reflektorische Beschäftigung mit den Grundstrukturen künstlerischer Arbeit gefördert werden, um so die Ausbildung eines geistigen

---

*) Vgl. Ricci, Leonardo: „Die Form", in Kepes: „Der Mensch und seine Dinge", Brüssel 1972, S. 115: In der Baukunst ist die Form ja nichts anderes als „Anwesenheit geschehener und geschehender Tätigkeiten."

*) Mc Luhan, Marshall: „Des Kaisers neue Kleider", in Kepes: „Der Mensch und seine Dinge", Brüssel 1972.

**) Pfennig, Reinhard: „Gegenwart der bildenden Kunst – Erziehung zum bildnerischen Denken", Isensee 1970[4] – Die in den elementaren Lernprozessen enthaltenen Grundaufgaben wurden von Pfennig erstmals formuliert und aus der Analyse der Gegenwartskunst gewonnen. S. 22, Kap. „Die Gestaltungsprinzipien der Gegenwart."

Raumes zu unterstützen, der den wahrgenommenen nach und nach an Bedeutung übertrifft. Damit wird eine Grundlage geschaffen, um die Welt der Dinge (Umwelt) in bezug auf ihre räumliche Anordnung und soziale Funktion beurteilen zu können. Dies wiederum führt je nach Art der Beurteilung zu entsprechenden sozial relevanten Verhaltensweisen. In diesem Zusammenhang gewinnt das Problem der Übertragbarkeit (Transfer) von Erkenntnissen, die an verschiedenen ästhetischen Objekten gewonnen wurden, eine zentrale Bedeutung. Einmal haben wir es mit künstlerischen Objekten und Raumkonstellationen zu tun, ein anderes Mal mit alltäglichen, nicht-künstlerischen Gebrauchsgegenständen und Raumordnungen.

Mit Hilfe der Strukturanalyse können wir Objekte aus beiden Bereichen untersuchen; d. h. wir vermögen die verschiedenen Schichten des Objektes freizulegen: den beschreibbaren Bestand, die Intention und Idee (Funktion), die Entstehung und Rezeption (Gebrauch). Die Strukturanalyse erlaubt uns, jedes ästhetische Objekt (ob Raum oder Gegenstand) vom Blickwinkel des distanzierten und doch aktiven Betrachters aus zu erfassen, um aus dieser ungewohnten Perspektive das Beziehungsgefüge zu untersuchen, in das der Raum oder Gegenstand eingebunden ist.

Trotzdem sollte festgehalten werden, daß sich einmal gewonnene Einsichten in die Struktur des künstlerischen Objekts als Teil einer „Antiumwelt" trotz struktureller Verwandtschaften nicht ohne entsprechende Differenzierungen und Modifizierungen (auch in der Methode) auf die Struktur eines nicht-künstlerischen Objekts übertragen lassen. Diese Modifizierungen sind deshalb notwendig, weil die daraus resultierenden Erkenntnisse nicht unbedingt zu künstlerischem Handeln, sondern vorrangig zu sinnlicher Erkenntnis und emanzipatorischem Verhalten führen sollen. Dieses aber zielt auf Relativierung und Veränderung festgelegter Funktionen.

Die elementaren Lernprozesse haben so gesehen die Funktion, dem Kind zu helfen, Umwelt in strukturierter Form erfassen zu können. Hierbei vermag die praktische Arbeit wichtige Erfahrungen und Erkenntnisse durch eigenes Handeln zu vermitteln.

4.2 Die einzelnen Lernprozesse im Bereich Körper und Raum
A Körper

1. Artikulation und Differenzierung einer dreidimensional beurteilten Einzelfigur

Kinder im Grundschulalter haben vielerlei Erfahrungen im Umgang mit plastischen Einzelfiguren. Bauklötze verschiedener Art, plastisch nachgebildete Comicfiguren aus synthetischem Material, Plüschtiere, Puppen, Modellautos, Tankstellen und Häuser, Fundstücke aus der Natur wie z. B. Strandkiesel, Muscheln usw. werden meist als Spielrequisiten im häuslichen Bereich eingesetzt. In nächster Umgebung befinden sich Möbel, Haushaltsgeräte, Gefäße und Werkzeuge. Im außerhäuslichen Bereich städtischer Umgebung gehören z. B. Bauwerke wie Türme, Häuser und Brücken dazu, Verkehrsmittel und Maschinen, aus dem Bereich der Natur Steine, Pflanzen und Tiere. Auch der menschliche Körper ist in diesem Zusammenhang als plastische Einzelfigur erfahrbar.

Diese Einzelgegenstände und -figuren haben eines gemeinsam, sie stehen in einer fast ausschließlich pragmatisch-funktionalen Beziehung zum Menschen. Deshalb ist es notwendig, ihre Erscheinung, Funktion und Bedeutung als sich gegenseitig bedingende Komponenten zu erfassen. Um ihre ästhetische Erscheinungsform analysieren zu können, bedarf es grundlegender visueller und haptischer Erfahrungen und Erkenntnisse. Erfahrungen und Erkenntnisse, die sich auf die Größe und Proportionen dieser Objekte beziehen, auf ihre Allseitigkeit als Körper und damit verbunden ihre raumverändernde Wirkung, auf Statik und Stabilität, Material- und Oberflächenbeschaffenheit (von Oberflächenstrukturen bis zu formauflösenden Aus- und Einbuchtungen).

Besonders bedeutsam sind die unmittelbar räumlichen Beziehungen zur eigenen Person (ein wichtiger kommunikativer Aspekt), die bei kleineren Gegenständen durch handgreiflichen Kontakt, bei größeren Objekten und Figuren durch Abtasten und Umschreiten hergestellt werden können. Die gestalterische Arbeit soll auf dieser Grundlage zu eigener Körpererfahrung und Raumvorstellung führen. Sie kann nicht durch Verbalisierung oder Auswendiglernen von Begriffen ersetzt werden. Die Beschreibung dieser sinnlichen Erfahrungen anhand selbsthergestellter Arbeiten führt zu Erkenntnissen durch Lernprozesse, die nicht in erster Linie Wissensstoff vermitteln.

Schon Vorschulkinder haben in diesem Arbeitsbereich praktische Erfahrungen. Sie stellen Türme aus Schachteln, Bauklötzen oder anderen Bausteinen her, sie formen Bauten aus Sand und höhlen sie aus. Gelegentlich stellen sie Fahrzeuge aus vorgefertigten Bausteinen (Steck- oder Klebeverbindungen) oder Abfallmaterialien her. Diese selbsthergestellten Objekte enthalten die grundlegenden gestalterischen Probleme und die damit verbundenen technischen Verfahrensweisen.

Eine plastische Einzelfigur kann entweder aus verformbarem Material (wie z. B. Ton, Knetmasse, Papiermaché) durch Modellieren oder aus vorgegebenen Bausteinen durch Zusammenfügen hergestellt werden. Sind diese Bausteine genormt, so entstehen meist modellhafte Bauwerke oder Gegenstände, sind sie aus heterogenem Material (z. B. Verpackungsabfälle), so entstehen meist fantasievolle plastische Gebilde (Montagen).

Wird die Form aus einem Stück gewonnen, sollten möglichst wenig Formteile aneinandergefügt werden, wird sie durch Addition von Einzelelementen hergestellt, ist es gerade umgekehrt. Wird das Objekt ausgehöhlt, oder ein freibleibender Hohlraum umbaut, kommt das Problem der Beziehung von Außen- und Innenraum hinzu. Jede plastische Einzelfigur sollte stets allseitig beurteilt werden; d. h. der umgebende Raum wird durch herausragende oder eingezogene Teile mitgestaltet, wird positiv und negativ als Innen- und Außenraum abgegrenzt. Die Verbindung der Raumteile kann durch Gänge, Verstrebungen und den Einbau durchsichtiger Materialien hergestellt werden.

Um diese Probleme in exemplarischer Weise aufzeigen zu können, sollten Kunstobjekte zur Beurteilung herangezogen werden, z. B.: Bauformen, Plastiken, Gefäße und Geräte der Primitiven, der frühen Hochkulturen und der Antike, Bauwerke und Plastiken aus dem Bereich der mittelalterlichen und modernen Kunst bis zu Pier Luigi Nervi, Mies van der Rohe, Buckminster Fuller, George Segal und Duane Hanson, ferner Objekte des Design und der Trivialkunst.

Selbsthergestellte Arbeiten haben Mitteilungscharakter. Die Frage des Betrachters, was dieses Objekt darstellen soll, ist rückwirkend für den Hersteller von Bedeutung. Er hat die Aufgabe, seine nichtverbale, plastisch ge-

---

Abb. 1 Gasbehälter, Schwelm bei Wuppertal, um 1920
© *und Foto: Bernd und Hilla Becher, Düsseldorf*

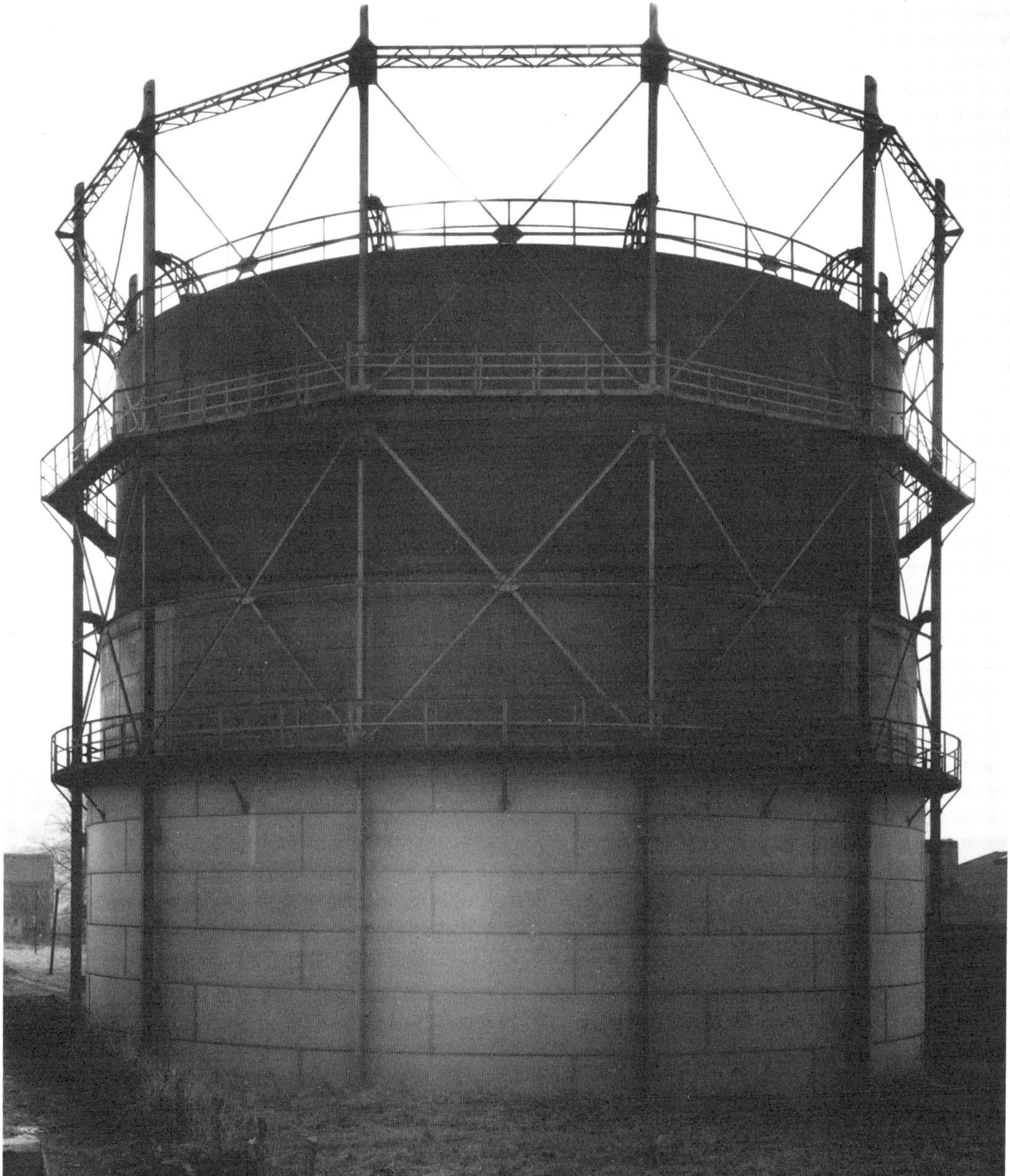

staltete Mitteilung so klar wie möglich zu formulieren. Differenzierung der Gestaltung bedeutet in diesem Zusammenhang auch leichtere inhaltliche Lesbarkeit, d. h. gestalterische Probleme sind zugleich Probleme der gegenständlichen Klärung des Objekts (dies bedeutet nicht Nivellierung des Formenrepertoires auf Formenklischees).

Plastische Arbeiten sollten, so oft es möglich ist, zu Spielgegenständen werden. Sie erhalten dadurch eine zusätzliche funktionale Bedeutung, die wiederum die Art der Ausformung mitbestimmt. Dabei kann die Farbe zu einem integrierenden Bestandteil des Objektes werden. Sie kann formklärende und formakzentuierende oder formverschleiernde und formauflösende Wirkung haben. Durch farbige Bearbeitung kann deutlich gemacht werden, daß plastische und architektonische Objekte im visuellen Bereich manipulierbar sind.

2. Plastische Einzelformen und -figuren in einem gegenseitigen Beziehungsgefüge

Um im Detail klären zu können, was die Forderung nach einem gegenseitigen Beziehungsgefüge für die plastische Ausprägung einer Einzelform oder -figur bedeutet, möchte ich drei Beispiele aus verschiedenen Umweltbereichen herausgreifen.

1. Stapelbare Tassen
Neben einer Reihe grundlegender Funktionen, die diese Tassen mit allen anderen gemeinsam haben, steht die der Aufbewahrung auf engstem Raum im Vordergrund. Dieses Problem kann nur gelöst werden, wenn jede Tasse formal so verändert wird, daß sie übereinandergestülpt werden können, ohne daß der Inhalt verkleinert wird. Besonders schwierig ist in diesem Zusammenhang die Gestaltung der Henkel, denn nur wenn auch diese ineinandergesteckt werden können, wird der benötigte Stapelraum wesentlich kleiner. Dies ist auch eine Materialfrage (von Keramik und Porzellan zu Plastik- und Plexiglasmaterialien). Entscheidend ist für unsere Problemstellung, daß die Form der einzelnen Tasse einen eindeutigen Bezug zu anderen Tassenformen aufweist und somit nur verständlich wird durch die Funktion des Stapelns der Tassen. Die einzelne Tasse hat also nicht eine in sich und für sich allein stimmige Form, sondern eine Form, die auf raumsparendes Zusammenfügen mit anderen Tassen hinweist. Dieses gegenseitige Beziehungsgefüge bestimmt in diesem Falle die Form der Tassen.

2. Plastische Reiter-Darstellung
Hier steht die Beziehung von Reiter und Pferd im Mittelpunkt. Die Darstellung der Körperhaltung des Reiters, von der Bein- und Armbewegung über die Haltung des Oberkörpers, die Zügelführung bis zum Gesichtsausdruck, weist eindeutig auf die entsprechende Haltung des Pferdes hin. Diese kann z. B. martialisch schreitend, sich aufbäumend, locker trabend, galoppierend oder tänzelnd sein. Beide Figuren sind durch ihre Körperhaltungen und -bewegungen individuell ausgeprägt. Beide Figuren gehören aber auch im Sinne einer Paßform zusammen. Diese Grundbeziehung und ihre Differenzierung bis zur Ausrüstung und zu schmückendem Beiwerk prägt die Wirkung der Gruppe. Diese Ausdrucksqualität ist letztlich auch für die Funktion der Darstellung entscheidend (ob Reiterdenkmal, freie Plastiken, oder Zinn- und Kunststoff-Figuren).

3. Dialogische Szenen im zwischenmenschlichen Bereich
Zwei Menschen können durch ihre Körperhaltung und -bewegung, Gestik und Mimik eine Fülle von Beziehungen ausdrücken. Von eindeutigen Bewegungen, wie z. B. umarmen, bedrohen, angreifen, beschützen, beschimpfen, zurückweichen, bis zu subtilen Verände-

rungen der Mimik, die z. B. Geringschätzung, Aufmerksamkeit, Achtung auszudrücken vermag, kann der Mensch ohne verbale Kommunikation die Art eines zweiseitigen Verhältnisses sichtbar machen. Die Körpersprache hat Mitteilungscharakter. Sie kann gestalterisch so stark ausgeformt werden, daß z. B. der Pantomime durch seine Bewegungen und Gesten einen Dialog mit einer nicht vorhandenen zweiten Figur führen kann. Einen ähnlichen Bewegungsablauf können wir beim Schattenboxen beobachten. Ein nicht vorhandener Gegner wird durch die Körperbewegungen mitgestaltet, d. h. der Schattenboxer drückt in suggestiver Weise aus, daß er mit einem Gegner in Beziehung steht. Mit Hilfe der Zeichensprache des Körpers kann eine derartige Mitteilung sichtbar gemacht werden.

Für die praktische Arbeit ergeben sich hieraus Konsequenzen. Um eine derartige Beziehung herstellen zu können, reicht das Verfahren der Addition gleichartiger Formen nicht aus. Es führt im Gegenteil am Grundproblem dieses Lernprozesses vorbei, denn die Einzelform soll ja gerade individuell verändert werden. An die Stelle der Addition unveränderter Formen tritt die Zuordnung veränderter Einzelformen, die die Art der Zuordnung ausdrücken. Deshalb ist die Arbeit mit verformbarem Material besonders günstig (Ton, Knetmasse, Plastilin, Papiermaché). Eindeutig haben hier plastisch-formende Arbeitsverfahren vor bauenden den Vorrang.

Die Zusammengehörigkeit der Figuren und Objekte kann durch Bemalung deutlicher gemacht werden. Die Farbe hat die Aufgabe, einen Sachverhalt zu verdeutlichen, Beziehungen hervorzuheben, Formzusammenhänge zu klären.

Die Motivationen zu diesen Lernprozessen können der technisch-zivilisatorischen Umwelt und der Natur entnommen sein. Ohne

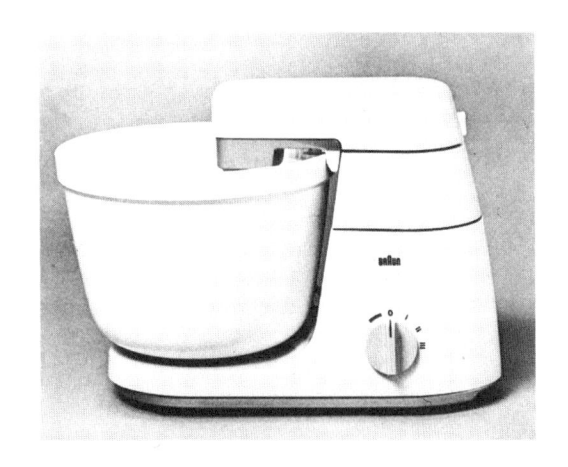

Abb. 2 Braun Küchenmaschine KM 32
Entwurf und Herstellung: Braun AG 1963
Foto: Rat für Formgebung, Darmstadt

Zweifel haben Motivationen den Vorrang, die der unmittelbaren sozialen Umwelt des Schülers entnommen sind: Umgang mit Personen, Tieren und Gegenständen im häuslichen Bereich, auf dem Spielplatz, in der Schule, dem Pausenhof, der weiteren städtischen Umwelt und auf Ausflügen und Reisen.

Zusammenfassend soll festgehalten werden, daß ein Beziehungsgefüge aus Einzelformen besteht, die so ausgeprägt sein sollten, daß der Bezug zu anderen Formen ablesbar ist.

3. Organisation plastischer Elemente

Im Mittelpunkt dieses Lernprozesses steht die Auseinandersetzung mit der Struktur, Funktion und Bedeutung von Ordnungen und Gruppierungen einzelner plastischer Elemente. Die Zusammenstellung der Elemente geschieht additiv, d. h. die Einzelform wird nicht im Sinne eines Beziehungsgefüges verändert. Als Einzelelemente können begriffen werden: z. B. genormte Fließbandprodukte, Massenwaren wie Kosmetikartikel, Konservendosen, Pralinen in einer Pralinenschachtel; standardisierte Raumzellen oder Raumeinheiten, Pflanzen als Teile von Pflanzenkulturen und wuchernden Pflanzenkolonien, Tiere in Herden und Schwärmen und nicht zuletzt einzelne Menschen in Situationen wie Streikversammlungen, Massendemonstrationen, auf Zebrastreifen, Tribünen, im Konzertsaal oder Straßencafé. Aus der Art des Zusammenschlusses von Menschen läßt sich meist die Absicht, Funktion und Bedeutung der Gruppierung erkennen (z. B. die im Gleichschritt auf Befehl marschierende Militärkolonne, die von ansteckender Neugier geprägte Menschenansammlung bei Verkehrsunfällen oder plötzlich auftauchenden, ungewöhnlichen Ereignissen, oder das Schlangestehen vor Schaltern oder Geschäften).

Bei allen Beispielen handelt es sich, formal gesehen, um Verbindungen von individuell ausgeprägten, gleichartigen Elementen (Gegenständen oder Figuren) zu übergeordneten Einheiten. Die Art der Verbindung, die Struktur oder das Baugesetz der Gruppierungen wird von den Funktionen und Ansichten bestimmt, die solchen Ansammlungen oder Gruppierungen zugrunde liegen. Grundsätzlich ist aber die Verschmelzung der Einzelteile zu einem homogenen Ganzen ein Grenzfall, der auf den 1. Lernprozeß in diesem Arbeitsbereich verweist*). Wir haben es hier eher mit lockeren Ordnungen zu tun, die sich im Raum ausbreiten, ihn durchmessen und gruppierend gliedern. Das Einzelelement ist zwar Teil des Ganzen, bleibt aber als Einzelelement erhalten und austauschbar. Hier zeigt sich die Ambivalenz der Einzelteile. Sie sind nicht an eine bestimmte Gruppierung gebunden, sondern können Elemente verschiedener Ordnungsprinzipien sein. Alle Gruppierungen und Ordnungen dieser Art (im organischen Bereich und viele im anorganischen und technisch-zivilisatorischen Bereich) sind deshalb instabil und bleiben veränderbar. Diese Veränderbarkeit der Organisation plastischer Elemente ist auch ein entscheidender Punkt für die praktische Arbeit. Sie kann am besten gewährleistet werden, wenn die zur Verfügung stehenden Arbeitselemente standardisiert sind und so verbunden werden können, daß die Verbindung jederzeit wieder aufgelöst werden kann. Dazu eignen sich additiv-bauende Arbeitstechniken mit offenen Baukastensystemen. Ungleich komplexer und schwieriger werden die Probleme bei heterogenen Einzelelementen, da ihre individuell verschiedenartigen Formen nicht beliebig austauschbar sind und somit nur die Herstellung spezieller Gruppierungen erlauben. Diese Probleme lassen sich exemplarisch studieren an bestimmten Bauformen wie Eingeborenenkral, Terrassensiedlungen, Verwaltungsbauten und im Bereich der Plastik an Arbeiten von Nevelson, Kemeny, Bury, Uecker und Lörcher.

Eine Schwierigkeit ist in bezug auf selbsthergestellte Objekte stets im Auge zu behalten: die Herstellung der Einzelelemente darf nicht von den Gestaltungsprinzipien der Organisation dieser Elemente (wie z. B. Konzentration, Auflösung, Streuung, Progression) ablenken. Sind die Einzelformen zu komplex, so wird die Herstellung der Einzelform zum Hauptproblem und nicht das Ordnen und Gruppieren dieser Elemente. Deshalb sollte die Einzelform

---

*) Artikulation und Differenzierung einer dreidimensionalen, plastischen Einzelfigur.

Abb. 3 Harald Mante: Menschenstruktur
Aus: Harald Mante: Bildaufbau. Gestaltung in der Fotografie, Ravensburg 1969, S. 83

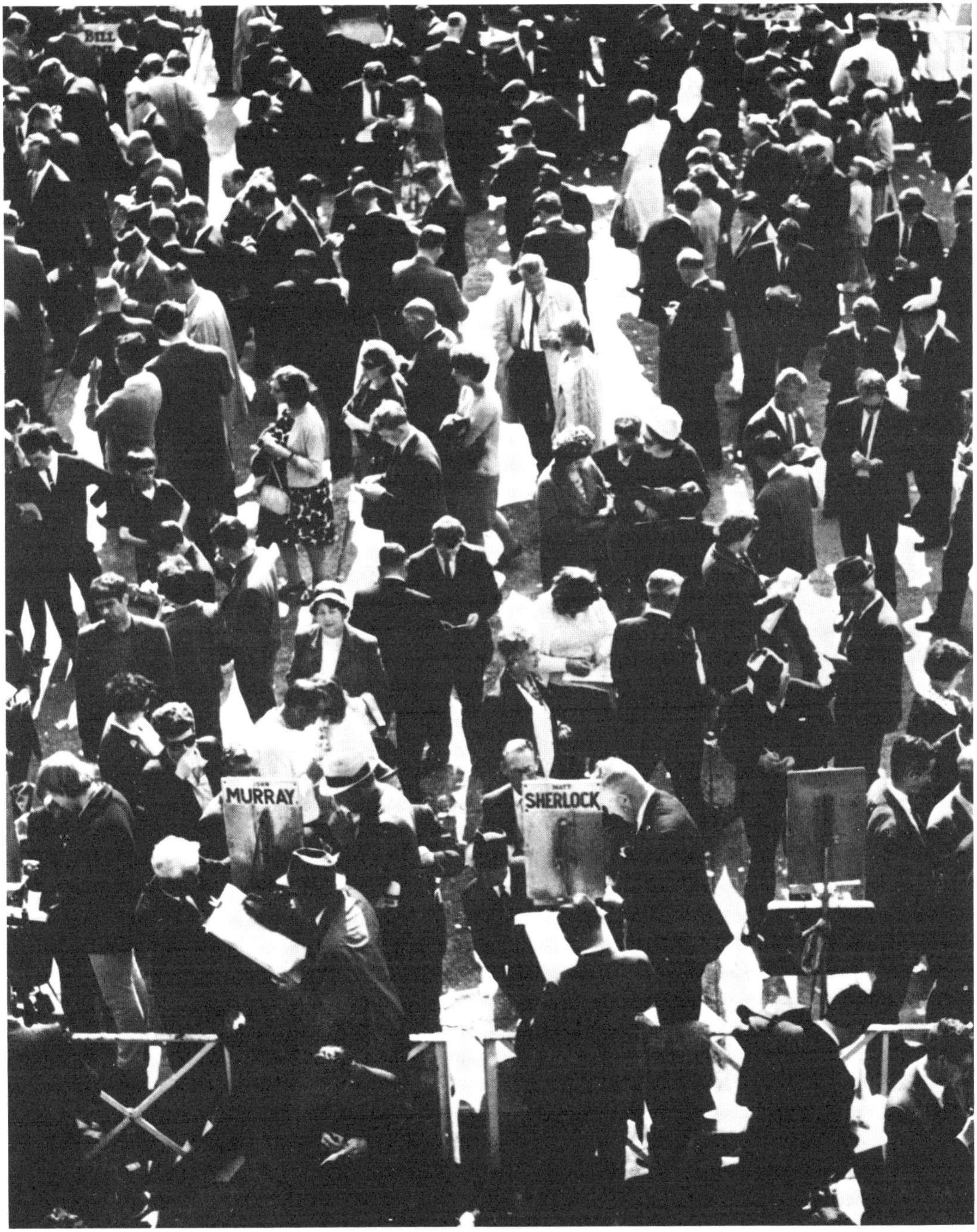
BILL
MURRAY
SHERLOCK

zu einem weniger komplexen Zeichen reduziert werden, das sich ohne Mühe wiederholt herstellen läßt. Anregungen zu derartigen Formvereinfachungen bieten fotografische Totalaufnahmen aus dem Bereich der Natur und städtischen Umwelt (z. B. Ansammlungen von Pflanzen, Tieren und Menschen).

In besonderen Fällen empfiehlt sich die Gruppenarbeit. Bei der Darstellung von Menschengruppen können mehrere Schüler ihre Einzelfiguren zusammenstellen. Um zusammengehörende Gruppenmitglieder zu kennzeichnen (z. B. bei der Darstellung von Spielszenen, bei sportlichen Veranstaltungen wie Fußball, Eishockey, Rugby) können die Figuren bemalt werden. Die Farbe hat hier eine inhaltlich-illustrative Funktion.
Die Motivationen ergeben sich aus relevanten Umweltsituationen der Schüler, z. B. Schüler im Klassenzimmer, auf dem Pausenhof, in Spielsituationen auf dem Sportplatz, in Verkehrssituationen wie beim Überqueren der Straße auf dem Zebrastreifen, im Verkehrsstau, beim Einkauf (Warenangebot im Kaufhof) oder Durchstreifen des Wohngebietes (Siedlungen mit Reihenhäusern oder Hochhäusern). Motivationen aus dem Bereich der Natur ergeben sich vor allem durch Fernsehsendungen (Expeditionsfilme).

4. Materialform und Raumform

Die beiden Begriffe bezeichnen ein gegenseitiges Abhängigkeitsverhältnis, d. h. eine Beziehung von Raum (umgebendem oder eingegrenztem Raum) zur Oberflächenbeschaffenheit und plastischen Verformbarkeit verschiedener Materialien. Die allseitige Beziehung des Materials zu umgebenden Räumen bedingt die Schalenform, denn nur sie ist gleichzeitig eingrenzend und abgrenzend, gleichzeitig Innenräumen und dem Außenraum

zugeordnet. Diese Materialform und Materialeigenschaft tritt im Bereich der Umwelt vor allem als Gehäuseform in Erscheinung, z. B.: im technisch-zivilisatorischen Bereich bei Bauwerken, Freiraumbegrenzungen wie Zäune, Gitter, bei Verpackungen, Gefäßen, Karosserien, Verkleidungen von Maschinen und der Kleidung des Menschen, im Bereich der Natur als Schalen-, Röhren-, Kapsel- und anderen Gehäuseformen bei Meerestieren, Insekten und Früchten. Die spezifische Form und Oberflächenbeschaffenheit des Materials als Raumgrenze nach innen und außen ist nicht zu verstehen ohne die Eigenschaften des umgebenden Raumes, den Entstehungsprozeß und die Funktionen des Objektes.

Zwei Beispiele sollen zur Klärung herangezogen werden.

1. Die Autokarosserie
Sie besteht meist aus relativ dünnem Stahlblech mit farbigem Überzug. Die Oberflächenbeschaffenheit ist glatt. Die Form ist kastenartig mit abgetreppten Formteilen, die untereinander und nach allen Seiten mehr oder weniger stark abgerundet sind. Die Materialform grenzt einerseits gegen den Außenraum ab, andererseits Innenräume ein, die verschiedene Funktionen als Rad-, Gepäck-, Fahrgast- und Motorraum haben. Entscheidend ist für diese Materialform die Funktion des Autos als Fahrzeug, das durch seine Geschwindigkeit den Luftwiderstand deutlich spürbar werden läßt. Wesentliche Verformungen des Materials sind der notwendigen aerodynamischen Form des Autos zuzuschreiben, d. h. die Raumgrenze der Karosserie macht Geschwindigkeit sichtbar. Anderseits macht sie gleichzeitig sichtbar, daß das Fahrzeug auf den Menschen als Fahrzeuglenker und Benutzer zugeschnitten ist. Bis ins Detail lassen sich die Differenzierungen der Karosserieform in Verbindung

*Abb. 4 Fließband im VW-Werk in Wolfsburg
Foto: Hakon Nilsson, Schweden*

---

bringen mit Funktionen im ästhetischen, mechanischen, ökonomischen und sozialen Bereich. Die zusätzlichen ästhetischen Manipulationen durch Farbe, Zierat und überflüssiges Design verweisen auf soziale Verhaltensnormen und individuelle Verhaltensweisen. Die Autokarosserie wird zum modischen Kleidungsstück.

2. Schneckengehäuse

Hier handelt es sich meist um organische, gewachsene Schalenformen, deren Oberflächenstruktur oft aus stacheligen, gezähnten oder gezackten Formen bestehen. In den umgebenden Meeresraum dringen sie aggressiv vor, gleichzeitig bietet die nach innen abgerundete, glatte Seite der Schale Schutz und grenzt einen Hohlraum für die empfindlichen Weichteile des Tieres ein. Die Gehäuseformen von Meeresschnecken machen durch ihre plastische Oberflächenstruktur, ihre Färbung und spiralig gewundene Gesamtform Wachstum sichtbar. Wachstum unter den Bedingungen des umgebenden Raumes (z. B. felsiger oder sandiger Grund, Wasserbewegung und Wasserdruck im Brandungsgebiet oder in tieferen Zonen des Meeres).

Besonders anschaulich wird diese Beziehung von Material- zu Raumform dort, wo bei der Herstellung entsprechender Objekte durchsichtige Materialien verwendet wurden (Glas, Plexiglas, Folien). Sie zeigen die Außen- und Innenform simultan, wobei die „Trennwand" immateriellen Charakter hat und kaum in Erscheinung tritt. Exemplarisch lassen sich hier Beispiele wie Waren in Klarsichtverpackung, Gebrauchsgegenstände aus Glas, Räume mit Glaswänden (Schaufenster, Schalterhallen usw.) herausgreifen. Entsprechende Kunstobjekte stehen vor allem im Bereich der modernen Plastik zur Verfügung: von Arp, Moholy-Nagy, über Pevsner bis zu Mack, Christo und Fontana.

Für die Herstellung eigener Arbeiten können sowohl bauende wie formende Arbeitsverfahren gewählt werden. Vorteilhaft sind Materialien mit Eigenspannung. Sie garantieren bei der Verarbeitung eine gleich intensive Raumformung nach innen und außen. Ferner Materialien, die eine zusätzliche Strukturierung der Innen- und Außenhaut der Schale erlauben. Bei architektonischen Objekten bieten sich verschiebbare und durchsichtige Trennwände an*).

Die hier behandelten Probleme tauchen oft in Verbindung mit anderen elementaren Lernprozessen auf, denn letztlich münden sie in die umfassendere Problematik der Körper-Raum-Beziehung ein. Jedes plastische oder räumliche Objekt hat eine spezifische Wirkung auf den umgebenden Raum. Jedes Objekt muß also in bezug auf diese Wirkung überprüft, beurteilt und gestaltet werden. Trotzdem ist eine strukturelle Differenzierung nur möglich, wenn Lernprozesse eingeleitet werden können, die zu Erkenntnissen im Bereich dieser Material-Raumbeziehungen führen. Sie sind schwierig darzustellen, weil Raum erst durch abgrenzendes Handeln, in welcher Form auch immer, erfahrbar ist. Der Versuch, den Raum nicht nur als das Nicht-Gemeinte oder als Beigabe zum Körper erfahrbar zu machen, sondern ihn als gleichwertiges Gestaltungsmaterial einzusetzen, das im Sinne der Positiv-Negativ-Form konstituierender Bestandteil jeder Körperform ist, sollte so oft es möglich ist, unternommen werden.

5. Bewegliche Plastik

Bewegung ist ein allgegenwärtiges Umweltphänomen. Sie kann durch physikalische, chemische und elektromagnetische Prozesse verursacht werden. Ihre Erscheinungsformen sind entsprechend differenziert: von langsamen Formen des Wachstums, über Strömungen und Pendelbewegungen bis zu relativ schnellen Bewegungen bei Maschinen und Flugkörpern.

Alle Kinder haben schon vor Schuleintritt und während der Grundschulzeit Erfahrungen im Umgang mit beweglichen Objekten machen können, z. B. mit Spielzeugautos und Eisenbahnen, durch Fahrerlebnisse mit öffentlichen und privaten Verkehrsmitteln (Auto, Bus, Untergrundbahn), mit dem Fahrstuhl, Dreirad, Fahrrad, der Rolltreppe, schließlich mit Tieren und ihren spezifischen Bewegungsformen (z. B. Raupe, Käfer, Hund, Katze) und natürlich mit Menschen, deren Bewegungsformen meist kommunikativen und sozial relevanten Charakter haben (z. B. bei der Arbeit, bei Unterhaltungen, Sport und Spiel).

Dieser Umgang mit beweglichen Objekten ist ein wesentlicher Faktor beim Aufbau des räumlichen Vorstellungsvermögens, denn dieses beruht ja (nach Piaget) auf verinnerlichten Handlungen, die den Charakter realer, materieller Handlungen haben. Die Lernprozesse richten sich weniger auf das Objekt, als auf den Bewegungsvorgang, d. h. wie Bewegungsabläufe nacheinander erfolgen, variiert und koordiniert werden können. Grundsätzlich ist dabei zu unterscheiden zwischen Bewegungen, die wir mitvollziehen und erleben, ohne in ihren Ablauf eingreifen zu können (z. B. Auto- und Straßenbahnfahren, Bewegungsabläufe in der Natur: Gewitter, Regen, Sturm u. ä.) und solchen, die durch eigenes Eingreifen veränderbar sind (z. B. Spielen mit der Modelleisenbahn, mit Kreiseln, Ringen und Reifen, Radfahren, Wasserläufe stauen und steuern, Bewegungsspiele mit anderen Kindern).

Objekte, deren Bewegungen vorprogrammiert und unveränderbar sind (wie bei vielen Spielzeugen), bieten deshalb weniger Chancen für Erkenntnisse in bezug auf dieses Problem. Nehmen wir zur Artikulation und Differenzierung von Bewegungsabläufen noch die eigene Erfindung von Bewegungsvorgängen hinzu, so kommen wir einerseits über die eigene Körperbewegung in den Arbeitsbereich Spiel/Aktion, andererseits in den Bereich kinetischer Objekte. Kinetische Objekte zeigen in exem-

---

*) Vgl. die elementaren Lernprozesse im Bereich Raum, 2. und 3. Raumgefüge, S. 127 ff.

*Abb. 5 Harald Mante: Rennende Windhunde
Aus: Harald Mante: Farbdesign in der Fotografie, Ravensburg 1970, S. 105*

plarischer Form Bewegungsvorgänge, die mit spielerischen Intentionen gestaltet werden. Es sind Objekte, die oft zum Mitspielen auffordern, um den Betrachter handelnd, d. h. steuernd am Bewegungsspiel teilhaben zu lassen (vgl. z. B. Kunstobjekte von Le Parc, de Soto, Rickey, Calder und Tinguely). Für den Schüler ist es wichtig, daß er auf diesem Gebiet zu sinnlichen und rationalen Erkenntnissen kommt, daß er erkennt, daß Bewegung die Zeitdimension mit einschließt, daß Bewegung veränderbar, steuerbar ist, daß sie bestimmten Zwecken dient, kommunikativen Charakter haben kann, daß sie Spaß machen und gefährlich sein kann, usw.

Bewegungsabläufe können einmal im Umgang mit vorgefertigten Objekten selbst erfunden und durchgeführt werden, zum anderen in ein selbstgeplantes und hergestelltes

Objekt integriert werden. Im zweiten Falle stellt der Schüler selbst ein kinetisches Objekt her, dessen Bewegungsformen er erfindet und die er durch das Objekt verwirklicht. In diesen Bereich gehören alle maschinellen Konstruktionen und beweglichen Objekte, die mit Hilfe natürlicher, mechanischer oder elektrischer Kräfte angetrieben werden, z. B. Licht-, Lärm- und Op-Art-Maschinen, Flipperautomaten, Kugelbahnen, Spiegelobjekte, Mobile, Kreisel, Puppen- und Marionettenfiguren. Bei der Herstellung dieser zuletzt genannten Figuren ist besonders darauf zu achten, daß die Gesamtform Bewegung ausdrückt, diese also nicht nur Ergebnis der Zusammensetzung starrer Einzelformen ist. Bewegung sollte bereits im noch unbewegten Zustand der Figuren sichtbar sein. Durch Bewegungsabläufe wird der umgebende Raum mitbeansprucht und mitgestaltet. Dies ist in der Planung mit zu berücksichtigen. Gegenüber statischen benötigen kinetische Objekte einen größeren „Spielraum", d. h. Raum, der z. B. durch ausgreifende, rotierende, schiebende, pendelnde Bewegungen zeitweilig verändert und dadurch zu einem Bestandteil des Objektes wird. Eine besondere Schwierigkeit, die bei der Herstellung solcher Objekte auftaucht, ist die Präzision. Die Differenzierung und Variation von Bewegungsvorgängen hängt wesentlich von der verfeinerten Mechanik ab. Nicht der Materialreiz oder die Farbigkeit sind entscheidende Faktoren, sondern das Funktionieren in bezug auf Bewegung (Farbe kann dann hinzugenommen werden, wenn sie Bewegungen oder Bewegungsphasen verdeutlichen und hervorheben soll). Die Herstellung eines mechanischen Präzisionsantriebes (Motor, Zahnradübersetzungen u. ä.), oder entsprechender Lagerungen beweglicher Teile, sollte den Schülern so oft es geht erspart bleiben, denn der Aufwand an Zeit und Energie steht meist in keinem Verhältnis zur erreichten Genauigkeit der Bewegungsvorgänge. Hier sollte dem Schüler vorgefertigtes Material zur Verfügung gestellt werden, das für eine ausreichende mechanische Präzision der Bewegungen sorgt, denn sie sind Hilfsmittel, um Bewegungsabläufe gestalten und kontrollieren zu können. Sie werden zu integrierten Bestandteilen der Objekte, ob diese nüchterne Funktionsmechanismen oder fantastische Assemblagen sind.

An dieser Stelle bietet sich die Zusammenarbeit mit dem Fach Technik an. Trotz unterschiedlicher Intentionen ergeben sich hier vom ingenieur-wissenschaftlichen und freien, künstlerischen Standpunkt aus gemeinsame Problemstellungen (vgl. die Zusammenarbeit verschiedener Künstler mit Konstruktions- und Fertigungsabteilungen verschiedener Betriebe). Sie beziehen sich zunächst auf funktionale Probleme, damit aber auch auf grundlegende Fragen über Sinn und Zweck entsprechender industrieller Produkte.

(Zu diesem Lernprozeß wird vom Badischen Landesmuseum die Serie „Bewegliches Spielzeug" vorbereitet. Sie soll Spielzeuge umfassen, bei denen der Bewegungsvorgang selbst wesentlicher Bestandteil des Spiels ist und deren Mechanik von den Schülern eingesehen werden kann. Gedacht ist an eine Auswahl von etwa 10–15 Spielzeugen aus verschiedenen Materialien und für verschiedene Altersgruppen. Zu der Serie erscheint ein Textheft. Auskünfte erteilt die Geschäftsstelle für die Ergänzung des Kunstunterrichts, Badisches Landesmuseum, Schloß, 7500 Karlsruhe 1.)

6. Experimentelles Erproben plastischer Mittel

Experimentelles Erproben kann hier sowohl auf haptisches und visuelles Erkunden von Materialeigenschaften gerichtet sein (um das

Abb. 6 Wolkenhaus in München-Schwabing, 1960
© Oswald Baumeister. Foto: Süddeutscher Verlag – Bilderdienst

Material zweckgebunden oder frei gestalterisch einsetzen zu können), als auch auf das Verändern vorgegebener oder selbst hergestellter plastischer Objekte. Diese können dem technisch-zivilisatorischen Bereich unserer Umwelt oder der Natur angehören.

Das experimentelle Erkunden von Materialeigenschaften ist eine Möglichkeit, die Sensibilität für Materialien zu erhöhen, um Grundlagen für ein kritisches Bewußtsein zu schaffen. Überdies kann so auch ein Beitrag geleistet werden zu einem Naturverhältnis, das nicht repressiv vorgeprägt ist. Hierzu schreibt Herbert Marcuse*): „Befreiung der Natur bedeutet Wiederentdeckung ihrer lebenssteigernden Kräfte, der sinnlich-ästhetischen Qualitäten,

*) Marcuse, Herbert: „Konterrevolution und Revolte", ed. Suhrkamp 1973, S. 74.

die in einem in endlosen Konkurrenzleistungen vergeudeten Leben fremd sind; sie verweisen auf die neuen Qualitäten der Freiheit."

Noch relevanter ist der Aspekt der Veränderung von Objekten, denn hier reicht die Skala von organischen Veränderungsprozessen im Bereich der Natur (Wachstums- und Zerfallsprozesse) über solche im Bereich der städtischen Umgebung (z. B. Schrottautos, Verkehrsmarkierungen, Hausbemalungen, Fassadenverschönerungen) bis zu manipulativen Praktiken und Täuschungsmanövern (z. B. farbige Beleuchtungen, Lichtreklame, Kosmetik, Vortäuschen wertvoller Materialien durch Bemalung oder Kaschierung von billigen Materialien). In diesen Bereich gehören auch karnevalistische Verkleidungen, Körperbemalung und das verändernde, zweckentfremdete Hantieren mit Objekten. Die eindeutig festgelegte Funktion vieler Gebrauchsgegenstände ist ohne Zweifel einengend, schafft Abhängigkeit in bezug auf den Konsum und ist in diesem Sinne repressiv. Um sich von diesen Zwängen zu befreien und sie durchschaubar zu machen, sollte man diese Gegenstände umfunktionieren, eigenen, veränderten Bedürfnissen anpassen. Der nächste Schritt von der Zweckentfremdung zur Umformung und Umgestaltung ist nur konsequent.

Kinder im Grundschulalter entwickeln in diesem Bereich viel Fantasie. Ohne Mühe vermögen sie Gegenstände ihrer nächsten Umgebung aus ihrem funktionalen Zusammenhang herauszulösen und für völlig andere Zwecke einzusetzen. Möbelstücke, Kartons, Schachteln, Plexiglasbehälter werden je nach Größe zu Wohnhöhlen, Häusern, Garagen; Waschmittelbehälter zu Schlagzeugtrommeln; Uhren, alte Wecker und Spielzeugautos werden demontiert, um Einzelteile zu bekommen, die als Spielobjekte neue Verwendung finden.

Derartige Veränderungen enthalten alle grundlegenden Elemente für einen Lernprozeß, dessen Ziel es ist, festgelegte Funktionen und fremde Manipulationen durchsichtig zu machen und durch eigene zu ersetzen. Durch Umfunktionieren der Objekte wird Aufklärung in bezug auf ihre Bedeutung möglich. Besonders eindringliche Beispiele sind die Objekte von Alvermann, Kienholz, Marisol, Paolozzi und Arman.

Ausgangspunkt für die praktische und reflektorische Arbeit sind vorgefundene Fertigprodukte. In verschiedenen Arbeitsphasen werden diese Objekte Schritt für Schritt in kontrollierter Weise in neue Zusammenhänge gebracht, d. h. in neue Objekte verwandelt. Dies geschieht durch Auswahl geeigneter Verfahren, z. B. Demontage, Zerstörung, erneutes Zusammenfügen und letztlich Veränderung noch störender Farbigkeit durch Bemalung. Demontage und Zerstörung sind hier nicht Selbstzweck, sondern sind Aktionen, die letztlich der Gestaltung neuer Objekte dienen. Hierbei rückt der Umwandlungsprozeß in den Vordergrund. Er kann im fertigen Objekt sichtbar bleiben, wenn die Einzelteile ihre ursprünglichen Bindungen und Funktionen noch ahnen lassen. Diese widersprüchliche Bedeutung der Montageteile (Verweis auf vorherige Funktionen und Bedeutungen und gleichzeitig Bestandteil eines neuen Objektes mit andersartigen Funktionen und Bedeutungen) macht im Grunde ihr kritisches Potential aus.*) Diese Ambivalenz wirkt als Störfaktor und zwingt zum Nachdenken über die Bedeutung des Objektes.

*) Das mit den Nationalfarben bemalte Sparschwein von Alvermann hat nur deshalb den Staatsanwalt beschäftigt, weil durch die Kombination beider Symbole ein neues entstand, das aber die Herkunft und Bindung der vorgegebenen Symbole weitgehend intakt ließ. Vergleiche entsprechende Arbeiten von Klaus Staeck aus dem grafischen Bereich.

Im Grundschulunterricht sollten neben Abfallmaterialien jeglicher Art (von der Zahnpastaschachtel bis zum ausgedienten Volkswagen) auch Spielsachen und alltägliche Gebrauchsgegenstände wie Becher, Bestecke, Teller, Näh- und Heimwerkerutensilien zur Verarbeitung herangezogen werden. Durch Gesichtsbemalungen und Maskierungen können Zusammenhänge mit Gesichtsveränderungen zu kultischen, karnevalistischen, kosmetisch-kommerziellen und kriminellen Zwecken aufgezeigt werden. Weitergehende Veränderungen wie Körperbemalung und Verkleidungen verweisen auf den Arbeitsbereich Spiel/Aktion, denn diese Umgestaltungen der eigenen Person und der damit verbundene Rollentausch sind letztlich nur sinnvoll, wenn die beabsichtigten Wirkungen durch Agieren und gemeinsames Spielen erprobt werden können.

Abb. 7 Eingrenzen von Spielzonen

B Raum

1. Gegliederter Raum

Der gegliederte Raum wird durch 2 Komponenten strukturell geprägt:
a) durch vorgefundene oder hergestellte Raumgrenzen, die einen Gesamtraum als Innenraum nach außen abgrenzen und
b) durch weitere Binnengliederung und Aufteilung des Gesamtraumes.

Diese Raumgliederungen sollten so vorgenommen werden, daß der Gesamtraum noch erhalten bleibt und als Ganzes faßbar ist.
Derartige Raumsituationen können von ihrer sozialen Funktion nicht getrennt werden. Deshalb verweisen die Lernprozesse im Bereich Raum immer auch auf elementare Raumbedürfnisse des Menschen.
Im technisch-zivilisatorischen Bereich der Umwelt haben wir es in dieser Sicht vor allem mit der Gliederung von Innenräumen zu tun (z. B. Wohn-, Arbeits- und Kinderzimmer, Freizeiträume, Bühnenräume, Büroräume, Klassenzimmer, Krankenzimmer, Schiffskabinen), ferner mit überschaubaren, begrenzten Außenräumen (z. B. Marktplatz, Verkehrsrondell, Sport- und Spielplätze, Festwiese, Innenhöfe, Schulhof, Parkplätze, Dachterrassen, Siedlungsgebiete). Im Bereich der Natur finden wir Landschaftsformen, die den Charakter von umschlossenem Gelände haben, z. B. Grotten und Höhlen, Waldlichtungen, Tobel, Mulden, Steinbrüche, kleinere Seen und Weiher.

An zwei Beispielen möchte ich die mit der Raumgliederung verbundenen Probleme aufzeigen.

1. Einrichtung eines Kinderzimmers
Ein innerhalb der Wohnung liegender mittelgroßer Raum soll von 2 schulpflichtigen Kindern als gemeinsames Kinderzimmer benützt und eingerichtet, d. h. durchgegliedert wer-

47

den. Die Raumgliederung wird in diesem Falle hauptsächlich durch die Art, Anzahl und Stellung von Einrichtungsgegenständen evtl. auch Trennwänden oder Vorhängen bestimmt. Die endgültige, aber variabel bleibende Raumaufteilung wird abhängig sein von den Bedürfnissen und dem Verhalten der Kinder, z. B. häufiges gemeinsames Spielen oder Alleinbeschäftigung; unterschiedliche Besitzansprüche, Interessenlagen (Altersunterschiede) in bezug auf Spielzeug und Spielfläche, unterschiedliches Spiel- und Arbeitsverhalten (Schulaufgaben), mangelnde oder gute Kooperation, unterschiedliche Einstellung zu Ordnungsfragen. Hinzu kommen raumbestimmende Faktoren wie Lichtführung im Zimmer und die Öffnung des Raumes zu anderen Räumen. Die Raumgliederung kann im Sonderfall auf völlige Abtrennung einzelner Raumzonen hinauslaufen, oder überhaupt keine individuell abgetrennten Ecken oder Raumzonen zulassen. Meist wird eine Kombination von gemeinsam benutzten Raumteilen mit solchen, die individuell benutzt werden können, zustande kommen. Dieselben Probleme tauchen in Wohngemeinschaften auf, sofern sie nur über einen Großraum verfügen. Die strukturelle Gliederung dieser Räume macht die sozialen Probleme und den Status der Personen sichtbar, die diese Zimmer benutzen. Dies gilt vor allem, am Beispiel Kinderzimmer, für Grenzfälle wie überbelegte Räume, die unter Umständen noch in miserablem Bauzustand sind, und im Gegensatz dazu luxuriös, aber kinderfeindlich ausgestattete Zimmer für ein Kind allein.

2. Spielplätze
Für die Gliederung und Aufteilung von Spielplätzen ist ihre Lage und Größe innerhalb des Stadtgebietes wichtig. Die Skala der Platzgliederungen reicht vom vorgeschriebenen Spielgeräteparcours über fein säuberlich eingeteilte Zonen für Turn- und Baugeräte und Sandkästen bis zu Abenteuerspielplätzen ohne festgelegte Raumordnung. Auch hier wird vor allem gewünschtes soziales Verhalten unmittelbar greifbar, denn die Einteilung solcher Spielplätze ermöglicht und begünstigt bestimmte Verhaltensweisen auf Kosten unerwünschter, alternativer Verhaltensweisen. Dies aber ist ein gesellschaftspolitisches Problem.

Für die Herstellung gegliederter Räume im schulischen Bereich kann mit entsprechenden Erfahrungen der Kinder gerechnet werden. Die meisten haben selbst schon Kisten- und Kartonhöhlen hergestellt oder mit Möbeln, Brettern und Spanplatten Schlupfwinkel gebaut. Manche Kinder haben sich schon am Bau von Zweig-, Baum- oder Schneehütten, am Aufbau von Zelten oder am Eingrenzen von Spielzonen und Spielflächen beteiligt. Die Herstellung von Modellen (als gegliederter Kasten- oder Schachtelraum) sollte immer wieder durch das Herstellen begehbarer Räume im Klassenzimmer, den Gängen der Schule oder auf dem Pausenhof ergänzt werden. Es ist durchaus möglich, bei entsprechender Schülerzahl das Klassenzimmer in die Hälfte zu teilen, um mit einfachen Mitteln (z. B. Pappe, Karton, Tücher, Folien) Raumteilungen ausprobieren zu können. Dasselbe gilt für Versuche mit Baumaterialien auf dem Pausenhof. Die zur Verfügung stehenden Materialien haben meist provisorischen Charakter und erlauben deshalb Veränderungen und Korrekturen erstellter Räume. Dieser Prozeß der Veränderung ist wichtig, da er durch die Anwendung verschiedener Prinzipien der Auf- und Unterteilung vertiefte Einblicke in die Struktur gegliederter Räume gibt. Einblicke dieser Art dienen als Grundlage für die kritische Auseinandersetzung mit wechselnden Aspekten von alltäglichen Wohn- und Lebenssituationen, die vom architektonischen Rahmen unserer Umwelt entscheidend geprägt sind.

2. und 3. Raumgefüge

Im Gegensatz zum gegliederten Raum, der durch Aufteilung eines mehr oder weniger klar umgrenzten, einheitlichen Großraumes entsteht, ist das Raumgefüge ein Komplex von Raumeinheiten, der nach bestimmten Prinzipien meist additiv zusammengefügt wird. Stets werden einzelne Räume zueinander in Beziehung gesetzt. Die Ordnungsprinzipien entspringen der sozialen Funktion der Räume, d. h. die formale, visuell und haptisch erfahrbare Beziehung der Räume untereinander drückt ihre soziale Funktion als Ordnungsprinzip aus.

Abb. 8 Habitat, Expo Montreal 1967
Foto: Canadian Embassy

Wir können zwei Grundtendenzen in bezug auf das Zusammenfügen von Räumen feststellen:

a) Räume und Raumbeziehungen werden individualisiert. Räume verschiedener Größe und mit verschiedenen Funktionen werden zueinander in Beziehung gebracht, wobei ein Organismus entsteht, dessen Einzelteile nicht mehr austauschbar sind. Die Einzelräume verwachsen miteinander. Ihr Grundriß und ihre Größe müssen deshalb variabel sein. Wir können solche Raumbeziehungen z. B. in Wohnungen und ,,gewachsenen" Stadtvierteln (vornehmlich in alten Städten) beobachten. Im Wohnbereich ist die Größe und Lage der Räume ebenso entscheidend wie der Zugang zu ihnen und ihre Verbindungen untereinander. Das Netz dieser Raumbeziehungen bestimmt den Handlungsspielraum der Bewohner. Die Räume und ihre möglichen Verbindungen sollten den wechselnden Bedürfnissen der Bewohner angepaßt werden können und deshalb veränderbar sein.

b) Raumbeziehungen werden genormt. Räume möglichst einheitlicher Größe werden planmäßig und additiv zueinander in Beziehung gebracht, wobei ein Raumgefüge entsteht, das funktional weitgehend festgelegt ist und auf das sich der Bewohner oder Benutzer einstellen muß. Die Einzelteile bleiben austauschbar. Wir haben es hier mit Raumkomplexen zu tun, die durch Anfügen weiterer Raumzellen beliebig erweitert werden können. Standardisierung erlaubt serielle Fertigung von Raumeinheiten, die auf engstem Raum zusammengestellt werden können. Für den Wohnungsbau bedeutet dies: große Mengen von Raumeinheiten können hergestellt werden, um möglichst viele Menschen darin unterzubringen. Da die Veränderbarkeit dieser Raumeinheiten meist begrenzt ist, ist auch das Beziehungsgefüge der Räume weitgehend festgelegt. Das hat zur Folge, daß sich der Bewohner der Raumstruktur anpassen muß. Beispiele dieser Art finden wir in Siedlungen mit

Reihen- und Hochhäusern, in Stadt- und Ferienzentren. Verwaltungs- und Fabrikgebäude, Lagerhallen, Hotels usw. weisen ähnliche Raumordnungen auf.

Selten sind diese beiden Grundtendenzen in reiner Form vorzufinden, meist wird der Versuch gemacht, sie miteinander zu verbinden. Die Superstruktur wird festgelegt, im Detail wird möglichst viel Spielraum für individuelle Entscheidungen gelassen. Beispiele sind die Wohnhochhäuser von Mies van der Rohe mit variablen Wohnraumsystemen, Stadtplanungen von Le Corbusier und Niemeyer und schon verwirklichte städtebauliche Gesamtpläne wie die von Karlsruhe und Mannheim. Im Bereich der Natur finden wir häufig additive Raumgefüge, die in diesen Zusammenhang gehören, z. B. Höhlen- und Wabenbauten, Erdröhren- und Fruchtkammersysteme.

Lernprozesse in bezug auf Wahrnehmung, Funktion und Bedeutung solcher Raumgefüge sollten in Verbindung mit alltäglichen, dem Schüler vertrauten Umweltsituationen eingeleitet werden. Zum familiären Bereich können wir hier die Wohnung, die Etage und das Treppenhaus zählen, zur nächsten Umgebung die Anliegerstraße mit Nachbarschaftshäusern, Verkaufsräume in Einzelgeschäften, gastronomische Räume wie Restaurant, Café und Eisdiele, zur weiteren Umgebung das Siedlungs- und Stadtviertel, Kaufhäuser, Großmärkte, Parkhäuser, Passagen, Fabrikgelände, Hafenviertel bis zu städtebaulichen Gesamtanlagen. Das Empfindlichmachen für alltägliche Raumsituationen ist eine wichtige Grundlage für kritische Analysen. Diese Empfindlichkeit beruht weitgehend auf sinnlicher Erkenntnis, die durch die Herstellung eigener Objekte intensiviert werden kann. Da je nach Absicht des Schülers diese Objekte mehr oder weniger komplex sein können, bietet sich hier die kooperative Arbeit zu zweit, in Gruppen, oder die Gemeinschaftsarbeit an. Das Arbeitsverfahren ist meist die Montage (Zusammenfügen vorgegebener Bauelemente oder Raumteile), seltener das freie Formen aus weichem Material (z. B. Höhlenwohnungen aus Ton).

Eine wichtige Rolle spielt die Herstellung von Modellen. An ihnen kann der Schüler Raumbeziehungen unter funktionalen Aspekten selbständig untersuchen und variieren. Lehrer und Schüler sollten stets beachten, daß die Beurteilungskriterien in bezug auf reale Raumsituationen modifiziert werden müssen, weil diese ungleich komplexer und deshalb schwieriger zu überschauen und zu analysieren sind. Der Schüler sollte Gelegenheit bekommen, körpergroße, begehbare Räume herzustellen. Die Übertragung der am Modell gewonnenen Erkenntnisse auf reale Raumsituationen im schulischen und außerschulischen Bereich sollte Schritt für Schritt eingeübt werden. In diesem Sinne ist es notwendig, die städtische Umwelt als Lernraum zu begreifen, d. h. nicht nur Bilder als Anschauungsmaterial heranzuziehen, sondern die Umwelt selbst durch Lerngänge in bestimmte Wohnblöcke, Kaufhäuser und Stadtviertel.

4. Durchdringung von Innen- und Außenraum

Ein häufig anzutreffendes Beispiel von räumlicher Durchdringung ist das Zimmer mit Balkon. Der als Zimmerterrasse angelegte Balkon (gleiche Fußbodenhöhe), gehört zum Außenraum und steht doch in Verbindung mit dem Innenraum des Zimmers durch seine Einfassung (die als eine nach außen, ins Freie verschobene Zimmerwand verstanden werden kann) und die Öffnungen der Fenster und Türen. Die optische und funktionale Verbindung ist je nach Größe der Öffnungen so fließend, daß wir von einer Durchdringung beider Räume sprechen können, d. h. der Außenraum des Balkons ist Teil des Innenraumes und umgekehrt.

Dies ist zunächst ein Problem der Struktur durchbrochener, aufgelöster Mauerflächen. Die Verglasung dagegen ist ein optimales Mittel, um Räume, bei größtmöglicher Öffnung der Raumgrenzen, doch so weit abzuschließen, daß sie ohne Rücksicht auf Klimaeinflüsse bewohnbar oder benutzbar sind.

Die Zeltdachkonstruktion auf dem Olympiagelände in München ist in dieser Hinsicht besonders beeindruckend. Es handelt sich um ein punktgestütztes Hängedach mit einer Acrylglashaut, das sich fortlaufend über das Stadion, die Sport- und Schwimmhalle spannt. Die räumliche Durchdringung von Freiraum und überdachtem, klimaunabhängigem Tribünenraum ist im Stadion verwirklicht. Das durchsichtige Zeltdach überspannt etwa die Hälfte des Tribünenovals. Dadurch wird dieser Teil des Stadions zusätzlich nach oben ein- und abgegrenzt. Es entsteht ein Raum, der zum Spielfeld und den gegenüberliegenden Tribünen völlig offen ist und sich zusätzlich, durch das durchsichtige Material, dem Außenraum öffnet. Außen- und Innenräume durchdringen sich gegenseitig, wobei die Raumgrenzen fließend bleiben.

Ein letztes Beispiel soll für die raffinierten Manipulationen stehen, die mit diesem räumlichen Konstruktionsprinzip vorgenommen werden können. Viele Modehäuser in den Hauptgeschäftsstraßen unserer Städte verfügen über ausgedehnte Schaufensterpassagen oder vorhallenartige Ausstellungsräume mit verglasten Vitrinen, um die man herumgehen kann. Da diese Ausstellungsräume ebenerdig angelegt, bis auf einen schmalen Sockel gänzlich verglast und mit lebensgroßen Kleiderpuppen bestückt sind, entstehen fast grenzenlose räumliche Übergänge von der Straßenzone zur Schaufenster-, Vorraum- und Innenraumzone des Geschäftes. Die visuelle

Abb. 9 Schaufensterpassage

Aufmerksamkeit und Neugier der Straßenpassanten wird als Antrieb benutzt, um ihn buchstäblich Schritt für Schritt vom freien Raum der Straße in den Geschäftsraum zu führen. Dieser Übergang soll möglichst nicht bewußt vollzogen werden. Die Innen- und Außenräume bleiben durch Verglasung, Ausstattung und Türöffnungen (elektronisch gesteuerte Glastüren) austauschbar. Weder optisch-visuelle, noch irgendwelche haptischen Barrieren dürfen diese Raumdurchdringungen beeinträchtigen. Der Straßenpassant wird schrittweise in einen potentiellen Kunden verwandelt.

Die angeführten Beispiele mögen genügen, um das Prinzip und die Funktionen der Durchdringung zu zeigen. Das Ausmaß der Durchdringungen ist abhängig von der Strukturform des Raumes in bezug auf seine maximale Öffnung nach außen (Durchlichterung). Die Variationsbreite dieser Strukturformen ist groß. Sie reicht von der Sala terrena barocker Schloßanlagen (die den Übergang von den Parkanlagen zu den Schloßräumen darstellte), Irrgärten und Gartenanlagen mit Kreuzgängen, Wandelhallen, Kolonnaden, Schwimm- und Messehallen über Wintergärten, Gewächshäuser, Straßencafés und Schaufensterpassagen bis zu Einrüstungen, Gittertürmen (Eiffelturm, Tatlins Turm der III. Internationale), Fachwerken, Schalenkonstruktionen, Seil- und Netzwerken. Beispiele aus dem Bereich der Natur sind Schlupfwinkel mit Laubwerkdächern, höhlenartige Felsnischen, Felsüberhänge und Grotten.

So eindeutig diese Beispiele sind, so schwierig ist es, genauer zu bestimmen, wann wir von Verbindung oder Durchdringung der Räume sprechen können. Die meisten umbauten Räume haben Öffnungen (Fenster) nach außen und stellen damit eine Verbindung von innen nach außen her. Trotzdem läßt sich noch nicht von einer Durchdringung reden, solange diese Öffnungen die Funktion von Licht- und Luftschächten haben. Durchdringung bedarf der sinnlich faßbaren Anwesenheit von Außenraum, nicht nur als Bild im Fensterausschnitt, sondern möglichst als Handlungsraum.

Im Unterricht der Grundschule sollten diese Probleme in exemplarischer Weise an Beispielen aus der technisch-zivilisatorischen Umwelt erarbeitet werden. Ausgangspunkt sollte die unmittelbar erlebbare Raumdurchdringung sein (z. B. Balkon mit Wohnzimmer, Pausenhof mit überdachter Wandelhalle, Hallenbad). Bei der Herstellung eigener Objekte bieten sich eine Reihe neuartiger Materialien (z. B. Glas, Plexiglas, durchsichtige Folien und Transparentpapiere) und Bauverfahren an (z. B. Herstellen von räumlichen Gitterstrukturen, Fadenverspannungen, Dachkonstruktionen auf frei stehenden Stützen). Sie können wesentlich dazu beitragen, das Problem der Auflösung kompakter und geschlossener Formen sichtbar zu machen. Entscheidend ist z. B. beim Bau eines Gitterturmes nicht die Gesamtform des Objekts, sondern die Anzahl, Größe und Anordnung der Zwischenräume des Gitters, die untereinander mit der Umgebung allseitig verbunden sind. Die Gesamtform des Turmes ist so gesehen das Ergebnis von Raumdurchdringungen, die der Schüler mit Hilfe der Gitterkonstruktion kontrollieren und gestalten kann. Sowohl im Modellbau wie in der Realität spielt die Statik in Verbindung mit den Baumaterialien eine wichtige Rolle. Je größer und zahlreicher die Öffnungen sind, desto mehr werden die tragenden und stützenden Bauteile auf ihre notwendigsten Funktionen reduziert. Um entsprechende Versuche zur Stabilität und Belastbarkeit von Bauteilen durchführen zu können, ist eine Zusammenarbeit mit dem Fach Technik notwendig.

5. Bewegliche Raumgrenzen

Bewegung bedeutet hier reale, mechanische Bewegung von raumabgrenzenden Elementen und nicht vorgetäuschte, illusionistische Bewegung. Es handelt sich vornehmlich um Räume mit beweglichen Wänden oder Wandteilen, Überdachungen und Dachkonstruktionen. Als Beispiele sind in diesem Zusammenhang Wände zu nennen, die falt- und verschiebbar sind, Wände, die man versetzen kann (z. B. zur Unterteilung von Ausstellungsräumen), Vorhänge, die aus Stoffbahnen, Teppichen, Schnüren usw. bestehen und als Raumteiler benutzt werden. Ferner sind Vorhangwände an Skelettbauten, verglaste Wandflächen, die man schwenken, drehen, ausklappen oder versenken kann, Schiebedächer, Tür- und Torkonstruktionen und aufrollbare Markisen als bewegliche Raumgrenzen zu verstehen. Je nach Bedarf und Funktion können Räume aufgeteilt, verkleinert, vergrößert, geöffnet, geschlossen oder überdacht werden. Festgelegte Raumschemata können durchbrochen und aufgelöst werden. Die Räume können wechselnde Funktionen erfüllen. Der variable Mehrzweckraum ist nur zu verwirklichen mit Hilfe von beweglichen Teilersystemen.

Eine andere Form beweglicher Raumgrenzen finden wir bei Theaterbühnen. Der notwendige, oft schnelle Kulissen- und Raumwechsel wird durch Dreh- und Hebebühnen erleichtert und verbessert.

Das Prinzip sich drehender riesiger Räume hat Tatlin im Modell seines Monumentes für die III. Internationale 1920 (1925) vorgesehen und verwirklicht. Die vier übereinandergeordneten Räume, ein relativ niedriger, aber weit ausladender Zylinder, eine Pyramide mit quadratischem Grundriß, ein schmaler, hoher Zylinder und eine Halbkugel waren durch eine Mittelachse miteinander verbunden und konnten in Bewegung gesetzt werden. Das Prinzip rotierender Raumeinheiten (mit unterschiedlicher Geschwindigkeit) in Verbindung mit einer offenen Gitterkonstruktion wurde von Tatlin erstmals verwirklicht. Einige Fernsehtürme haben bereits sich langsam drehende Restaurants in schwindelnder Höhe.

Zwei interessante Formen beweglicher Raumkonstruktionen sind noch zu nennen: die Zeltkonstruktionen und die Traglufthallen.

Zeltkonstruktionen spielen überall dort eine große Rolle, wo provisorische und transporta-

Abb. 10 Traglufthalle

ble Unterkünfte gebraucht werden. Sie bestehen aus Geweben, die entweder mit Hilfe druckfester Masten oder Stangen verspannt, oder über Seile und Stangen gehängt werden. In der modernen Architektur werden Zeltkonstruktionen vor allem als Hänge- und Spanndächer benutzt (Frei Otto). Dabei weist Siegel ausdrücklich auf die Bedeutung des Modellbaus hin*): „Versuche am Modell sind für das Finden neuer Formen höchst fruchtbar, der mathematische Weg, sie ‚exakt‘ zu berechnen, ist so gut wie aussichtslos."

Traglufthallen werden durch Aufblasen einer Kunststoffhaut hergestellt, wobei ein allseitig geschützter (oft ballonartiger) Innenraum entsteht. Je nach Beschichtung oder Art der Kunststoffhaut sind sie mehr oder weniger lichtdurchlässig.

Auf diesem Prinzip beruhen die umwelt- und gesellschaftskritischen Modelle der Gruppe Haus Rucker & Co. Um in einer total versuch-

---

*) Siegel, Kurt: „Strukturformen", Callwey 1960, S. 300.

ten Umwelt überleben zu können, erfinden sie lebenserhaltende Systeme, die völlig von der Außenwelt abgeschlossen sind. Die Entwürfe und vorgestellten Modelle weisen auf eine groteske Situation hin und fordern im Blick auf alltägliche heutige Umweltsituationen zu kritischer Stellungnahme auf. Sie dienen der Reflexion und der Erkenntnis, weniger der Realisierbarkeit solcher Systeme.

Schüler der Grundstufe kennen eine Reihe der in diesem Abschnitt erwähnten Beispiele aus eigener Erfahrung: aus dem Bereich der Schule (unterteilbare Klassenzimmer oder transportable Ausstellungswände), der Wohnung (Vorhang oder Schiebetüren zur Teilung von Zimmern) oder dem Freizeitbereich (Zeltbau). Große Räume können vorübergehend unterteilt werden, je nach den Bedürfnissen der Benutzer oder Bewohner. Diese Einsichten können im Modell anschaulich gemacht werden. Besonders geeignet sind variable Modelle, deren Einzelteile (z. B. Wandscheiben auf Steckplatten) mit den Schülern entwickelt und vorfabriziert werden. Ähnliche Modelle eignen sich zur Herstellung von variablen Bühnenräumen. Der Vorgang der Bewegung steht im Mittelpunkt der Gestaltung, d. h. nicht die Herstellung eines stabilen, starren Raumgebildes, sondern die Veränderung der Raumsituation, das Ausprobieren möglicher Raumteilungen je nach entsprechenden Erfordernissen. Jede gefundene Lösung ist wieder veränderbar und sollte versuchsweise weiter verändert werden. Endgültige Lösungen sind nicht denkbar und sollen und können nicht angestrebt werden. Verändern bedeutet in diesem architektonischen Zusammenhang, eigene Interessen und Bedürfnisse erkennen und soweit es möglich ist, auch im Modell artikulieren.

Sofern Gelegenheit dazu besteht, sollte von der Modellsituation zur realen Situation übergegangen werden. Dies ist im schulischen Rahmen mit Hilfe von Kartonwänden und hängenden Tüchern durchaus möglich. Im außerschulischen Bereich ist der Zeltbau wichtig, da es hier um ein freies, gestalterisches Bauen geht. Zeltformen sind gleichzeitig Strukturformen und offenbaren ihre Funktionen in exemplarischer Weise. Leicht lassen sich Bezüge herstellen zu Zeltformen nomadisierender Völker, zu historischen Zeltbauten und zu modernen Beispielen aus dem ärztlichen, militärischen, touristischen und sozialen Bereich (hier vor allem als Notunterkünfte).

6. Experimentelles Erproben von Raumwirkungen

Sofern Eltern dies erlauben, verwandeln Kinder im Vor- und Grundschulalter ihre eigenen, nach Erwachsenenmaßstäben ordentlich eingerichteten Zimmer in Spielhöhlen mit entsprechenden Requisiten (aus Materialien wie z. B. Kartons, Bretter, Spanplatten, zweckfremdetes Spielzeug, Holzstäbe, Buntpapier) und obligatorischer Wandbemalung. Dieser Vorgang der völligen Veränderung eines vorgegebenen, möblierten Raumes, enthält das Grundprinzip dieses elementaren Lernprozesses. Solche Veränderungen kommen in der unmittelbaren Umwelt des Kindes relativ häufig vor, z. B. Wohn- und Schulräume, die durch Dekorationen umgestaltet werden, Veränderungen der Raumwirkung durch schummrige und farbige Beleuchtung, Straßen, die durch den Aufbau von Marktständen zu Ladenstraßen und öffentliche Anlagen, die zu Fest- und Rummelplätzen werden, historische Bauten, die neuen, ursprünglich nicht vorgesehenen Zwecken dienen oder gar modernen Hochhäusern weichen müssen, und, besonders gravierend, Spielplätze, die in Parkplätze verwandelt werden, oder umgekehrt Straßen, die als Spielplätze dienen müssen. In engem Zusammenhang mit dem letzten Beispiel sind auch Landschaftsveränderungen zu sehen, die durch Besiedelung und Industrialisierung zustande kommen mit ihren Folgeerscheinungen wie verkehrstechnische Erschließung der Umgebung, Luft- und Wasserverschmutzung, Lärmbelästigung und Anlage von Mülldeponien*).

Kinder im Grundschulalter sollten für derartige Veränderungen und ihre Folgen sensibilisiert werden.

Ausgangspunkt für derartige Veränderungen im technisch-zivilisatorischen Bereich der Umwelt ist immer ein gegebener Raum, der funktionsgerecht hergestellt und eingerichtet ist. Die Veränderungen beziehen sich auf die Raumausstattung innerhalb festgefügter Raumgrenzen (Wände), die nicht versetzt, verschoben oder herausgebrochen werden. Der Raum wird durch nicht vorhergesehene Benutzung und Ausstattung umfunktioniert.

Um dies zu bewerkstelligen, gibt es im wesentlichen zwei Möglichkeiten:

1. Der Raum wird mit illusionistischen Mitteln verändert.

a) Farbe: Durch Änderung der Wandbemalung kann die Raumwirkung beliebig manipuliert werden. Die Skala der Möglichkeiten des Farbeinsatzes reicht von suggestiven, stark farbigen, monochromen Flächen über farbig konstrastreiche Musterungen bis zu naturalistischen Bildern. Beispiele sind dort zu finden, wo z. B. Geschäftsräume in Wohnräume umgewandelt werden (oder umgekehrt), Tapetenwechsel in Verbindung mit Funktionswechsel der Räume vorgenommen wird und in zunehmendem Maße Fassaden und Außenwände bemalt werden. Im künstlerischen Bereich zählen hierzu vor allem die illusionistischen Wandmalereien aus römischer Zeit, aus der Renaissance und dem Barock, in der modernen Kunst die Farbräume von Cruz-Dias, Marc Rothko und Yves Klein.

Abb. 11 Raumerweiterung durch Spiegel

b) Beleuchtung: Die Änderung der Raumwirkung durch Beleuchtung ist ein allgemein bekanntes Phänomen. Es handelt sich nicht nur um Hell-Dunkelabstufungen (Dämmerbeleuchtung), sondern um den gezielten Einsatz von farbigem Licht. Starkes, farbiges Neon-

---

*) Vgl. das anschauliche Beispiel von Jörg Müller: „Alle Jahre wieder, saust der Preßlufthammer nieder – oder die Veränderung der Landschaft", Aarau 1973.

licht verändert alle Gegenstände und Personen in einem Raum bis zur Unkenntlichkeit. Die Raumausdehnung, die Plastizität der Gegenstände und Personen, die Kleidung und Gesichtsfarbe werden zu unwägbaren Faktoren. Deshalb die Vorliebe für derartige Raummanipulationen in Nachtlokalen, Bars, Diskotheken. Ähnliche Beispiele finden wir im städtischen Bereich durch den Einsatz von Lichtreklame und Flutlicht an Verkehrsknotenpunkten und in Sportstadien. Im künstlerischen Bereich haben Vertreter der Op-Art mit Lichtwirkungen experimentiert; z. B. Le Parc, Dan Flavin, Colombo, Heinz Mack.

c) Spiegel: Besonders raffinierte Mittel der illusionistischen Raumerweiterung sind großflächige Wand- und Deckenverspiegelungen. Dadurch werden die Raumgrenzen visuell völlig aufgelöst, obwohl sie haptisch unverändert bleiben. Dies kann, wie im Spiegelkabinett, zu räumlicher Desorientierung und Verwirrung führen. Beispiele sind wiederum in Bars und Vergnügungsetablissements, Empfangs- und Ausstellungsräumen zu finden. Im künstlerischen Bereich haben Pistoletto, Megert, Samaras u. a. mit Spiegeleffekten gearbeitet.

2. Der Raum wird durch Requisiten und plastische Materialien verändert. Die einfachste Form der Veränderung kann durch Verschiebung vorhandener Gegenstände erreicht werden. Weitere Möglichkeiten sind der Austausch von Gegenständen (z. B. Möbel und Bilder), Raumverspannungen durch Fäden, Schnüre, Girlanden und Veränderung der tastbaren Oberfläche der Raumgrenzen durch Schaumstoff, Holz, Ziegelsteine, Keramikplatten usw. Weitergehende Eingriffe in das Raumgefüge können dadurch erreicht werden, daß die Senkrecht-Waagrecht-Beziehung von Wänden, Decke und Fußboden verändert wird (z. B. ansteigender Fußboden, kippende Wandflächen, sich neigende Decke).

Die Bandbreite der Umwandlungen reicht von der veränderten Nutzung der Räume bei gleichbleibender Ausstattung bis zu völligen Verwandlungen in Fantasie- und Aktionsräume. Diese Art von Raumerfindungen lassen sich im Bereich der modernen Kunst häufig nachweisen, z. B. von Schwitters (Merzbauten), Oldenbourg, Le Parc, Paul Thek. Das Prinzip der Veränderung erhält besonderes Gewicht in bezug auf Landschafts-, Freizeit- und Erholungsräume. Das Ausufern von städtischen Siedlungen, das langsame Zusammenwachsen der Städte und Industriezentren, die zunehmende Asphaltierung von Grünflächen, die immer weiter fortschreitende touristische Erschließung von Freizeit- und Erholungsgebieten durch Hotel- und Straßenbau werden mehr und mehr zu zerstörerischen Eingriffen in noch verbliebene Naturräume. Auch Grundschüler sollten auf derartige Vorgänge, auf ihre Ursachen und Wirkungen aufmerksam gemacht werden. Diese Veränderungen finden oft in nächster Umgebung statt, oder können auf Ausflügen und Reisen beobachtet werden.

Die beschriebenen experimentellen Raumveränderungen lassen sich im schulischen Bereich sowohl an Modellen als auch in realen Räumen vornehmen. Klassenzimmer, Kellerräume oder Korridorecken können in Theaterräume, Höhlen oder Grotten verwandelt werden. Farbige Papierbahnen, Spiegelfolien, Schnur- und Fadenverspannungen, selbst Fußbodenveränderungen durch Hindernisse und schiefe Ebenen können miteinbezogen werden. Durch unterschiedliche Beleuchtung mit farbigem Neonlicht oder Schwarzlicht kann eine zusätzliche Verfremdung erreicht werden.

In allen Fällen sollte das gestalterische Prinzip der Raumveränderung Anlaß sein zu intensiver Wahrnehmung und kritischer Reflexion entsprechender Umweltphänomene.

A Arbeitsbereich Körper
1. Dreidimensional beurteilte Einzelfigur

„Parfümflasche mit Verpackung"

Umweltbezug

Parfümflaschen, Kosmetikartikel, Kosmetikreklame. (Märchen: kostbare Flüssigkeit, Zaubertrank.)

Fachliche Intention

Eine fantasievolle, ungewöhnliche Gefäßform (Parfümflasche) soll erfunden werden, die zur Aufbewahrung einer sehr kostbaren Flüssigkeit bestimmt ist. Die Form des Gefäßes soll so ausgebildet werden, daß man auf seinen Inhalt schließen kann. Die Flaschenform sollte einen Hohlraum und einen abnehmbaren Verschluß (Deckel) haben. Die Beziehung von Flaschenhals mit Öffnung zum Deckel sollte im Sinne einer Paßform hergestellt werden.

Die Bemalung der plastischen Form dient der Dekoration und der Steigerung des wertvollen Aussehens. Die Farben haben im Sinne der Verschönerung manipulative Funktion. Sie sollen so eingesetzt werden, daß der Wunsch entsteht, die schöne Flasche zu besitzen. Demselben Zweck dient die Verpackung. Durch Bemalen, Collagieren und Beschriften soll sie einerseits auf den Inhalt hinweisen, andererseits als Luxusartikel werbewirksam sein. Die Verpackung ist notwendiger Bestandteil der Aufgabe, denn sie erhöht in diesem Falle besonders den ästhetischen Reiz, die Neugierde und Bereitschaft, sich mit dem Gegenstand zu beschäftigen (ihn auszupacken, näher zu betrachten, sich zu informieren). Die Aufgabe dient dazu, einige Grundprinzipien der Werbung zu erarbeiten: Je luxuriöser, deshalb teurer und entbehrlicher ein Artikel ist, um so mehr muß die Aufmachung zum Kauf reizen, um so raffinierter muß die Werbung auf die Bedürfnisse entsprechender Käuferschichten abgestellt sein. Für die Kosmetikreklame wurde hierzu ein eigenes Formen- und Farbenrepertoire entwickelt. Die Texte verweisen auf Jugend, Schönheit, Erfolg und Reichtum. Sie erzeugen und manipulieren Bedürfnisse und Wunschvorstellungen, die befriedigt werden sollen. Dies kann durch den Kauf der Artikel geschehen.

Die reflektorische Arbeit soll aufklären; d. h. sie soll über die Form- und Farbanalyse des Erscheinungsbildes eines Artikels die Bedeutung und Funktion dieser Werbeaufmachung erfassen, um letztlich die Frage erörtern und möglichst beantworten zu können, ob es sinnvoll ist, derartige Artikel herzustellen, warum sie hergestellt werden und wer darüber bestimmt, ob sie hergestellt werden oder nicht. Die Schüler sollen hierzu ihre eigenen Meinungen, Einstellungen und Vorstellungen artikulieren. Sie sollen erkennen, daß die Aufmachung eines Artikels den Kunden zum Kauf verführen kann, daß es aber eine Reihe anderer Faktoren gibt, die noch wichtiger sind, z. B. die Menge des zur Verfügung stehenden Geldes, die Gering- oder Wertschätzung von Kosmetikartikeln unter Freundinnen und Freunden, Bekannten, Eltern, Arbeitskolleginnen und -kollegen, das vorhandene oder nicht vorhandene Interesse an solchen Artikeln.

Bildnerische Probleme

Artikulation und Differenzierung einer plastischen Einzelfigur (Parfümflasche). Erfindung einer außergewöhnlichen Gefäßform (bauchig, schlank mit Griffen, Verzierungen, eckig, rund, mehrstöckig usf.). Das Gefäß soll möglichst aus einem Stück geformt werden, einen kleinen Hohlraum haben und mit einem Deckel als Paßform versehen sein. Zum Gefäß soll eine passende Schachtel (Größenverhältnis) gefunden werden.
Die Tonform soll mit Dispersionsfarben bemalt werden. Die Farbe soll formsteigernd eingesetzt werden, d. h. die Farbflecksetzung soll der Struktur der plastischen Form folgen und sie betonen. Die Farbwahl soll nach den Gesichtspunkten typischer „Kosmetikfarben" erfolgen: Pastellfarben, zarte Farben, Gold- und Silberfarben, gelegentlich starke Hell-Dunkel- und Quantitätskontraste, die einzelne Farben kostbar aufleuchten lassen (z. B. Schwarz und Gold oder Schwarzblau und Silber oder Orange). Mischen von Pastellfarben. Farbige Veränderung und Umgestaltung einer Verpackungsschachtel durch Bemalen und Collagieren. Die Farbigkeit kann innerhalb der Skala der „Kosmetikfarben" mit der des „Fläschchens" identisch sein, oder völlig von ihr abweichen. Lesbare Beschriftung durch Collage oder Bemalung (evtl. Miteinbeziehen vorhandener, farbig aufgedruckter Schriften und Muster). Integration von collagierten und bemalten Flächen.

Bildnerische Mittel

Verformbares Material (Ton); Positivform (Kernform) mit eingedrücktem Hohlraum; vorgefundene stereometrische Form (Kartonschachtel); Farbflecksetzung.

Verfahren/Material

Formen der Gefäß- und Deckelform aus einem Tonklumpen; Bemalen mit Dispersionsfarben; Suchen und Bereitstellen einer passenden Schachtel. Veränderung der bedruckten Oberfläche der Schachtel durch Bekleben mit Collageteilen und durch Bemalen. Ton, Pappschachteln, Klebstoff, Schere, Collagematerial wie Buntpapiere, farbiges Abbildungsmaterial aus Illustrierten, Prospekten usw., Dispersionsfarben und Haarpinsel (Abfüllen der Farben in Eierständer aus gepreßter Pappe).

Begriffe

Aus einem Stück formen, rund, eckig, bauchig, schlank, bizarr, symmetrisch, Deckel mit Griff, aufsetzen, abnehmen. Pastellfarben z. B. Rot oder Blau oder Gelb oder Grün mit Weiß gemischt, Hell-Dunkelkontrast; Quantitätskontrast (Viel-Wenig-Kontrast); abstechen. Collage, umgestalten, verändern, beschriften, werbewirksam.

Kunst- und Objektbetrachtung

Kosmetikartikel (Parfümflaschen, Puder- und Cremedosen, Lippenstift usw.); Reklameabbildungen aus Illustrierten, Prospektmaterial (dazu historische Gefäßformen von venezianischen und römischen Gläsern bis zu Jugendstilvasen); Arbeiten von Ben Schonzeit; Claes Oldenbourg und G. Morandi.

Zur Aufgabe

(Kl. 3, Kn/M. – Zeit: 4 Doppelstunden)

Das Motiv wurde deshalb gewählt, weil es einerseits fantasieanregend ist und den Kindern erlaubt, aus Ton eine frei erfundene, ungewöhnliche Form zu modellieren und zu bemalen (nicht eine ,,harmonische" Form im Sinne der Aufbaukeramik); andererseits auf einen wichtigen Konsumbereich hinweist, für den die Werbung leicht faßbare und exemplarische Formen ausgebildet hat. Werbung für Luxusgüter eignet sich besonders gut, um reflektorisch Distanz zu gewinnen und die ästhetischen Manipulationen zu erkennen und zu beschreiben. Die Schüler sollen von Beginn der Unterrichtssequenz an ihre Meinungen, Einstellungen, Vorstellungen und Erkenntnisse verbal und gestalterisch artikulieren.

Die praktische Arbeit ist deshalb wichtig, weil sich in ihr komplexere Erfahrungen und Erkenntnisse niederschlagen als im verbalen Bereich. Diese Erfahrungen und Erkenntnisse verweisen auf die Form- und Farbqualität des Gegenstandes und auf das Bildmaterial der Werbung, das sich auf den Gegenstand als Ware bezieht.

Die Schüler haben die Möglichkeit, dem Motiv entsprechend eigene Vorstellungen gestalterisch zu verwirklichen und Objekte herzustellen, die genügend weit von den Designprodukten der Kosmetikindustrie und -werbung entfernt sind, um deren unterschiedliche Funktionen erkennen und beschreiben zu können.

Die Unterrichtssequenz umfaßt 4 Doppelstunden, die folgenden Aufbau haben.

I. Unterrichtseinheit: Einführung in die Thematik und die gestalterischen Probleme; praktische Arbeit und Nachbesprechung anhand von Abbildungen aus der Kosmetikwerbung.

II. Unterrichtseinheit: Genaue Betrachtung und Beschreibung des Aussehens von Kosmetikartikeln (besonders in bezug auf die Farbigkeit); Fragen zur Funktion der Farben und weiter ausgreifend zur Funktion der Werbung.
Praktische Arbeit: Bemalung der selbsthergestellten Objekte.

III. Unterrichtseinheit: Gespräch über Notwendigkeit, Sinn und Zweck der Verpackung (am Beispiel von Kosmetikartikeln). Information zur Kostenverteilung (Hersteller – Werbefachmann/Verpackung – Händler – Käufer).
Praktische Arbeit: Umgestaltung einer Verpackungsschachtel.

IV. Unterrichtseinheit: Gespräch und Information über Werbung in den verschiedenen Medien (am Beispiel eines Kosmetikartikels); über die Beeinflussung des Käufers durch Versprechungen, die nicht eingehalten werden können. Besprechung der Frage, was der Käufer dagegen tun kann. Fertigstellung der Arbeiten und Besprechung der selbsthergestellten Objekte.

Erfahrungsbericht

I. Unterrichtseinheit

Der Einstieg wurde direkt über die kostbare Flüssigkeit Parfüm vorgenommen. Sch.: ,,Parfüm ist teuer"; ,,es duftet toll nach Veilchen"; ,,es ist wertvoll"; und ,,Parfüm ist Schönheit"; ,,man bekommt nur wenig"; ,,man muß sparsam sein" (Auftragen mit Sprühflasche oder Glasstäbchen).

Abb. 12a Parfümflaschen und Kosmetika

Im Verlauf des Gespräches erkannten die Schüler, daß das Auftragen von Parfüm einen angenehmen Geruch für den Benutzer selbst und für die Leute in seiner Umgebung erzeugt; daß Parfüm freundlich stimmen soll und anziehend wirken kann.

Die Frage der Aufbewahrung dieser so teuren Flüssigkeit führte zu den Parfümflaschen. Diese Flaschen sind klein (etwa handflächengroß) und haben ungewöhnliche Formen; man sieht ihnen an, daß sie etwas Kostbares enthalten (im Vergleich zu einer Sprudelflasche!). Zur Frage, wie solche Parfümflaschen aussehen, konnten die Schüler nur allgemeine Aussagen machen wie „sie sind rund"; „sie können eckig sein"; „bauchig"; „es gibt ovale Flaschen mit Glaskorken". Im Vergleich mit diesen Verbalisierungsversuchen zeigen die plastischen Arbeiten eine überlegene Formdifferenzierung und damit ein überlegenes gestalterisches Objektivierungsvermögen.

Anschließend wurde über die Größe und die

Abb. 12b Schülerarbeiten

---

verschiedenen Teile des herzustellenden Objektes gesprochen. Die Technik des Formens mit einem Tonklumpen wurde durch Experimentieren mit dem Material geübt. Die Arbeit verlief ohne Schwierigkeiten.

In der Nachbesprechung wurde anhand von Fotomaterial (Abbildungen von verschiedenen Parfümflaschen) über die ungewöhnlichen Flaschenformen gesprochen. Berücksichtigt wurde vor allem das Material, meist kristallin gebrochenes Glas und die Flaschendicke und -größe im Verhältnis zur geringen Parfümmenge, die in der Flasche aufbewahrt wird. Die Schüler konnten feststellen, daß eine allgemein verbindliche Wertung, welche Flasche am kostbarsten aussieht, nicht möglich ist.

II. Unterrichtseinheit

Anhand einiger Demonstrationsobjekte (Parfümflaschen, Cremedosen) und Reklameabbildungen wurde die Farbigkeit und Beschriftung untersucht. Charakteristische Merkmale: mit wenigen Ausnahmen viel Weiß oder mit Weiß gemischte, reine Farben wie Blau, Grün, Rot und Gelb, dazu Gold und Silber, manchmal Kontrastfarben (z. B. viel Schwarzbraun und wenige, leuchtende Goldstreifen, aber fast nie reine Farben oder stumpfe schmutzige Farbtöne). Die Wirkung der Farben ist zart, weich, kostbar.

Bei den Reklamefotografien wird dieser Eindruck durch unscharfe Übergänge (Weichzeichner) oder Hintergrundstaffagen mit Spiegeln, Badezimmerutensilien, kostbaren Toilettentischen usw. verstärkt. Die Schüler erkannten die Zusammenhänge von Farbgestaltung, Wirkung der Farben auf den Käufer und Überredung zum Kauf des Artikels.

Der Vergleich der Namen der Artikel ergab, daß es sich oft um kurze, wohl- und fremdklingende Namen handelt (sehr viele Vokale, z. B. Arden, Fa, Revlon, Luxor, Marbert), die ungewöhnlich und verlockend klingen sollen. Die Begleittexte versprechen besondere Wirkungen, wenn man diese Artikel kauft und anwendet (jung, schön, anziehend, vornehm usw.).

Am Beispiel der eigenen Arbeiten wurde das Problem der Bemalung besprochen: kostbare, ,,kosmetische" Farben sollen gefunden werden; die ,,Flasche" soll so mit ihnen bemalt werden, daß die Form betont wird (also nicht Farbflecken kreuz und quer durcheinander malen, sondern der Flaschenform in Ringen, Streifen und anderen Mustern anpassen). Der Name des Parfüms sollte kurz sein und kann auf die ,,Flasche" gemalt werden. Die bemalten Arbeiten belegen wiederum, wie wichtig die Äußerungen von eigenen Erkenntnissen und Vorstellungen auf nichtverbalem, gestalterischem Wege sind. Die Arbeiten zeigen deutlich eine weitere Differenzierung der Tonform durch Farbe. Die sorgfältige, ungewöhnliche Farbwahl und das ebenso sorgfältige Bemalen der Objekte zeugt von der Lust, mit Farben eine bestimmte, vereinbarte Wirkung zu erzielen.

III. Unterrichtseinheit

Da die Schüler die Aufgabe hatten, passende Schachteln zu suchen und mitzubringen, war der Anlaß zu einem Gespräch über Sinn und Zweck der Verpackung gegeben. Neben den Funktionen des Schutzes, der Stapelbarkeit und des besseren Transports stand wiederum die werbewirksame Form- und Farbgebung im Mittelpunkt des Interesses. Die Parfümschachtel hat zusätzlich die Funktion, auf die noch kostbarere Flasche vorzubereiten und dadurch den ästhetischen Reiz und die Erwartung zu erhöhen. Die Mehrfachverpackung (Flasche und Schachtel) gab Anlaß zu Preis- und Kostenfragen. Mit den Schülern wurden die verschiedenen Stationen der Herstellung und der Kostenanteile in exemplarischer Form erarbeitet: Rohstoffe – Herstellung des Parfüms – Kosten; Auftrag und Kosten für den Entwurf der Flasche, Material- und Herstellungskosten der Flasche; Auftrag und Kosten für den Entwurf der Schachtel; Material- und Herstellungskosten der Schachtel, Auftrag, Planung und Kosten von Illustrierten-, Prospekt- und Fernsehwerbung; Endpreis für den Käufer, prozentualer Anteil der Werbung am Kaufpreis und Verdienstspanne des Herstellers und des Verkäufers.

Zur Umgestaltung der mitgebrachten Schachtel wurde noch einmal ihre ästhetische Funktion besprochen und die Möglichkeiten, eine beabsichtigte Wirkung zu erzielen: durch Farbähnlichkeit mit der Flasche (Musterung, Farbanordnung); oder durch kontrastierende Farb- und Formgebung (überraschende Wirkung beim Auspacken).

Angeregt durch die vorgegebene Form und das Farbdesign der Schachteln arbeiteten die Schüler überlegt und gezielt an der Umgestaltung. Meist wurden die Schachteln noch innen gepolstert und mit Seidenpapier ausgeschlagen.

IV. Unterrichtseinheit

In der ersten Hälfte der Unterrichtseinheit wurde die praktische Arbeit fertiggestellt. Die Arbeiten wurden von den Schülern ein- und ausgepackt, miteinander verglichen und ihr Aussehen und ihre Wirkung besprochen. Die abschließende Reflexionsphase bezog sich auf Werbung in den verschiedenen Medien. Ein neuer Kosmetikartikel kann bekanntgemacht werden durch: Sch.: „Zeitschriften"; „das Fernsehen"; „Zeitungen"; „Flugzeug mit einem Band wo was draufsteht"; „Briefe" (Postwurfsendungen). Die Schüler stellten fest, daß die Artikel überall gelobt werden. Sch.: „das ist das Beste"; „diese Creme verjüngt"; „die Seife macht schön" und „die Werbung übertreibt"; „sie machen Sprüche"; „die müssen sich was ausdenken, damit die Leute das kaufen".

Dies gilt vor allem für Artikel, die man nicht braucht. Sch.: „Für Brot, Milch und Butter braucht man nicht soviel Reklame machen, die muß man sowieso kaufen". Auf die Frage, wer denn ein Interesse daran hat, daß die Artikel, die man nicht braucht, trotzdem gekauft werden, gaben einige Schüler zur Antwort: „die Leute, die die Artikel herstellen lassen"; „die Verkäufer"; „die wollen reich sein"; und „die anderen sind aber auch ein bißchen schuld, denn sie kaufen ja die Sachen". Die letzte Antwort führte das Gespräch wieder auf das Käuferverhalten zurück. Was kann der Käufer in dieser Lage tun? Sch.: „man muß überlegen, ob man die Sachen braucht"; „man kann den Verkäufer fragen" – „aber der sagt dann auch, das ist das Beste"; „die Preise vergleichen"; „man kann andere fragen, die den Artikel gekauft haben, ob er gut ist" (Erfahrungsaustausch) und „den Kleindruck auch lesen". Der Lehrer gab den Hinweis auf Warentestzeitschriften.

Quellenmaterial

Prospekte zu Kosmetikartikeln; Zeitschriftenreklame (z. B. in „Brigitte und Constanze"; „Petra"; „Für Sie"); Fernsehreklame; Test-Stiftung Warentest – Zeitschrift für den Verbraucher – Sonderheft 1974 „Kosmetik und Körperpflege".
W. F. Haug: „Kritik der Warenästhetik", ed. Suhrkamp 1971.

Methodisch-didaktische Alternativen

Die Probleme der Warenästhetik sind stets komplexer Natur und können deshalb auf vielfältige Weise exemplarisch erarbeitet werden. Entscheidend ist für unser Fach zunächst die visuell-haptische Erscheinung des Objekts. Die ästhetischen Komponenten sollten analysiert und auf ihre Funktionen befragt werden. Daraus ergeben sich notwendigerweise Fragen zur Warenherstellung und zum Käuferverhalten.
Andere Motivbeispiele: „Schokoladenverpackung"; „Pralinenschachtel"; „Eiscremeverpackung"; „Eis am Stiel".
Entscheidend ist bei der Wahl der Aufgabe der motivierende und gestalterische Aspekt. Die praktische Arbeit darf kein überflüssiges Anhängsel sein!
Künstlerische Auseinandersetzungen mit der Warenwelt sind vor allem in der Pop-Art (z. B. Oldenbourg, Warhol, Thiebaud, Phillips) und im Fotorealismus (z. B. Schonzeit, Estes, Eddy) zu finden.

„Eishockeyspieler"

Umweltbezug

Mannschaftsspiele im Sport wie Fußball, Eishockey, Rugby, Basketball.

Fachliche Intention

Die Formeigenschaften des bewegten menschlichen Körpers sollen bewußt wahrgenommen und plastisch umgesetzt werden. Dabei kommt es insbesondere darauf an, die Bewegung des Körpers als eine die Gesamtform bestimmende Veränderung der Haltung und des Ausdrucks zu erfahren. Die Forderung nach proportionaler Stimmigkeit soll hier mit Rücksicht auf die Darstellung des Bewegungsflusses in den Hintergrund treten, denn das plastische Beurteilen von Körperbewegung führt leicht zu einer deformierenden Betonung.

Die im Motiv angelegte Verformung der natürlichen Proportionen des Körpers (Schutzkleidung) soll den Schüler zur Betonung und Vereinfachung auffordern, sie soll die Ausbildung plastisch ausgeprägter Formen unterstützen und damit zugleich Hemmungen überwinden helfen, die aus dem Wissen um die Differenziertheit der Körperformen und dem begrenzten gestalterischen Umsetzungsvermögen entstehen.

Mit der Einbeziehung der Einzelfigur in ein vorgestelltes Spielgeschehen wird eine Vielfalt körperlicher Aktionen angeboten. Die ty-

---

Abb. 13a Eishockey-Spieler
© *und Foto: Horst H. Baumann, Düsseldorf*

Abb. 13b Schülerarbeiten

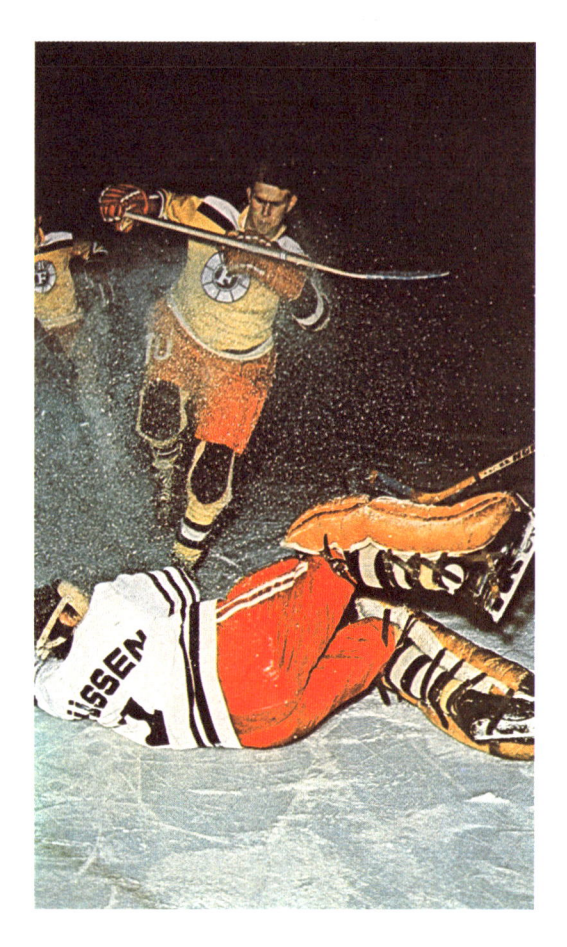

pischen Spielsituationen – wie Angreifen, Verteidigen, Sperren usw. – sind in jeweils charakteristischen Körperhaltungen abzulesen. Diese zumeist durch visuelle Medien vermittelten Beobachtungen sollen durch eigenes Agieren, Nachstellen von Spielsituationen, ins real Räumliche übersetzt und mit eigener Körpererfahrung verbunden werden.

Der Aufgabenbereich der dreidimensional beurteilten Einzelfigur ist auf das räumlich gleichgültige Entwickeln der plastischen Form konzentriert, das den einzelnen Beurteilungsstandort grundsätzlich nur als einen Ausschnitt innerhalb einer kontinuierlichen Folge von räumlich sich ergänzenden Einzelurteilen berücksichtigt.

Auf dieses Ziel soll das Motiv des bewegten Körpers hinführen, insofern die plastische Darstellung von Bewegung in besonderem Maße auch ein Urteilen aus der Bewegung, d. h. aus einer Vielzahl räumlicher Standorte heraus fordert.

Bildnerische Probleme

Plastisches Bestimmen der allseitig beurteilten Körperform, räumliches in Beziehung setzen von Gliedmaßen und Rumpf durch bewußtes Mitsehen der durch sie erzeugten Raumformen; Integration der Einzelbewegung in einen flüssigen Bewegungszusammenhang durch Betonen besonderer Haltungsmotive wie: Strecken, Ausschreiten, Aufstützen, Stolpern usw.

Vereinfachen und Betonen der plastischen Form durch Einbeziehung der Schutzkleidung (Helm, Schulter-, Beinpolster).

Herstellen einer in sich stabilen Körperstellung. Durch Bemalen sollen unterschiedliche Mannschaften gekennzeichnet, vor allem aber die modellierten Formen optisch gegliedert werden.

Bildnerische Mittel

Die zylindrischen Grundformen entstehen aus dem Umwickeln eines Körpergerüstes; Annäherung an die Körperform durch wechselnde Konvex-Konkav-Betonung, durch unterschiedliches Ansetzen, Verspannen und Ausrichten der Einzelformen; farbige Gliederung.

Verfahren/Material

Herstellen eines Körpergerüstes aus Draht; es bleibt auch beim Umwickeln mit geleimten Papierstreifen beweglich und wird schrittweise in Proportionen und Haltung verbessert; eine Seidenpapierschicht als plastische Haut verdichtet den Formzusammenhang; das relativ große Format (30 bis 40 cm Körpergröße) unterstützt das Ziel, die in den Raum greifende Haltung genau zu beurteilen. Zugleich erzwingt es einen häufigen Standortwechsel bei der plastischen Arbeit. Das Arbeiten im Stehen kommt der geforderten dreidimensionalen Beurteilungsweise entgegen. Der Einsatz der Farbe erscheint erst dann sinnvoll, wenn die Möglichkeiten plastischer Differenzierung von den Schülern ausgeschöpft wurden.

Begriffe

Verbinden, gliedern, modellieren, deutliche – undeutliche Form, Bewegungszusammenhang, Körperhaltung, Oberfläche, Proportion.

Kunst- und Objektbetrachtung

Duane Hanson: Football-Players 1969; Dia-Aufnahmen von Fernsehübertragungen, Sportfotografie aus „Fotomagazin" 5/75, S. 24.

Zur Aufgabe

(Kl. 3, Kn – Zeit: 3–4 Doppelstunden)

Die Aufgabe bezieht sich einerseits auf die bildhaft vermittelte, zweidimensionale Darstellung von Körperaktion, wie sie als Film oder Foto zur alltäglichen Umwelt des Schülers gehört. Diese Bewegungsdarstellung, die im Handlungsablauf des Films noch durch fotografische Mittel wie Schwenk, Kamerafahrt, Schnitt oder Zoom-Bewegung gesteigert wird, ist für den Schüler sehr attraktiv. Sie kann jedoch nur sehr begrenzt zur Erfahrung von Körperbewegung beitragen, solange sie nicht mit eigener sensomotorischer Erfahrung verbunden ist.

Auch nicht-visuelle Erfahrungen wie Balancegefühl, Entspannen – Anspannen usw. sollen plastisch umgesetzt werden, um die aus den Medien gemachten Beobachtungen zu ergänzen und zu verfeinern.

So ist es für die Aufgabe sehr wichtig, daß Beobachten, Nachstellen, Erproben von Bewegungsformen am Modell sich ständig ergänzen.

Die gestellte Spielaktion zwischen Figurengruppen schafft zusätzliche Gelegenheiten, die Einzelfigur aus der Bewegung heraus zu beurteilen: z. B. wird ein Vorwärtsdrängen oder Zurückweichen durch einen Gegenspieler, der die Bewegung aufnimmt und umkehrt, deutlicher. Zugleich liegt im gestellten Spielgeschehen eine starke Motivation für allseitiges Beurteilen. Die vor allem im Spielgeschehen zu beobachtende Identifikation des Schülers mit seiner Figur kann auf diese Weise auch für den Lernprozeß der Formbeurteilung genutzt werden.

Erfahrungsbericht

Die Aufgabe wurde mit Sportfotografien eingeführt. Die Schüler waren durch Fernsehübertragungen recht genau über Mannschaftsaufstellung, Spielregeln und typische Spielzüge informiert. Vor allem Schnelligkeit und turbulente Spielszenen traten als Merkmale in den Berichten der Schüler hervor.

Die Zielangabe, einen Spieler in Aktion als plastische Figur zu formen, ließ ein Problem sofort hervortreten: die Frage, wie man durch Modellieren gerade die Bewegung ausdrükken könne. Um die Beziehung zwischen Formeigenschaften und verschiedenen technischen Herstellungsverfahren zu erhellen, wurden an Hand von Ton, Holzstäben und Draht die Vorzüge bzw. Nachteile der einzelnen Materialien in bezug auf die Aufgabe erörtert: Ton läßt sich fließend modellieren und ergibt schnell eine gerundete Körperform – doch verformt sich Ton während der Arbeit sehr schnell und die angesetzten, in den Raum greifenden Einzelformen brechen schnell ab; Holzstäbe ermöglichen einen stabilen Körperaufbau, doch ist diese Stabilität zugleich hinderlich: die Haltung wirkt „hölzern", starr. Bei Draht ist es schwer, einen Körper darzustellen, man sieht zunächst nur eine Linie im Raum und kann auch nach mehrfachem Biegen noch leicht die verschiedenen Ansichtsseiten vertauschen. Anderseits ist der Draht gerade steif genug, um weit ausgreifende Bewegungen, Biegungen und Drehungen des Körpers zu formen. Schrittweises Verändern ist jederzeit möglich, ohne damit die gesamte Körperform erneuern zu müssen.

Die Schüler erkannten in der Biegung eines Drahtskeletts das hier günstigste Verfahren. Das Modellieren mit Leimpapieren war ihnen von einer Aufgabe vertraut, bei der sie eine Helmmaske hergestellt hatten.

Der erste Schritt verlangte, sich auf die Proportionen des Körpers zu konzentrieren. Der zeichnerischen Entwicklung dieser Altersstufe entsprechend war allgemein ein Überbetonen des Rumpfes zu beobachten. Durch Nachstellen von Spielerhaltungen konnten die Proportionen genauer überprüft werden; dabei fanden die Schüler auch „ihre" Spielerfigur.

Die einzelnen Tischgruppen konnten sich bei der Auswahl absprechen, so daß es bald möglich war, die Figuren in Aktion zu erproben.

Das Körperskelett konnte vom Schüler nur dann in seiner Haltung beurteilt werden, wenn er es auch einmal hinstellen und aus der Entfernung beobachten konnte. Dabei halfen kleine Holzsockel mit Bohrungen und Schraubzwingen. Beim Umwickeln war es immer wieder schwer, das bloße „Anwachsen" der Form zugleich mit einem gliedernden Betonen zu verbinden. Im Verlauf der Arbeit war es mehrfach nötig, die angestrebte Körperhaltung durch Übertreibungen der Haltung (z. B. Ausfallschritt, Vorbeugen, Aufstützen) zu verdeutlichen.

Bei der Kunstbetrachtung (Duane Hanson) stand die Beurteilung der bewegten Gruppe, des plastischen Ausdrucks für Aktion und Gegenaktion und damit auch die Raumgliederung durch Figuren im Vordergrund. Sie gab einen Vergleichsmaßstab, als die Schüler ihre dann farbig als Mannschaftsmitglieder gekennzeichneten Einzelfiguren in wechselnden Konstellationen spielend erprobten.

Quellenmaterial

Katalog Duane Hanson, Stuttgart 1974.
Udo Kultermann: „Radikaler Realismus", Tübingen 1972.
Katalog George Segal, Zürich 1971.

Methodisch-didaktische Alternativen

könnten in drei Richtungen zielen:

1. Zur stärkeren Durchgliederung der Figur mit plastischen Mitteln, wobei ausgeprägte Eigenschaften der (Ver-)Kleidung ein wichtiger Impuls sein könnten; Motivbeispiel: ‚Taucher'.
2. Zur real beweglichen Figur (Gliederpuppe), um an einer Figur die ausdrucksmäßige Vielfalt von Körperhaltungen zu untersuchen; Motivbeispiel: ‚Tänzer'.
3. Zur weiterführenden Erarbeitung des Wirkungszusammenhanges von Farbe und plastischer Form, um die Eigenschaften des jeweiligen Gestaltungsmittels in gegenseitiger Steigerung oder Störung zu erkennen; Motivbeispiel: „Der Zauberer verwandelt sich durch Farben."

2. Plastische Einzelformen und -figuren in einem gegenseitigen Beziehungsgefüge

„Leute in einem Ruderboot"

Umweltbezug

Ruderbootfahren als Freizeitvergnügen; Fischerboote; Ruder- und Motorboote als Transport- und Verkehrsmittel (z. B. Venedig, Amsterdam).

Fachliche Intention

Plastische Einzelformen (Boot; menschliche Figur) sollen so hergestellt und durchgebildet werden, daß das Beziehungsgefüge der Formen eindeutig ablesbar ist. Die Beziehung von Boot zu Figuren und umgekehrt soll an jeder Einzelform sichtbar sein. Die Schüler sollen die eigenen Arbeiten und entsprechende Beispiele aus der Umwelt in ihrer Erscheinung, Funktion und Bedeutung erkennen, vergleichen und beschreiben können. Sie sollen am Beispiel von Venedig die Eigenart des Verkehrs mit Booten anstelle von Landfahrzeugen beschreiben.

Bildnerische Probleme

Artikulation von plastischen Zeichen für Boot und Insassen als Hohl- und Kernform, die im Sinne einer Paßform zueinander in Beziehung gesetzt werden. Differenzierung der plastischen Formen und des Beziehungsgefüges (Form des Bootes, Durchgliederung der menschlichen Figur, Darstellung von Bewegung, Größenverhältnisse). Statik der Gruppe und Herstellen einer haltbaren Verbindung der Einzelteile. Experimentelles Erproben des Materials.

Bildnerische Mittel

Verformbares Material; Positiv-Negativformen als Kern- und Hohlform.

Verfahren/Material

Aushöhlen einer Kernform aus Ton (Boot); Umformen eines Tonklumpens zu einer menschlichen Figur (Insasse), ohne Einzelteile anzustücken. Verbinden der Teile untereinander (Boot – Figuren).
Partnerarbeit; je zwei Schüler arbeiten zusammen.

Begriffe

Hohlform, Kernform, Wand; Wanddicke, aus einem Stück formen, aushöhlen, ineinanderpassen, einpassen.

Kunst- und Objektbetrachtung

Fotografien aus Venedig (u. a. historischer Korso); Fischerboote; Ferienfotografien der Schüler; Abbildungen von Eingeborenenplastiken, z. B. Malanggan-Plastiken aus Neuirland (Lindenmuseum Stuttgart).

Zur Aufgabe

(Kl. 2, Kn/M – Zeit: 1 Doppelstunde)

Die Aufgabe ist dem unmittelbaren Erlebnisbereich der Schüler entnommen. Im reflektorischen Bereich sollen Erlebnisse beschrieben werden, die mit dem Motor- oder Ruderbootfahren in Verbindung stehen. Weiter ausgreifend soll die Funktion solcher Boote heute (z. B. im Bereich des Tourismus, der Freizeit und Fischerei) und als Verkehrsmittel in einer Stadt mit Wasserstraßen wie Venedig erörtert werden. Die Schüler sollen die Verkehrs- und Transportfunktionen von Landfahrzeugen auf Wasserfahrzeuge (Boote) übertragen können und vergleichend die Eigenart und Bedeutung des Bootverkehrs erkennen.

Im praktischen Bereich soll auf fantasievolle Weise und mit weitgehender Differenzierung der Einzelfiguren (Formgebung des Bootes, Körpergliederung und Bewegungsdarstellung bei den Figuren) eine Beziehung von Positiv- und Negativform hergestellt werden (entweder sitzende oder stehende Figuren im Boot). Die Größenverhältnisse und Proportionen sollten mit berücksichtigt werden. Entscheidend ist die Erfahrung, daß das Material in bezug auf Stabilität und Statik der Einzelteile zu Formgebungen zwingt, die von den beabsichtigten erheblich abweichen können.

Die Plastik soll in Partnerarbeit (je zwei Schüler) hergestellt werden. Die Schüler sollen sich miteinander beratend auseinandersetzen und ihre Erkenntnisse in der praktischen Arbeit umsetzen. Im Vergleich mit den Arbeiten anderer, sollen sie zu eigenen Lösungen kommen und die eigenen und fremden Arbeiten kritisch reflektieren.

Erfahrungsbericht

Zu Beginn wurde mit den Schülern ein Gespräch geführt über ihre Erlebnisse bei Bootsfahrten (mit Paddelboot, Schlauchboot, Ruder- und Motorbooten). Der Anlaß zu derartigen Fahrten war meist ein Ausflug oder ein Ferienaufenthalt. Ausführlich beschrieben wurde die schwankende Bewegung des Bootes (Sch.: ,,man kann kaum aufrecht darin stehen''), das Aufschlagen des Motorbootes auf den Wellen bei großer Geschwindigkeit und die Gefahren des Kenterns durch hohen Wellengang. Überlegungen zum Miet- und Kaufpreis der Boote wurden angeschlossen (Tourismus).

Dann wurden zwei Schwarzweißfotografien vom alljährlich stattfindenden Bootskorso in Venedig gezeigt. Die Eigenart der Bootformen mit fantasievollen Aufbauten, Schmuckelementen und kostümierten Insassen wurde mit der Situation des historischen Festzugs in Verbindung gebracht (viele Zuschauer!). Es wurde erkannt, daß diese Boote reichen Leuten gehörten und daß sie mit diesen Luxusbooten Aufsehen erregen wollten (Vergleich mit Autos). Die Wasserstraßen der Stadt Venedig gaben Anlaß zu weiteren Überlegungen in bezug auf die Funktion des Bootsverkehrs. Sch.: ,,Boote zum täglichen Einkauf''; ,,um in die Schule zu fahren''; ,,um zur Arbeit zu fahren''; ,,Taxiboote''; ,,Boote für die Müllabfuhr''; ,,Krankenhausboote''; ,,Polizeiboote''; ,,Beerdigungsboote''; ,,Lastboote''.

Die Schüler erkannten, daß bei derartigen Festzügen nur Luxusboote gezeigt werden und nicht die, die für den täglichen Verkehr gebraucht wurden.

Abb. 14a Bootskorso in Venedig

Abb. 14b Schülerarbeiten

Die Gestaltungsprobleme wurden zum großen Teil von den Schülern an Hand des Materials (Ton) erarbeitet.
Zur Form des Bootes: Sch: ,,Ich mache eine Bananenform und höhle sie aus''. Zu den Figuren: Sch.: ,,Die einzelnen Teile dürfen nicht auseinanderbrechen, man formt sie aus einem Klumpen.'' Die Darstellung der Haltung und

Bewegung der Insassen wurde von einigen Schülern demonstriert.
Die Partnerarbeit verlief ohne Schwierigkeiten. Die Arbeiten zeigen deutlich, daß die Schüler die plastischen Positiv- und Negativformen sorgfältig zueinander in Beziehung gesetzt haben. Die Formen der Boote verweisen auf Anregungen durch die Bilder. Die Verarbeitung eigener Erfahrungen und fantasievoller Vorstellungen können an den Arbeiten abgelesen werden. In der Nachbesprechung erkannten die Schüler selbst, daß ein Teil der Plastiken in ihrer Form auf die Fotografien verweisen. Sie konnten ebenso erkennen, bei welchen Arbeiten das besondere Körpergefühl beim Ruderbootfahren mit zum Ausdruck kommt. Einige Schüler zeigten dabei durch Veränderung ihrer Arbeiten, wie es aussehen würde, wenn das Boot kentert und die Insassen kopfüber ins Wasser stürzen.

Quellenmaterial

Urlaubswerbung, Reiseprospekte, Aufnahmen von Bootsfahrten, die von den Schülern, Eltern, Freunden oder Bekannten gemacht wurden.
Marianne Langewiesche: ,,Venedig, Kunst und Geschichte'', Du Mont 1973.
Merian ,,Venedig''.
B. Rudofsky: ,,Architecture without Architects'', London 1964, S. 42, Abb. Hausboote.
Terra Magica: ,,Die griechischen Inseln'', München 1962 (Abb. S. 8).
Kat. Neue Galerie Aachen 1972, M. Morley: ,,Central Park'' 1970.
Fotobücher zur Olympiade 1972 (Ruderer und Kanuten).

Methodisch-didaktische Alternativen

Im thematischen Bereich könnte der Bezug zu Sportereignissen wie Ruderbootrennen oder Kanuten im Wildwasser hergestellt werden.
Ebenso im Rahmen völkerkundlicher Darstellung zum Kanu der Indianer, Kajak der Eskimos, Auslegerboot der Polynesier oder chinesischen Hausboot. Hochdramatische Motivationen ergeben sich aus Kampfsituationen wie sie z. B. Melville in seinem Roman ,,Moby Dick'' schildert (Kapitän Ahabs Kampf vom Walfängerboot aus mit dem weißen Wal) oder aus abenteuerlichen Geschichten wie Hemingway's ,,Der alte Mann und das Meer''. Daraus ergeben sich für den Schüler Möglichkeiten, gefährliche Situationen, wie kenterndes Boot, ins Wasser stürzende Insassen, experimentell und spielerisch darzustellen.
Im praktischen Bereich sollte die Darstellung immer mehr sein als Illustration, denn die fachliche Intention zielt auf Einsichten und sinnliche Erkenntnisse in bezug auf die Zuordnung plastischer Formen. Diese Einsichten und Erkenntnisse werden mit gestalterischen (nicht verbalen) Mitteln in mehr oder weniger differenzierter Weise objektiviert, d. h. an den Arbeiten ist ablesbar, inwieweit die Schüler das Beziehungsgefüge plastischer Formen als Gestaltungsproblem erkannt und gelöst haben.
Alternative Aufgaben (Ton):
,,Ich sitze an meinem Platz im Klassenzimmer''; ,,Im Elektroauto (Autoscooter) auf dem Volksfest''; ,,Der Kranführer in der Kanzel''.

,,Motorrad-Rennfahrer''

Umweltbezug

Motorradfahrer im Straßenverkehr, als Rennfahrer bei Rennveranstaltungen, als jugendliche Randgruppen (Rocker).

Fachliche Intention

Plastische Einzelformen (Motorrad und Fahrer) sollen so durchgebildet werden, daß die besondere Beziehung Mensch–Maschine zum Ausdruck kommt und an den Einzelformen ablesbar ist. Die Körperhaltung des Rennfahrers soll formal mit der Rennverkleidung der Maschine korrespondieren.

Die Schüler sollen an Hand eigener Arbeiten und an Hand von Beispielen aus der Umwelt ihre eigene Meinung und Einstellung zur Erscheinung, Funktion und Bedeutung von Motorradfahrern beschreiben und vergleichen können.

Bildnerische Probleme

Artikulation von plastischen Zeichen für Motorrad mit Rennverkleidung und Rennfahrer. Die beiden Formen sollen im Sinne der Paßform zueinander in Beziehung gesetzt werden. Die Einzelteile können je nach Bedeutung für den Schüler differenziert werden (z. B. Motorblock, Lenker, Windschutzscheibe, Bewegungsform der menschlichen Figur beim Lenken; ob der Fahrer aufrecht sitzend, gebeugt oder fast liegend mit der Maschine verbunden ist).
Beachtung der Größenverhältnisse, der Materialeigenschaften in bezug auf Feingliederungen (z. B. Radspeichen) und Statik (Stand der Plastik auf 2 Rädern).

Bildnerische Mittel

Verformbares Material (Ton); Positivformen (Kernformen).

Verfahren/Material

Formen der Einzelfiguren aus einem Stück (Tonklumpen), wobei möglichst wenig Einzelteile angesetzt werden sollen.
Verbindung der Teile untereinander (Motorrad–Fahrer). – Ton.

Begriffe

Aus einem Stück formen, eindrücken, herausziehen, Kernform, zueinanderpassen, stromlinienförmig, Verkleidung.

Kunst- und Objektbetrachtung

Fotografien aus Motorsportmagazinen, Motorradwerbung, Sportschau im Fernsehen, Spielzeugobjekte; Udo Weingart: „Charettes" 1970.

Zur Aufgabe

(Kl. 3, Kn/M – Zeit: 1 Doppelstunde)

Die Motivation ist durch das Interesse der Schüler am Motorrad und Motorradfahrer gegeben.
Die eigenen Erlebnisse können sowohl über die Medien (Fernsehen, Illustrierte, Reklameprospekte) als auch über Beobachtungen im Straßenverkehr oder eigene Fahrerlebnisse vermittelt sein. Diese verschiedenartigen Erlebnisse sollen zunächst ausgetauscht werden. Die Schüler sollen darüber sprechen, warum Motorradfahren attraktiv ist (z. B. die Geschwindigkeit und der Wagemut, ohne schützendes Gehäuse zu fahren – vgl. Auto –, das Motorgeräusch, die Verbindung mit der Maschine, die Tatsache, daß vor allem Jugendliche Motorrad fahren). Darüber hinaus sollen die Schüler erkennen, daß die Rennfahrer ihren Mut und ihre Geschicklichkeit vor allem für Werbezwecke einsetzen, daß sie von einer Motorradfirma bezahlt werden, die versucht, ihr Motorrad als das stärkste und beste in seiner Klasse anzupreisen und zu verkaufen.
Durch die Gestaltung eines Motorrad-Rennfahrers sollen die Schüler ihre Erlebnisse, Einstellungen und Erkenntnisse haptisch-visuell vermitteln. Die gestalterische Differenzierung der Einzelformen und ihre Beziehung zuein-

Abb. 15a Motorradfahrer

Abb. 15b Schülerarbeiten

ander (Fahrer–Maschine) haben Mitteilungscharakter, denn von ihr hängt die Genauigkeit und Lesbarkeit der Mitteilung ab. Diese Mitteilung ist komplex, denn sie vermag über eigene Vorstellungen hinaus körperliche Aktionen, Gefühle und Geräusche auszudrücken. Im Mittelpunkt der Arbeit steht die Gestaltung der Beziehung des Fahrers zur Maschine. Die plastischen Zeichen sollen so ausgebildet werden, daß die Eigenart der Rennsituation deutlich wird.

Erfahrungsbericht

Das zu Beginn geführte Gespräch über Motorräder und das Motorradfahren zeigte, daß neben interessierten Schülern und ausgesprochenen „Kennern" auch solche Schüler in der Klasse waren, die offensichtlich wenig eigene Erfahrungen mit dem Gegenstand des Gespräches hatten. Die Motivation wurde wesentlich erhöht durch den Einsatz einiger Illustriertenfotografien, die Rennfahrer während des Rennens in der Kurve zeigten. Die Schüler beschrieben das Aussehen und die Funktionen von Fahrer und Maschine. Sch.: „Fahrer mit Lederanzug"; „Sturzhelm"; „beugt sich ganz herunter hinter der Windschutzscheibe"; „er muß den Wind schneiden wie ein Rennwagen"; „er duckt sich wegen dem Wind"; „er hat eine Brille"; „ohne Brille kommen ihm die Tränen"; „das Motorrad hat eine Verkleidung"; „man sieht noch den Motor"; „die Verkleidung ist so gebogen, daß der Wind vorbeisaust"; „wie bei einem Flugzeug"; „bei Schiffen"; „bei Vögeln"; „man sieht eine Nummer und so Streifen"; „das Motorrad ist rot, blau und weiß angemalt wie zur Reklame"; „man sieht, wie er dahersaust"; „er hängt in der Kurve"; „man sieht keine Speichen". In die Überlegungen zur praktischen Arbeit wurden folgende Gestaltungsprobleme eingebracht: Formen aus einem Stück (Gefahr des Zerbrechens von angestückten Teilen); getrenntes Herstellen von plastischen Formen für Motorrad und Fahrer; Zusammenfügen der beiden Figuren.
Kurze Zeit nach Arbeitsbeginn tauchte ein statisches Problem auf. Sch.: „das Motorrad kippt um". Zur Lösung des Problems wurde vorgeschlagen: Sch.: „ein Ständer auf beiden Seiten"; „auf eine Unterlage (Tonplatte) kleben"; „beide Füße des Fahrers auf den Boden stellen". Der letzte Vorschlag fand allgemeine Zustimmung und sollte den Rennfahrer unmittelbar beim Start zeigen. Weitere Probleme, wie die Feingliederung des Motorrads (Speichen, Federung, Motor) wurden individuell gelöst. Während der Arbeit wurde von einigen Schülern die Rennsituation mit Hilfe ihrer Plastiken geräuschvoll nachempfunden und gespielt.
In der Nachbesprechung wurde der Reklamecharakter solcher Rennveranstaltungen besprochen. In bezug auf das Motorrad: Sch.: „man will wissen, welches Motorrad das beste ist"; „nein, man soll die Marke überall sehen, es schauen ja viele Leute zu"; „die Marke soll gekauft werden" und in bezug auf den Fahrer: Sch.: „er treibt Sport"; „er verdient Geld dabei"; „für die Zuschauer ist es aufregend"; „es ist gefährlich für ihn"; „er ist todesmutig" und „er ist todesmutig für die Firma, die ihn bezahlt".

Quellenmaterial

Motorsportzeitschriften: „Das Motorrad"; „Die neue Motorrad-Zeitung"; Reklameabbildungen, Poster, Sportsendungen im Fernsehen.
„Feuerstühle", Südwest Presse 1974[4] (1971).
Udo Weingart „Charettes" 1970, in „Magazin Kunst" 12. Jg., Nr. 48, 1972, S. 91–93.

Methodisch-didaktische Alternativen

Durch Bemalen der Arbeiten könnte ein stärkerer Bezug zur Werbung hergestellt werden. Grundsätzlich muß aber festgehalten werden, daß die Bemalung illustrative Funktion hätte und zur Klärung räumlicher Probleme wenig oder gar nichts beitragen könnte.
Weitere thematische Variationen sind: „Jugendliche auf ihren Motorrädern", „Die Rok-

kergruppe auf ihren Motorrädern", wobei die spezifischen Merkmale (das Aussehen und Benehmen) herausgearbeitet werden könnten, ebenso die Motivation für die Gruppenbildung und das Auftreten dieser Randgruppen. Zur Kunstbetrachtung können Udo Weingarts Motorradverwandlungen herangezogen werden. Ihr surrealer und fantastischer Charakter könnte dazu dienen, die einseitige Funktionalität und das perfekte Design „richtiger Motorräder" zu relativieren. Das Motorrad selbst und das technische Wissen werden spielerisch eingesetzt, um ein Objekt herzustellen, das aus dem gewohnten Funktionszusammenhang herausfällt, dafür aber eigene technische Fantasie und gestalterischen Erfindungsgeist dokumentiert (vgl. Aufgabe S. 117).

In den Bereich der Zuordnung von zwei Figuren gehören auch alle plastischen Reiterdarstellungen. Dieses Motiv wurde schon oft bearbeitet, da es auch kunstgeschichtlich von großer Bedeutung ist. Reiterdarstellungen lassen sich durch alle Jahrhunderte und in verschiedenen Kulturkreisen bis in die modernen Kunstströmungen nachweisen (Marino Marini).

3. Organisation plastischer Elemente

„Akrobaten bilden einen Turm"

Umweltbezug

Zirkusvorführungen, Jahrmarkt, Kunstturnen im Rahmen von Sport- und Massenveranstaltungen (Fernsehberichte).

Fachliche Intention

Gleichartig geformte, plastische Zeichen für die menschliche Figur sollen turmartig zusammengestellt werden. Durch die stützende Verbindung der Einzelfiguren entsteht eine gitterartig durchbrochene, stabile Plastik.
Die Schüler sollen derartige Gruppierungen am Beispiel eigener Arbeiten und an Beispielen aus der eigenen Umwelt in ihrer Erscheinung, Gliederung, Funktion und Bedeutung beschreiben und vergleichen können.

Die Schüler sollen in Dreiergruppen zusammenarbeiten. Sie sind vor allem bei der Zusammensetzung des „Akrobatenturms" auf gegenseitige Hilfe angewiesen. Die Schüler können durch gemeinsame Planung und Durchführung der Arbeit zu Erfolgserlebnissen kommen. Solidarisches Verhalten in der Gruppe soll eingeübt werden.

Bildnerische Probleme

Artikulation und Differenzierung eines plastischen Zeichens für die menschliche Figur (Körpergliederung und -proportionen). Formen der Figuren aus einem Tonklumpen ohne angefügte Teile, Zusammenfügen der Einzelfiguren zu einem Turm, nach einem selbstgefundenen Ordnungsprinzip. Verbindungsfunktion der Gliedmaßen, Statik der Figuren, Gewichtsverlagerung nach unten und Stabilität der Trägerfiguren. Das experimentelle Zusammenfügen der Figuren soll dazu führen, daß die Einzelfiguren nochmals in bezug auf ihre Standfestigkeit überprüft und verändert werden.
Die Figurengruppe soll frei, ohne Grundplatte stehen.

Bildnerische Mittel

Verformbares Material (Ton); Positivformen (Kernformen).

Verfahren/Material

Formen der Einzelfiguren aus einem Stück (Tonklumpen); Addition und Verbindung der Einzelelemente zu einer stabilen turmartigen

Gesamtform. Raumgliederung. – Ton. – Arbeit in Dreiergruppen.

Begriffe

Aus einem Stück formen, Kernform, herausziehen, eindrücken, zusammenfügen, aufeinanderstellen, durchbrochen, gitterartig, turmartig, stabil, standfest, balancieren, sich gegenseitig Halt geben, stützen.

Kunst- und Objektbetrachtung

Zirkusprogrammhefte und Prospekte, Fernsehsendungen, Zirkusbilder von Degas, Seurat, Toulouse-Lautrec, Picasso; Plastiken von Rodin.
Magnum 46, Febr. 1963 „Jahrmarkt", darin S. 3: Abb. „La troupe du célèbre Johann Faber".

Zur Aufgabe

(Kl. 3, Kn/M – Zeit: 1 Doppelstunde)

Das Motiv dieser Gestaltungsaufgabe soll die Erlebnisse der Kinder beim Zirkusbesuch wachrufen. Die Schüler sollen versuchen, sich darüber klar zu werden, warum ihnen die Tiernummern und die Vorführungen der Akrobaten, Clowns und Zauberkünstler gefallen. In das Gespräch sollte unbedingt die Funktion des Zirkus als Mittel der Unterhaltung, der sportlichen Leistung, der sensationellen, aufregenden Akrobatik und der kulturpolitischen Propaganda (russischer Staatszirkus) mit einbezogen werden. In diesem Zusammenhang ist auch die Tatsache zu sehen, daß die „Zirkusleute" nur bedingt gesellschaftsfähig sind. Sie sind eine Randgruppe, die wenig Geld verdient und sich nicht in die bürgerliche Gesellschaft eingliedern läßt (kein fester Wohnsitz, eine zwar oft bewunderte, aber sozial keineswegs anerkannte Arbeit, meist weder Arbeits- noch Versicherungsschutz, totale Abhängigkeit vom augenblicklichen Publikumserfolg).

Besondere Aufmerksamkeit sollte der Akrobatennummer gewidmet werden, in der die Artisten ihre Körper waghalsig übereinandertürmen und zu ausgreifenden, lebendigen Plastiken vereinen. Die Schwierigkeiten der Balance und Gewichtsverteilung können die Schüler demonstrativ nachvollziehen, wenn ein Schüler versucht, auf den Schultern von zwei Mitschülern zu stehen. Diese Schwierigkeiten führen unmittelbar zu den Gestaltungsproblemen. Die Schüler sollen derartige Erfahrungen und Vorstellungen im plastisch geformten Objekt ausdrücken. Sie sollen versuchen, ihre Vorstellungen von einem „Akrobatenturm" haptisch-bauend zu artikulieren. Dabei spielt die gegenseitige Absprache in bezug auf die Herstellung der einzelnen Figuren, ihre Zusammenfügung und dadurch notwendige Veränderung eine wichtige Rolle. Nur wenn alle an einer Arbeit Beteiligten sich absprechen und ihre Arbeiten gegenseitig beurteilen, kann ein tragfähiger „Artistenturm" entstehen. Die einzelnen Figuren sollen additiv so organisiert werden, daß eine Gesamtform (Figurenturm) entsteht, deren Einzelfiguren aber deutlich erkennbar sind und austauschbar bleiben.

Erfahrungsbericht

Der Einstieg wurde direkt über eine Abbildung vorgenommen. Es handelte sich um das Werbeblatt für die „Johann Faber Akrobatengruppe" (s. o.). Die Schüler erkannten sofort, daß es sich um Artisten handelt, „die Kunststücke machen" und um einen alten Zirkus. (Sch.: „die Kostüme sind so altmodisch"; „man sieht eine Bühne mit Vorhang und Podest"; „die Schrift ist altmodisch", – dazu die Information des Lehrers: ‚es handelt sich um einen lateinischen Spruch. Er heißt: die Künste werden an ihren Werken und Taten, nicht an Worten gemessen'.)

77

LA TROUPE DU CELEBRE IOHANN FABER

Die Stellung der Artisten wurde genau beschrieben: Sch.: „da steht einer auf beiden Füßen und die sind stramm"; „die Hände stützen die Hände des oberen, das können nicht alle Leute"; „er macht einen Handstand und Spagat"; „die untere Figur steht auf einem Bein und hält den oberen so!" (Demonstration des Schülers); „die oberste Figur steht auf dem Kopf und macht Spagat" usw.

Die Waghalsigkeit und Kunstfertigkeit der Stellungen wurden miteinander verglichen. Die Schüler kritisierten, daß diese Stellungen etwas übertrieben sind (Sch.: „etwas gemogelt"). Dies war der Anlaß, um Überlegungen zur Funktion dieser Abbildungen anzustellen. Sch.: „es könnte ein Plakat sein"; „die Kunststücke sind so übertrieben, daß die Leute neugierig werden"; „die Leute sollen angelockt werden"; „sie sollen in die Vorstellung gehen und dann verdienen die Akrobaten Geld."

Im Vergleich mit modernen Zirkusplakaten wurde festgehalten, daß diese mehr Schrift haben, stark farbig und deshalb auffälliger sind (mit abgebildeten Tigern und Löwen oder Clowns, mit übertriebenen Worten wie „Menschen, Tiere, Sensationen"; „die Supersensation"; „auf der ganzen Welt einmalige Schau" usw.).

Die Besprechung der praktischen Arbeit ergab, daß man die selbsthergestellten Figuren wohl nicht so aufeinanderstellen kann, wie in der besprochenen Abbildung. Sch.: „die Figuren müssen auf dem Boden stehen, sonst kra-

---

Abb. 16a La Troupe du célèbre Johann Faber
Germanisches Nationalmuseum Nürnberg
Foto: Ullstein Bilderdienst, Berlin

Abb. 16b „Akrobatenturm"

Abb. 16c Schülerarbeiten

chen sie zusammen".« Eine Schülerdemonstration (ein Schüler versuchte, auf den Schultern von zwei Mitschülern zu stehen) brachte das Problem der Statik und Balance ins Gespräch und wie man sich stützen und gegenseitig Halt geben kann. Je 3 Schüler sollten zusammen eine Artistengruppe herstellen. Die Figuren wurden einzeln, von jedem Schüler der Gruppe, aus einem Tonklumpen modelliert und dann aufeinandergetürmt. Dabei ergaben sich Schwierigkeiten: zu unterschiedliche Größe der Figuren, zu dünne Beine, Veränderung der Arm- und Beinstellung der Figuren, Gefahr des Durchbrechens der Verbindungen. Die Gruppenarbeit erwies sich hier wertvoll, denn die Figurengruppe konnte nur im gemeinsamen Experiment erstellt werden. In der Nachbesprechung wurde das Thema ausgeweitet. Es wurde die Funktion des Zirkus heute besprochen, ebenso die Tatsache, daß die Zirkusleute meist nicht reich sind, manchmal zwar bewundert, aber doch von den meisten Leuten abgelehnt werden, weil sie immer „herumziehen" und „nichts Richtiges arbeiten". Die Schüler vermögen durchaus die mit solchen Feststellungen verbundenen Vorurteile zu erkennen und sie einer Kritik zu unterziehen.

Quellenmaterial

Zirkusprogrammhefte und Prospekte, Plakate.
J. Kusnezow: „Der Zirkus der Welt", Berlin 1970.
Magnum, Heft 46, Febr. 1963 „Jahrmarkt".
Zirkusbilder von Picasso, Degas, Toulouse-Lautrec, Seurat, Plastiken von Rodin.
A. Calder: „Le Cirque", 1926–32, Abb. „Art Press" No. 16, Paris 1975, S. 8.

Methodisch-didaktische Alternativen

Das Thema Zirkus läßt viele Motivvariationen zu. Im Bereich Körper/Raum reichen sie von einzelnen Figurendarstellungen aus Ton über Figurengruppen bis zu Gesamtdarstellungen (im Calderschen Sinne) aus Collage- und Abfallmaterialien. Entscheidend ist einerseits, daß mit gestalterischen Mitteln die akrobatischen Aktionen erfaßt, verarbeitet und fantasievoll gesteigert werden, andererseits diese Zirkuswelt in ihrer Außenseiterposition erkannt wird. Zirkusartisten gehören zu den Randgruppen der Gesellschaft, deren Arbeit paradigmatisch im Sinne von Alexander Kluges Film „Die Artisten in der Zirkuskuppel: ratlos" (1968) in Frage gestellt wurde und wird. Insofern ist dieses Thema sozial relevant. Es ermöglicht kritische Reflexion über Sinn und Zweck zirzensischer Kunst und über die Existenzbedingungen der „Zirkusleute" in einer mehr und mehr verwalteten und von Institutionen reglementierten Welt.

„Footballspieler im Kampf"

Umweltbezug

Kampfsport: Football (amerikanisch); Rugby-Football (englisch) – ähnliche Sportart: Eishockey.

Fachliche Intention

Gleichartig geformte, plastische Zeichen für die menschliche Figur sollen so verändert und dann zusammengefügt werden, daß eine Gruppe entsteht, die den Augenblick einer sportlichen Kampfsituation darstellt. Die Ordnungsprinzipien sind Konzentration und Zusammenballung einzelner Figuren auf einen Mittelpunkt zu.
Die Bemalung hat die Funktion räumlich-plastische Zusammenhänge zu klären und die Figuren zwei Parteien zuzuordnen. Die Schüler sollen derartige Gruppierungen (z. B. bei Wettkämpfen, Spiel- oder Streitsituationen) in

Abb. 17a Duane Hanson: Football Vignette
©: Sammlung Ludwig – Neue Galerie Aachen

Abb. 17b Schülerarbeiten

ihrem Aussehen, ihrer Funktion und Bedeutung beschreiben und vergleichen können. Die Schüler sollen in Dreiergruppen arbeiten. Die komplexe Figurengruppe soll gemeinsam geplant und hergestellt werden, wobei die einzelnen Interessen, Einstellungen und Vorstellungen gegeneinander abgewogen werden. Die Gruppenarbeit ermöglicht sach- und interessenbezogenes gemeinsames Handeln und kann entsprechende Erfolgserlebnisse vermitteln.

Bildnerische Probleme

Artikulation und Differenzierung eines plastischen Zeichens für einen Football-Spieler (typische Merkmale: Sturzhelm, gepolsterter, die Gliedmaßen verdickender Kampfanzug und Stollenstiefel).
Gruppierung und Zusammenfügen der Figuren, wobei diese einzeln, dem Bewegungszusammenhang entsprechend, umgeformt werden sollen (z. B. liegende, stürzende, boxende, kniende, sich umklammernde Figuren). Die Gruppe soll auf ein Zentrum zugeordnet und frei, ohne Grundplatte zusammengefügt werden. Die Figuren sollen mit möglichst ungebrochenen Kontrastfarben bemalt werden. Zusammengehörige Figuren (Spieler einer Partei) sollen gleichfarbig bemalt werden und sich deutlich von den anderen Figuren (Spieler der Gegenpartei) unterscheiden.

Bildnerische Mittel

Verformbares Material (Ton); Positivformen (Kernformen), Farbflecksetzung.

Verfahren/Material

Formen der Einzelfiguren aus einem Tonklumpen. Zusammenfügen und Verbinden der Einzelfiguren zu einer zentrierten Gruppe.
Bemalen mit Dispersionsfarben, Borsten- und Haarpinsel.
Arbeit in Dreiergruppen.

Begriffe

Aus einem Stück formen; Umformen und Verändern der Figuren, gruppieren, ineinander, aufeinander, übereinander, durcheinander, Knäuel von Figuren, auf einem Haufen zusammenballen, Kontrastfarben, abstechen, unterscheiden, reine und gedeckte Farben.

Kunst- und Objektbetrachtung

Abbildungsmaterial aus Sportzeitungen und Fotomagazinen; Sportberichte im Fernsehen. Duane Hanson: „Football Viguette", Slg. Ludwig, Kat. Aachen 1972.

Zur Aufgabe

(Kl. 3, Kn/M – Zeit: 2 Doppelstunden)

Sie gehört in den Umweltbereich des Kampfsportes und damit in den Bereich spezifischer Formen der Aggression, die bei diesem Spiel als Identifikationsangebot für den Zuschauer besonders deutlich zutage treten. Dieser aggressiv-kämpferische Sport ist bereits heute zu dem geworden, was die New York Times den „größten Wahn der westlichen Welt" nennt, „seit der Zeit, da in Rom menschliche Wesen gegen Löwen kämpften"*). Die wilden, rücksichtslosen Handgemenge der bandagierten Spieler um das Leder-Ei locken Millionen Zuschauer in die Arenen und vor die Fernsehschirme und garantieren dadurch das große Geschäft. Ein Geschäft also mit der Sensations- und Aggressionslust von Spieler und Zuschauer innerhalb weitgesteckter Grenzen. Dieser Aspekt soll mit den Schülern kritisch besprochen werden, um diesen Kampfsport selbst und das Verhalten der Zuschauer bei derartigen Veranstaltungen zu problematisieren.

Die Schüler sollen an Hand von Abbildungen und an Hand ihrer eigenen Arbeiten das Verhalten der Spieler beschreiben und verglei-

---

*) Zit. Süddeutsche Zeitung vom 15./16. 2. 1975, Nr. 38, S. 3.

chen können (die unterschiedlichen Körperhaltungen beim Laufen, Stürzen, Handgemenge, Ringen, Boxen, Wegdrängen usw.) Sie sollen erkennen, daß es Kampfsituationen sind, wie sie manchmal auch bei Gruppen streitender Kinder zu beobachten sind.

In der gestalterischen Arbeit können die Schüler ihre Erfahrungen, Einstellungen und Meinungen zum Ausdruck bringen. Sie sollen die plastischen Formen so differenzieren und zueinander ordnen (als Ausdruck der Handlung und des Geschehens), daß ihre Absichten möglichst klar ablesbar sind.

Die Bemalung der Plastik ist unbedingt notwendig. Sie schafft endgültige, inhaltlich-illustrative und räumlich-plastische Klarheit über Parteienzugehörigkeit und körperliche Verstrickung (d. h. räumliche Position und Ausdehnung) der Figuren.

Erfahrungsbericht

I. Unterrichtseinheit

Der Einstieg wurde direkt gewählt über ein Dia der fotorealistischen Plastik „Football Vignette" 1969 von Duane Hanson (Fiberglas und originale Kleidung, lebensgroß). Die Schüler erfaßten die dargestellte Situation sofort und begründeten ihre Feststellungen durch differenzierte Beobachtungen zur Haltung und Körperbewegung der Spieler. Sch.: „sie kämpfen"; „das ist eine Ringergruppe"; „der will den runterdrücken und der den über die Schulter werfen" (vom Schüler am Bild gezeigt); „der drückt ihm das Bein weg"; „der wirft ihn um"; „er schlägt zu und boxt ihn"; „sie gehen aufeinander los"; „der reißt dem die Brille herunter"; „es sieht gefährlich aus"; „der eine schreit vielleicht"; „der andere fällt rückwärts".

Zum Aussehen der Spieler: Sch.: „es sind Spieler"; „sie haben Hemden mit Nummern drauf"; „die mit den gleichen Farben gehören zusammen"; „sie haben einen Sturzhelm auf"; „sie haben Stutzen"; „einen Ganzanzug"; „Knieschützer"; „sie sind geschützt gegen Verletzungen"; „für die Versicherung"; „man sieht, daß es ein gefährlicher Sport ist"; „sie kämpfen im Lehm, deshalb sind sie so dreckig".

An dieser Stelle erfolgte die notwendige Information über diese Sportart und ihre Spielregeln durch den Lehrer. Anschließend wurde der Unterschied zwischen einer Live-Fotografie und dem Abbild dieser Plastik besprochen.

Die Gestaltungsprobleme der praktischen Arbeit ergaben sich aus den gemeinsamen Überlegungen zum Motiv: Welche besonderen Merkmale haben die Spieler; wie sehen die Spieler aus; wie können sie aus einem Tonklumpen geformt werden; wie sieht ein wirres Durcheinander, ein Knäuel von Figuren aus; wie kann man Arme und Beine so zurechtbiegen, daß man die Kampfhaltung sieht (das Boxen, Schlagen, Stolpernlassen usw.)? Die Schüler arbeiteten in Dreiergruppen und fanden ungemein lebendige Gruppierungen, wobei deutlich das eigene Körpergefühl mit zur Darstellung kam (während der Arbeit probierten einige Schüler demonstrativ besondere Stellungen aus).

II. Unterrichtseinheit

An Hand der eigenen Arbeiten und weiterer Fotografien mit Szenen aus Football-Spielen wurde über die Gefährlichkeit und Brutalität dieser Sportart gesprochen (Vergleich mit einem Boxkampf). Zur Frage, warum die Zuschauer dies so gerne sehen, gaben die Schüler folgende Antworten: „sie freuen sich, wenn die kämpfen und sich schlagen"; „sie sind schadenfroh"; „sie wollen sehen wie ihre Partei gewinnt"; „sie möchten auch kämpfen". Hier bot sich der Vergleich mit raufenden Schülern an, die von den Umstehenden oft genug angefeuert werden, damit der Streit immer heftiger wird. Im Vergleich mit den Spielern wurde aber festgestellt, daß bei Schülern oft ein echter Streit stattfindet, während die Football-Spieler für Geld kämpfen.

Die Bemalung der Figuren wurde erörtert. Sie bot Gelegenheit zu weiterer Differenzierung der Körperformen: Hose, Pullover mit Nummer, Knieschützer, Sturzhelm, Schuhe. Ferner sollte sichtbar gemacht werden, wie die gegnerischen Spieler ineinander verknäuelt sind. Dazu sollten kontrastreiche Farben gewählt werden. Mehrere Figuren (die Spieler je einer Partei) wurden gleich bemalt.

Die Arbeit verlief ohne Schwierigkeiten. Die Plastiken mußten ständig gedreht und von allen Seiten beurteilt werden. Dieser Vorgang war deshalb wichtig, weil die Schüler durch das Bemalen gehalten waren, die Überschneidungen und räumlichen Durchdringungen der Figuren zu klären und zu verfolgen. Durch die Kennzeichnung des Sturzhelmes und des Gesichts wurde die Bewegungsrichtung jeder Figur endgültig festgelegt. Die wenigen, nicht zugänglichen Stellen der Figuren blieben unbemalt.

Quellenmaterial

Duane Hanson: ,,Football Vignette'' 1969, Slg. Ludwig, Abb. Kat. Neue Galerie der Stadt Aachen 1972.
Kat. 1. Weltausstellung der Fotografie, Hamburg o. J., Abb. Nr. 292.
Kat. 3. Weltausstellung der Fotografie, Hamburg 1973, Abb. Nr. 130.
Artikel: ,,Der Trick, aus dem Leder-Ei Geld zu schlagen'' (mit Bild), Süddeutsche Zeitung Nr. 38 vom 15./16. 2. 1975, S. 3.
Zur Information über diese Sportart: ,,Olympiasportbuch'', Herder 1971, S. 306.

Methodisch-didaktische Alternativen

Die Probleme der Figurengruppierung lassen sich mit vielen relevanten Umweltphänomenen verbinden. Sportliche Kampfsituationen sind nur eine Möglichkeit. Weiter wäre zu erwähnen: Streitende oder diskutierende Schülergruppen, Demonstrantengruppe, Gruppen streikender Arbeiter, Wartende an der Haltestelle, Marschkolonne, Hörergruppe bei einem Pop- oder Beatfestival, Schüler auf dem Pausenhof. In derartigen Gruppierungen manifestieren sich, zunächst über das Erscheinungsbild, bestimmte Haltungen und Handlungsformen der Menschen untereinander. Diese wiederum enthüllen relativ eindeutig die Funktionen derartiger Gruppenbildungen. Diese Funktionen und Absichten sollten besprochen werden, da sie die Zusammensetzung und die Aktionen der Gruppe bestimmen. Im gestalterischen Bereich ergeben sich hieraus vor allem Differenzierungsprobleme in bezug auf die Ausformung und Bewegungsdarstellung der menschlichen Figur.

Beispiele aus dem künstlerischen Bereich

Der chinesische Reiter- und Wagenzug der Han-Dynastie (1969 gefunden und in Europa 1973 ausgestellt. Abb. Kat. ,,Tresors d'Art Chinois'', Paris 1973); Rodin's ,,Bürger von Calais''; Arbeiten von Cimiotti; Robert Graham; Alfred Lörcher; Marisol und Duane Hanson (Bowery Bums, Riot, War, Abb. in Kultermann: ,,Radikaler Realismus'', Tübingen 1972).
,,Modell des heiligen Bezirks mit Kultszenen'', Terracotta, cyprisch, in ,,Die Geburt der griechischen Kunst'', Beck 1965, Abb. S. 40 und 41.
Beispiele aus dem Trivialbereich: Gruppe von Gartenzwergen, Zinnsoldaten in Marsch- und Kampfordnung, Plastikfiguren zu Comic-Geschichten (z. B. Asterix).

„Wir bauen ein Dorf aus Lehmhäusern"

Umweltbezug

Geschlossene Häusergruppierungen und Siedlungsformen, Burgen, Klosteranlagen.

Fachliche Intention

Plastische Zeichen für einfache Hausformen (aus dem Bereich der Lehm- und Höhlenarchitektur) sollen so zueinander geordnet werden, daß sie sich nach außen möglichst geschlossen abgrenzen, nach innen offen bleiben mit vielfältigen architektonischen Verbindungen untereinander (z. B. Türen, Stege, Stufen, Leitern). Das Prinzip der Organisation wird einerseits bestimmt durch die Gruppierung um einen freien Innenraum, auf den die Öffnungen der „Häuser" weisen, andererseits durch den Zusammenschluß der Einzelelemente gegen einen unbegrenzten Außenraum. Die Schüler sollen Sinn und Zweck derartiger Architekturformen erkennen und beschreiben, wobei die beiden Gesichtspunkte, die schutzbietende Abgrenzung und kommunikative Öffnung im Mittelpunkt der Reflexion stehen sollten.

Jeweils 4 Schüler arbeiten zusammen an einem Objekt. Sie sollen ihre Arbeiten aufeinander abstimmen, ihre Vorstellungen gemeinsam besprechen und realisieren. Innerhalb einer Kleingruppe sollen soziale Verhaltensformen in bezug auf eine Gemeinschaftsarbeit eingeübt werden.

Bildnerische Probleme

Artikulation und Differenzierung einzelner plastischer Zeichen für verschiedenartige, einfache Lehmhäuser (ausgehöhlte und mit Öffnungen versehene Kugel- oder Quaderformen). Zusammenstellen der Einzelformen um einen offenen Innenraum, zu einer nach außen möglichst geschlossenen Gruppe. Die „Häuser" sollen nach innen in vielfältiger Weise miteinander verbunden werden, so daß ein Beziehungsgefüge von „Haus" zu „Haus" und zum zentralen, offenen Platz entsteht. Dabei sollen Lösungen für verschiedenartige Zugänge gefunden und geformt werden (z. B. Leiter, Stufen, Stege, Tore). Das gefundene Ordnungsprinzip sollte funktional begründet sein.

Bildnerische Mittel

Verformbares Material/Ton; Positiv- und Negativformen (ausgehöhlte Kernformen).

Verfahren/Material

Formen der architektonischen Einzelelemente aus einem Stück (Aushöhlen der Tonform); Ansetzen und Verbinden von Einzelteilen mit den Hausformen. Aufbau der Arbeit auf einer Tonplatte.

Begriffe

Aus einem Stück formen, aushöhlen, öffnen, schließen, gruppieren, anordnen, zusammenschließen, Verbindungen herstellen, Zugang, Stockwerk, Treppe, Leiter, Steg, Brücke, Höhle, Mauer, Maueröffnungen, Tor, Innenraum – Außenraum.

Kunst- und Objektbetrachtung

Sudanesische Lehmarchitektur (Abb. aus Zeitschriften, Reiseprospekten, Erdkundebüchern); Höhlenwohnungen in Tunesien, Marokkanische Kasbah-Komplexe. Tonmodell: „Häuser mit Innenhof", chinesisch (späte Han-Periode). Abb. „Tresors d'Art Chinois", Paris 1973, Nr. 199.

Tempelmodelle aus Ton in „Die Geburt der griechischen Kunst", Beck 1965, Abb. Nr. 410, 411, 415.

Zur Aufgabe

(Kl. 2, Kn/M – Zeit: 1 Doppelstunde)

Die Schüler der 2. Klasse sollen nicht einen bestimmten Architekturkomplex (sei es ein Eingeborenendorf oder eine Häusergruppe) modellhaft nachbilden, sondern einfache quader-, kegel- oder kugelförmige Häuser modellieren, die ausgehöhlt und mit Öffnungen versehen in Gruppen zusammengestellt werden. Der freie und experimentelle Umgang mit dem Material ist zu berücksichtigen.
Im Mittelpunkt stehen hierbei eigene Erlebnisse und Vorstellungen, die die Kinder mit der Herstellung von Kartonhöhlen, Zelt-, Laub- und Bretterhütten verbinden können.

Die Abbildungen dienen dazu, die Reflexion auf Probleme des sozialen Verhaltens zu lenken (gemeinsam benutzte Räume, Plätze und Gebäude, Einzelräume, Verkehrswege, Schutz bietende Räume und Umgrenzungen). Dieses Verhalten ist zum Teil an der Bauweise direkt ablesbar. In bezug auf die eigene Arbeit sollen die Schüler in gemeinsamer Beratung und Gruppenarbeit (je 4 Schüler) diese Funktionen gestaltend (modellierend) ausdrücken, d. h. die zunächst noch isolierten Einzelhäuser sollen untereinander verbunden werden und möglichst leicht zugänglich und offen sein. Der Vergleich mit realen Situationen der städtischen Umwelt bietet sich hier an.

Diese Aufgabe ist ein Beispiel für die Verbindung verschiedener elementarer Lernprozesse. Die Organisation plastischer Formen läßt sich ebensowenig vom Beziehungsgefüge derselben Formen trennen wie von der differenzierten Ausbildung der Einzelformen und des Gesamtkomplexes. Insofern greifen auch die verschiedenen funktionalen Aspekte der Hausformen und ihre Zusammengehörigkeit ineinander.

Erfahrungsbericht

Der Einstieg in die Aufgabe wurde über 3 Bilder vorgenommen: Sudanesische Lehmarchitektur, Höhlenwohnungen (Tunesien) und Soufarchitektur (Algerien) – Abb.-Nachweis siehe Quellenmaterial. Die Bauten wurden zunächst genau betrachtet und beschrieben. Dann wurden sie mit Häusern der eigenen Umwelt verglichen. Zur sudanesischen Lehmarchitektur: Sch.: „Stadt mit Türmen und Mauern"; „die Türme sind innen hohl"; „sie bauen mit Lehm, den trocknen sie und bauen damit"; „es gibt keine Dächer und keine Fenster"; „in der Stadt sind viele Gänge"; „innen wohnen die Leute beieinander".
Bei den Höhlenwohnungen wurden vor allem die Stockwerkseinteilungen, die Verbindungsgänge und -treppen hervorgehoben; Sch.: „da könnte man prima Verstecken spielen"; „man könnte sich da auch verirren". Der Lehrer gab an dieser Stelle die notwendigen Informationen über die klimatischen Bedingungen und die Lebensweise der Bewohner.
Am Bild der Soufarchitektur konnte der Aspekt der Privat- und Gemeinschaftsräume in Verbindung mit einem Innenhof erarbeitet werden. Sch.: „die Häuser haben verschiedene Formen"; „da sind so Hoppeln" (Kuppeln); „um den Hof ist eine Mauer"; „da können die Kinder spielen"; „da können sich alle treffen"; „man kann sich aber auch in den Häusern verstecken".
Die praktische Arbeit wurde mit dem experimentellen Erproben des Tonmaterials begonnen. Ausgehöhlte Tonklumpen wurden zu Häusern umgeformt und mit Öffnungen versehen. Jeweils 4 Schüler zusammen sollten eine Hausgruppierung finden, die einen Innenhof umschließt. Die Verbindungsstücke wurden additiv hinzugefügt, wobei längere Beratungen über Stockwerkseinteilungen, Zugänge, Geheimverbindungen, abnehmbare Leitern,

Abb. 18a Kasbah (Marokko)

Abb. 18b Schülerarbeiten

Brücken und Stege geführt wurden. Die Ummauerung der Hausformen ergab sich aus der fortschreitenden Addition der Einzelelemente. Die Zuordnung von übereinanderliegenden Wohnungen, Versammlungsplatz (Spielplatz), Aussichts- und Wohntürmen wurde unter funktionalen Aspekten vorgenommen.

Die fertigen Arbeiten zeigen deutlich, daß die Schüler ihre eigenen Wohn- und Spielbedürfnisse im Arrangement dieser architektonischen Grundformen mit zum Ausdruck brachten.

Quellenmaterial

Reiseprospekte (Tunesien und Algerien).
Merian XXIII. 2 Algerien, Abb. S. 38 (Soufarchitektur).
B. Rudofsky: „Architecture without Architects", New York 1964. Abb. S. 60, 99, 101, 131, 147.
Universum der Kunst „Afrika", Beck 1968, Abb. S. 166–179 und 186, 194.

Methodisch-didaktische Alternativen

Diese freie Aufgabenstellung könnte durchaus in bezug auf speziellere Hausgruppierungen präzisiert werden, z. B. Höhlenwohnungen mit Gangverbindungen; Terrassensiedlung; Eingeborenenkral. Die plastizierten Bauformen weisen immer eine organische Struktur auf und sollten deshalb auch mit entsprechenden Beispielen aus der Umwelt in Verbindung gebracht werden.

Diese Aufgaben gehören meist dem vermittelten Umweltbereich an, die Verbindung zum unmittelbaren Bereich der Umwelt kann durch Vergleiche hergestellt werden.

„Serielle Reliefordnung"

Umweltbezug

Fassadengliederungen aus Standardelementen, Siedlungsmodelle wie Terrassen- oder Hügelhäuser, abgestufte Platzgliederungen, Wandschrank- und Regalbauelemente.

Fachliche Intention

Aus vorgegebenen Holzkuben in verschiedener Proportionierung, doch mit gleicher Form und Größe der Grundfläche (Quadrat oder Rechteck) soll ein serielles Relief hergestellt werden. Bestimmend für die Gestaltung sind drei Faktoren:
– die Beziehung der nahezu gleichen Elemente untereinander und zur mitbeurteilten Grundfläche,
– die Unterordnung des Einzelelements in die zusammenfassende, fließend abgestufte Oberflächenbewegung,
– die Abstimmung des Einzelelements mit den sich rechtwinklig kreuzenden Achsen der Reihung.

Diese Ziele setzen ein methodisches Vorgehen voraus, das zum ständigen Standortwechsel bei der Herstellung zwingt. Damit wird der Schüler aufgefordert, eine grundlegende Bedingung zur angemessenen Beurteilung plastisch-räumlicher Struktureigenschaften zu erfüllen: auch das an einer Grundfläche orientierte Relief kann nicht – im Sinne eines Bildes – von einem Standpunkt aus umfassend beurteilt werden, vielmehr setzt es die Bewegung des Betrachters oder auch die des einfallenden Lichts voraus.

Der Einsatz vorgefertigter Elemente, eines Bausatzes mit nur geringer Variationsbreite, dient der Zielsetzung, durch den Verzicht auf jede individuellen Formmerkmale die Konzentration ganz auf Formbeziehungen und Differenzierungsmöglichkeiten zu lenken; erst aus der Struktur des Reliefganzen soll das Einzelelement seinen Stellenwert erhalten, und zwar durchaus wörtlich: der „Wert" einer „Stelle" soll für den Schüler aus den Koordinaten der Elementenreihen direkt ablesbar sein. Die Einbeziehung der Koordinaten mit ihrer je besonderen Höhenabstufung entscheidet hier über die Haltbarkeit jeder gestalterischen Einzelentscheidung. Auf diese Weise soll jede Formsetzung im Blick auf das Ganze überprüft werden.

Die Auseinandersetzung mit den bildnerischen Problemen serieller Ordnungen soll hinsichtlich der Umweltbezüge den Schüler darauf vorbereiten, serielle Gliederungen unserer gebauten Umwelt, die in der Regel wirtschaftlichen und funktionalen Erwägungen folgen, in ihren Entstehungsbedingungen zu erfassen, den Spielraum für gestalterische Lösungen und deren Qualität einzuschätzen.

Bildnerische Probleme

Vorgegebene Elemente sollen in einen kontrollierten Formzusammenhang gebracht werden. Ihr fugenloser, additiver Einsatz ist durch die Materialform und die Forderung nach einer schrittweisen Höhenabstufung mit fließender Oberflächenbewegung vorgegeben, doch bleibt je nach der Kompositionsidee eine Vielzahl individueller Entscheidungen, wie die serielle Ordnung in plastisch-räumliche Bewegung übertragen werden kann. Etwa durch die Entscheidung für ein Abstufungszentrum oder mehrere, für schnellere oder langsamere, enge oder weiträumige Höhenschichtung, konkave oder konvexe Oberflächenspannung usw.

Die Einbeziehung der Grundplatte als tiefste Reliefschicht dient dem Prinzip des In-Beziehung-Setzens: der Grund soll nicht als bloß technisch notwendiges Verbindungsstück betrachtet werden, sondern als ein das Ganze bestimmender Maßstab, der Anfang und Ende der Reliefbewegung sichtbar macht.

Bildnerische Mittel

Reihung und kontinuierliche Höhenstufung der Elemente, Kontrastierung von Bewegungsrichtungen, Konzentration der Reliefbewegung in Hoch- und Tiefpunkten der Stufen.

Verfahren/Material

Auswahl eines Elementenvorrats aus einer Formgruppe (größere/kleinere Würfelscheiben, schmale Stabformen unterschiedlichen Querschnitts); Erproben von Stufenfolgen erst in einer, dann in beiden Hauptrichtungen; Erproben der Maßbeziehungen von Grundplatte und Elementengruppe; Herstellen von Bewegungszusammenhängen durch mehrfaches Austauschen der Elemente, bis ihre Stufenfolge von den verschiedensten Ansichtsseiten her befriedigt. Dabei kommt das Drehen der Grundplatte und der dabei wechselnde Lichteinfall zu Hilfe.

Erst nach genauem Beurteilen des Gesamtaufbaus im Hinblick auf eine kompositorische Grundidee (z. B. symmetrische-asymetrische Gliederung, langsame oder schnellere Stufenfolge) werden die Elemente aufgeklebt. Platte und Holzelemente werden weiß monochrom übermalt, um die Reliefschichtung einheitlich zu verbinden und die Plastizität mit nun schärferem Licht und Schatten zu betonen.

Material: Fichtenholz, Vierkantabschnitte mit genormten Größen, Karton, Klebstoff, Dispersionsfarbe, Borstenpinsel, Vorratssammlung der Elemente im Schuhkarton.

Begriffe

Element, Serie, Relief, Stufenfolge, Schicht, aneinanderfügen, reihen, abstufen, einpassen.

Kunst- und Objektbetrachtung

Enzo Mari: Struttura No 729, 1963.
Sergio de Camargo: Holzrelief Nr. 31.
Römisches Mehrschichtenmauerwerk, Luft-

aufnahme einer Terrassenhaussiedlung, Fassadenansicht eines Hochhauses mit gestaffelten Balkons.

Zur Aufgabe

(Kl. 3, Kn/M – Zeit: 2 Doppelstunden)

Aus der Gegenüberstellung serieller Ordnungen als einem Gestaltungsprinzip in der Plastik und funktionsgebundenen seriellen Ordnungen in der Architektur, die vom Ziegelstein, einem vorgehängten Wandelement oder einer Balkonbrüstung bis zur Montage ganzer Raumzellen dem Gesetz standardisierter Fertigung folgen, sollen die Schüler Grundbedingungen systemgebundener Elementenzuordnung kennenlernen wie: Maßbeziehungen, Größenrelation von Element und Gesamtformat, Untergruppierung verwandter Elementarformen.

Legen im architektonischen Bereich Fertigungs-, Transport- und Montagebedingungen den seriellen Aufbau meist so weitgehend fest, daß nach dem Erfassen der Formbeziehungen im Detail der Gesamtaufbau absolut vorhersagbar ist, beansprucht das Prinzip serieller Ordnungen in der Plastik den Spielraum nicht vorherbestimmbarer Abweichungen und Nuancierungen des Systems. Das metrisch gebundene Grundmuster wird nun rhythmisiert, es entwickelt individuelle Eigenschaften, wie gestaute oder nachlassende Formdichte, Schwankungen in der Bildung von Untergruppierungen. Die Verbindung von durchgängiger Ordnung und deren planmäßiger Variation soll im Verlauf der Arbeit bewußt werden.

Erfahrungsbericht

I. Unterrichtseinheit

Die Aufgabe stand innerhalb einer Aufgabenpassage zum Relief. Deshalb konnte auf Grunderfahrungen in diesem Arbeitsbereich – Bedeutung des Lichteinfalls, des Betrachterstandorts, Beziehung von Reliefgrund und erhabener oder vertiefter Form – aufgebaut werden.

Die Einführung konzentrierte sich auf die gemeinsame Erarbeitung von Gestaltungsregeln, die sich aus der (organisatorisch notwendigen) Vorgabe der Elemente und deren Zuordnungsmöglichkeiten ergaben.

Die Aufgabe, aus streng kubischen Elementen eine „fließende" Oberflächenbewegung herzustellen, lenkte von freien Gestaltungsversuchen am Demonstrationsmodell – mit gummiertem Grund – über zur Aufstellung von Gestaltungsregeln:

– Elementenreihung in kleinen Höhenschritten
– fugenlose Verbindung
– Einbeziehung des Reliefsgrundes als Formelement.

Der große Materialvorrat für jede Tischgruppe lud die Schüler zunächst ein, die Grundplatte erst einmal zu besetzen, so daß die Bedingungen des Reliefaufbaus nicht direkt umgesetzt, vielmehr durch schrittweises Austauschen schon gesetzter Elemente berücksichtigt wurden. Die Schüler waren offensichtlich auf die Wahrnehmung relativ ungeordneter Elementenreihungen angewiesen, um daraus die Entscheidung für einzelne Verbesserungen abzuleiten.

Eine weitere Verhaltensweise war für die erste Doppelstunde kennzeichnend: Bei dem Bemühen, Reliefabstufungen zu schaffen, gingen die meisten Schüler linear vor. Sie reihten eine Elementenkette in einer Achse und hatten dann große Schwierigkeiten, diese in einer Richtung schlüssige Abstufung mit der Gegenrichtung zu verbinden.

Die Schüler mußten deshalb immer wieder aufgefordert werden, ihr Modell zu drehen, sich mal hinzustellen und von vielen Blickrichtungen her zu urteilen.

Mit der Abstufung der Elementengruppen mußten sich die Schüler zugleich für eine kompositorische Grundidee entscheiden. Erst nachdem sich einige für ein hohes Zentrum in der Mitte, andere für eine gegenläufige Höhenbewegung von den Reliefkanten her entschieden hatten und diese Lösungen im Vergleich besprochen wurden, entschlossen sich die Schüler nun zielbewußter für ein verbindliches Konzept.

II. Unterrichtseinheit

Der Vergleich einer Hochhausfassade mit den Reliefs von Mari und Camargo zeigte, wie die Addition gleicher Elemente – die Grundform serieller Ordnungen – einmal durch Veränderung der Elemente selbst, dann durch unterschiedliche Abstände und Richtungen variiert werden konnte. Die Aufgabe, für die sehr differenzierten Reliefs von Mari und Camargo jeweils die kompositorische Grundidee zu bestimmen, knüpfte an die Hauptschwierigkeit der I. Unterrichtseinheit an und half, für die eigene Arbeit noch genauer zu bestimmen, welche Kompositionsform verwirklicht werden sollte.

Das Ziel, den Reliefgrund als Form mitwirken zu lassen, wurde nur teilweise erreicht. Wohl auch deshalb, weil vor der einheitlichen Übermalung die Materialunterschiede von Holzelement und Kartongrund es erschwerten, Grund und Form im Zusammenhang zu sehen.

Im Verlauf der Arbeit kamen die Schüler zu einer wichtigen Beobachtung: Das Größenverhältnis von Element und Reliefformat ist keineswegs gleichgültig. Diejenigen Schüler erzielten am leichtesten eine fließende Oberflächenbewegung, welche sich für die kleinste Elementengruppe entschieden hatten.

Quellenmaterial

Katalog documenta 4, Kassel 1968.
George Rickey: ,,Constructivism", New York 1967.
Katalog Biennale Nürnberg 1969, ,,Konstruktive Kunst: Elemente und Prinzipien".
Ulrich Conrads: ,,Architektur – Spielraum für Leben", München 1972.

Methodisch-didaktische Alternativen

Die Erprobung serieller Ordnungen setzt grundsätzlich vorgegebene genormte Materialformen voraus. Um die räumlichen und plastischen Eigenschaften eines Reliefs intensiv wahrnehmen zu können, wäre ein großformatiger Aufbau, z. B. aus Ziegeln oder Gasbetonsteinen, vorteilhaft. Der reale Bauvorgang käme der Forderung nach räumlicher Beurteilung entgegen. Die bauende Erprobung von Reliefwirkungen ließe – etwa in Gruppenarbeit – längere Arbeitsschritte zu, die z. B. Versuche mit künstlichem Licht oder Farbe einbeziehen könnten.

4. Materialform und Raumform

"Weltraumrakete auf der Startrampe"

Umweltbezug

Weltraumfahrt; Berichte zu Raumfahrtunternehmen (Illustrierte, Bücher, Fernsehen, Kalender mit fotografischen Aufnahmen von Mond und Erde).

Fachliche Intention

Aus Holzstäben soll ein Gitterturm*) hergestellt werden; aus kräftigem Papier, in Größe und Umfang dazu passend, eine mehrgliedrige Rakete. Die geschlossene Schalenform soll mit der durchbrochenen Gitterform in Verbindung gebracht werden (Rampe; Verbindungsstege). Die unterschiedlichen Material- und Raumformen sollen in ihrer Eigenart erkannt, beschrieben und miteinander verglichen werden. Die Raketenform soll zusätzlich durch Bemalen und Collagieren so differenziert werden, daß die Zusammensetzung der Rakete aus Einzelteilen deutlich sichtbar und die Rundform betont wird.
Die Arbeit soll in Gruppen zu je 4 Schülern hergestellt werden. Die gemeinsame Planung und Ausführung beider Teile (Turm und Rakete) verlangt eine enge Zusammenarbeit. Sie soll Gruppensolidarität fördern und gemeinsame Erfolgserlebnisse ermöglichen.
Im reflektorischen Bereich sollen, ausgehend vom Erscheinungsbild einer Weltraumrakete auf der Startrampe, Probleme der Funktion und weiter ausgreifend, einige Fragen zur Bedeutung der Raumfahrt besprochen werden.

Bildnerische Probleme

Verbindung einer Schalen- und Gitterkonstruktion im Sinne eines Gerüstbaus. Die Rakete soll aus der Einrüstung herausgenommen werden können.
Artikulation und Differenzierung einer plastischen Raketenform als Schalenkonstruktion (Material – Raumbeziehung). Herstellen und Zusammenfügen verschieden großer Zylinderformen zu einer Gesamtform mit abschließender, kegelförmiger Spitze. Größenverhältnisse – Stabilität. Akzentuierung und Differenzierung der plastischen Formen durch formbetonendes Bemalen und Collagieren. Auswahl der Farben und Materialien. Ordnen und Gruppieren von Stabelementen zu einer podest- und turmartigen Gitterstruktur (Innen-Außenraumbeziehung); Gliederung nach allen

*) Vgl. S. 127, elementarer Lernprozeß: Raumgefüge.

Seiten, Gliederung in Stockwerke durch Plattformeinteilungen, Vergrößerung und Verkleinerung der Zwischenräume, Verdichtung, Verbindung der Stabelemente, Stabilität, Größenverhältnisse, Verbindungsfunktion zur Rakete.

Bildnerische Mittel

Verformbares Material zur gleichzeitigen Abgrenzung von Räumen nach innen und außen; Stabelemente (stereometrische Formen); Farbe und Collagematerial.

Verfahren/Material

Zuschneiden, Biegen, Einrollen und Kleben von kräftigem Papier; Collagieren mit Farbpapieren zur Oberflächengliederung; Malen; Bauen mit Holzstäben, Zuschneiden der Stäbe (Länge); Kleben.
Kräftiges Zeichenpapier, Bleistift, Zirkel, Schere, Klebstoff, Collagematerial, Wasserfarben.
Quadratische Vierkantstäbe (ca. 4 mm breit und 1,5 m lang); Taschenmesser oder Buchbindermesser, Klebstoff.

Begriffe

Gitter, Gerüst, Stockwerk, Aufzug, Leiter, Balken, Stütze, Plattform, Zwischenraum, Innen- und Außenraum, auskragen, ausgreifen, Lücken, dicht, eng, einteilen, stabil, Zylinderform, Kegelform, Schalenform, einpassen, hervorheben.

Kunst- und Objektbetrachtung

Fotografische Abbildungen vom Start einer Weltraumrakete, Raketen auf der Startrampe, Einblicke in die Kapsel der Astronauten; Erläuterungszeichnungen zum Aufbau von Raketen. Bilder und Grafiken von Lowell Nesbitt: „Lift-off" 1970; „Splash Down" 1969; „Cape Kennedy" 1969, Kat. „Neue Galerie der Stadt Aachen" 1972.

Zur Aufgabe

(Kl. 4, Kn/M – Zeit: 4 Doppelstunden)

Die Aufgabe ist trotz ihrer Aktualität dem mittelbaren Bereich der Umwelt entnommen, denn alle Informationen über die Weltraumfahrt sind medial vermittelt (Fernsehen, Zeitungen, Bildberichte in Illustrierten und Fachzeitschriften). Das fotografische Bild, der gesprochene und geschriebene Text treten an die Stelle unmittelbarer, komplexer Erlebnisse. Die Schüler sollen Gelegenheit bekommen, ihre Einstellungen und Meinungen zu den Ereignissen der Raumfahrt und ihre Erfahrungen, die sie durch Bildberichte und Gespräche gewonnen haben, gestalterisch zu artikulieren. Sie sollen in Gruppenarbeit ein plastisches Objekt herstellen, das zum einen die fotografischen Bilder in ein dreidimensionales Objekt verwandelt, zum andern die Probleme der Material- und Raumform am Beispiel der Verbindung einer Schalen- mit einer Gitterkonstruktion klären soll. Die Schüler sollen erkennen, daß der Wechsel, die Durchdringung und Abgrenzung von Innen- und Außenräumen für diese plastischen Objekte besonders wichtig sind und von der Struktur und Verarbeitung der verschiedenen Materialien abhängen.

Je zwei Schüler einer Vierergruppe arbeiten zusammen am Gerüstbau und am Aufbau der Rakete. Beide Teilgruppen sollten sich absprechen und ihre Arbeiten in bezug auf Höhe, Umfang und Gliederung aufeinander abstimmen. Sie sollen ihre sinnlichen Erkenntnisse, soweit es möglich ist, verbalisieren. Sie sollen über ihre eigenen Erfahrungen, Kenntnisse und Vorstellungen, auch in bezug auf den Sinn und Zweck der Raumfahrt, sprechen.

Die Unterrichtssequenz umfaßt 4 Unterrichtseinheiten zu je einer Doppelstunde.

I. Unterrichtseinheit: Gespräch über die Erfahrungen der Schüler mit dem Thema Weltraumfahrt; Bildbetrachtung (Fotografien von Cap Canaveral) und Entwicklung der Gestaltungsprobleme. Praktische Arlbeit.
II. Unterrichtseinheit: Besprechung der begonnenen Arbeiten. Abbildungsmaterial zum Aufbau einer Rakete (Raketentechnik); weitere Überlegungen zur funktionalen und gestalterischen Differenzierung des Gitterturms (Versorgungsturm mit Startrampe); Hinweis auf die Innen-Außenraumbeziehungen; praktische Arbeit.
III. Unterrichtseinheit: Gespräch über Sinn und Zweck der Raumfahrt; vergleichende Beschreibung der Schalenform (Rakete) und Gitterform (Turm und Startrampe). – Weiterführung der praktischen Arbeit.
IV. Unterrichtseinheit: Abschluß der praktischen Arbeit. – Gliederung der Raketenform durch gemalte und collagierte Farbstreifen; Besprechung der fertigen Arbeiten.

Erfahrungsbericht

I. Unterrichtseinheit
Einleitend wurde mit den Schülern über ihre Erfahrungen und Kenntnisse in bezug auf die Weltraumfahrt gesprochen (erwähnt wurde der Mondflug, das Mondfahrzeug, das Kreisen des Raumschiffes um die Erde, die Astronauten, die in ihrer Kapsel schweben, die Kleidung der Astronauten, die Feuerwolke beim Start der Rakete). Die meisten Schüler hatten entsprechende Bilder in Illustrierten und im Fernsehen gesehen. Dies wurde zum Anlaß genommen, um auf die Rolle dieser Medien bei derartigen Ereignissen hinzuweisen. (Die Informationen können vom Zuschauer oder Lehrer nicht überprüft werden.)

Anschließend wurde eine Fotoserie von einem Raketenstart gezeigt (kurz vor dem Start bis zum Abheben der Rakete). An Hand einzelner Bilder wurde das Aussehen der Rakete und das mit ihr verbundene Gerüst beschrieben und beide Teile miteinander verglichen.

Rakete: langgestreckt, rund und glatt wie ein Rohr (oder Zylinder); glänzt silbrig; dreiteilig, im oberen Drittel ein abgeschrägtes Stück, dann folgt ein dünnerer Zylinder, nochmals abgeschrägt und ein noch dünnerer Teil mit einer Spitze. Viereckiger Gitterturm mit vielen Verbindungsstegen zur Rakete, viele Etagen, manche mit Balkon, Aufzüge, Rohrleitungen (zur Rampe: Sch.: ,,so eine Art Podest'' und ,,beim Start kann man den Turm schwenken''). Die beiden Grundformen, durchsichtiges, offenes Gitter und geschlossene, undurchsichtige Röhre (Zylinder) wurden im Blick auf die Gestaltungsprobleme besonders hervorgehoben. Nach der von den Schülern selbst vorgenommenen Gruppen- und Arbeitseinteilung wurden im experimentellen Umgang mit den bereitliegenden Materialien erste Erfahrungen gesammelt (Herstellung eines Zylinders und Kegelstumpfes aus Papier, die Verstrebung und Stabilisierung einer einfachen Stabkonstruktion, zuschneiden von passenden Teilstücken).

II. Unterrichtseinheit
Zu Beginn wurden die angefangenen Arbeiten besprochen. Mit Hilfe von entsprechendem Abbildungsmaterial wurde der Aufbau einer Rakete (Antriebsstufen – Raumkapsel) und ihr Funktionsprinzip erläutert. Alle Schüler kannten Feuerwerksraketen (,,Heuler''; ,,Leuchtraketen'') und konnten beschreiben, wie sie funktionieren (Sch.: ,,wenn man einen Luftballon aufbläst und gleich losläßt, zischt er auch so ab''). Dasselbe Grundprinzip gilt für Großraketen.

Abb. 19a Raketenstart
© und Foto: Werner Büdeler, Thalham

Abb. 19b Schülerarbeiten

Weiter ausgreifend wurde über den Einsatz von Raketen gesprochen. Die Mondrakete ist ein Sonderfall, denn viel häufiger werden sie leider als besonders gefährliche Kriegswaffen gebaut und im Krieg eingesetzt.
Die Funktion des Gitterturms als Zugang zur Versorgung der Rakete wurde erörtert (die Schüler erwähnten in diesem Zusammenhang die Einrüstung von Häusern, um sie neu verputzen zu können). Die enge Beziehung der Teile konnte sowohl funktional als auch gestalterisch erläutert werden.
In bezug auf die praktische Arbeit wurde die Zusammenarbeit der Gruppen intensiver und die gewonnenen Erfahrungen und Erkenntnisse ausgetauscht. Am Ende dieser Unter-

richtseinheit konnten die beiden Teilstücke als Grobformen zusammengestellt werden.

III. Unterrichtseinheit
Im einleitenden Gespräch über den Sinn und Zweck der Raumfahrt wurden folgende Punkte erörtert:
a) Die Wissenschaftler und Astronauten wollen den Mond erforschen, sie sind neugierig und abenteuerlustig. – Sie wollen beweisen, daß sie das können.
b) Sch.: ,,Den Nutzen haben die Wissenschaftler, wir nicht!" Zusätzliche Informationen über Auswirkungen für das tägliche Leben (z. B. winzige, elektronische Instrumente, mit denen man den Herzschlag von Patienten auf größere Entfernung in Krankenhäusern kontrollieren kann; Entwicklung von hitzefesten Materialien für den Haushalt, oder bessere Wettervorhersage durch Wettersatelliten im Weltraum).
Manche Firmen machen ,,Mondreklame", um ihre Waren besser verkaufen zu können (z. B. Zeiss, Hasselblad, Omega).
c) Wettstreit zwischen Rußland und Amerika. Sch.: ,,Jedes Land will es besser machen, damit es angeben kann." In diesen Bereich gehören auch militärische Absichten. Jeder will den anderen, ja die ganze Erde kontrollieren und überwachen.
d) Die Raumflüge kosten irrsinnig viel Geld (das Mondprogramm kostete 25 Milliarden Dollar), weil die Fahrt so kompliziert ist. Das Geld wird von der Regierung ausgegeben und die Regierung bekommt es von der Bevölkerung durch Steuern. Das viele Geld könnte man auch anders verwenden; z. B. um den Armen zu helfen, um denen zu helfen, die am Verhungern sind, um Krankenhäuser zu bauen.

Weiterführung der praktischen Arbeit. Die weitere Differenzierung des Gitterturms ist gleichermaßen ein funktionales und bildnerisches Problem: Verstrebungen, Leitern, Aufzüge, Plattformen, Stege sind gleichzeitig als Raumverdichtungen und Raumgliederungen zu verstehen. Die Rakete soll umbaut und eingebaut werden (Berücksichtigung der Gesamtform, die sich nach oben verjüngt). Überlegungen zur Bemalung der Rakete.

IV. Unterrichtseinheit
Die Arbeiten wurden fertiggestellt (farbige und formale Gliederung der Raketenform durch Farbstreifen und Beschriftung). Die Nachbesprechung bezog sich auf die eigenen Arbeiten. Die verschiedenen Gestaltungsprinzipien wurden als Grundlage für die Beurteilung der Objekte herausgestellt. Der Zusammenhang von Material und Materialeigenschaften (Stabilität, Verformbarkeit), Formgebung (Raumform) und Funktion konnte geklärt werden. Die Schülerarbeiten zeigen dies deutlich.

Quellenmaterial

Sonderheft der Zeitschrift ,,Life" 1969, ,,To the Moon and Back" – mit sehr vielen Abbildungen.
Zeiss Weltraumkalender, Stuttgart 1970 (mit Literaturangaben und Informationen).
Pointner: ,,Das 1 × 1 der Weltraumfahrt", Düsseldorf 1969.
Kat. ,,Neue Galerie der Stadt Aachen" 1972 – Lowell Nesbitt (Bilder und Grafik).
Eine kritische Stellungnahme in Westermann ,,Welt, Kunst, Kultur", Januar 1970, S. 21–29: Theo Löbsack: ,,Sind die Milliarden verschwendet?"

Methodisch-didaktische Alternativen

Das Thema könnte im reflektorischen Bereich stärker unter historischem Aspekt abgehandelt werden. Die Gefahr einer Überbetonung des reflektorisch-verbalen Bereiches liegt auf der Hand und sollte zugunsten sinnlicher Erkenntnisse vermieden werden.

In bezug auf den elementaren Lernprozeß Materialform und Raumform bieten sich noch eine Reihe anderer Themen an: Helmartige Kopfbedeckungen (vgl. Astronauten) aus verformbarem Material, Autokarosserien auf dem Schrottplatz, hergestellt aus Metallfolien, die in Karosserieform zugeschnitten, gebogen und bemalt werden. Die Einzelteile können zu einem Schrotthaufen übereinandergeschichtet werden.

„Fantastisches Schneckengehäuse"

Umweltbezug

Gehäuseformen in der Natur mit charakteristisch ausgeprägten Oberflächeneigenschaften wie z. B. Nußschale, Paprikaschote, Schneckenhaus, Tierschädel, Blütenkelch.

Fachliche Intention

Differenzierung der Wahrnehmung von Körper-Raumbeziehungen durch Herstellen plastischer Formen, die gleichermaßen den Innen- und Außenraum mitbestimmen. Das setzt eine Beurteilungsweise der plastischen Form voraus, die nicht mehr allein auf die Gliederung eines massiven Volumens, der Formmasse gerichtet ist, sondern bewußt das Ausprägen der plastischen Formen zugleich als einen Prozeß räumlicher Gliederung auffaßt. Diese angestrebte Beurteilungsweise zielt auf die vorstellungsmäßige und praktisch gestalterische Umkehrbarkeit von positiver und negativer Form, von Innen und Außen, von gemeinter Form und entstandenem Raum.

Sie ergänzt das Verständnis plastischer Formen um eine entscheidende Komponente: die Erfahrung, daß die plastische Körperform nicht immer direkt bestimmt, gewachsen oder konstruiert sein muß, sondern auch mittelbar unter anders gerichteten Zielen und Funktionen entstanden sein kann (sei es bei einem Maschinengehäuse, einer Bienenwabe, einer Küstenlandschaft oder einer Gebäudeform, die als Einfassung ihrer „funktionierenden" Innenräume entstand).

Dementsprechend kommt es bei diesem Aufgabensatz darauf an, daß der Schüler von Anfang an die Entwicklung der Körperform mit der Ausbildung räumlicher Motive verbindet (Höhlung, Zelle, Gang usw.) und mit zunehmender Präzisierung der plastischen Form zugleich die innen oder außen liegenden Raumformen verdeutlicht.

Bildnerische Probleme

Beziehung von Innen- und Außenraum, Herstellen eines fließenden Formzusammenhanges, Erfinden und Ausbilden verschiedener Formelemente, Klärung der Raumeigenschaften durch modellierendes Verdichten der Raumumgrenzungen.

Bildnerische Mittel

Konkave und konvexe Wandformen, Durchdringung von Einzelräumen, offene und geschlossene Raumzellen.

Verfahren/Material

Hochziehen einer Schalenwand, Stabilisierung durch Zellenbau im Innenraum, Durchdringung der Schalenwand, Verschleifen von Innen und Außen; Ton, Arbeitsplatte, Verpackungsfolie für Tonvorrat und zum Feuchthalten der Plastik vor dem Trocknen.

Begriffe

Ton; modellieren, verformen, verdichten, ansetzen, versteifen, verbinden; Raumform, Durchdringung.

Kunst- und Objektbetrachtung

Emil Cimiotti, Figurengruppe 1958; Fotografien von Schnecken- und Muschelgehäusen.

Zur Aufgabe

(Kl. 3, Kn/M – Zeit: 2 Doppelstunden)

Die Aufgabe dient als Einführung in hohlplastisches Modellieren. Die dabei typischen Schwierigkeiten handwerklicher und formaler Art hängen direkt zusammen: Die Stabilität der flexiblen Tonwand kann nur begrenzt durch Eigenspannung gesichert werden, vor allem dann, wenn sich wie hier mit dem asymmetrischen Aufbau Deformationen von selber einstellen. Deshalb muß eine räumliche Verspannung miteinander verschliffener Wandscheiben für Festigkeit sorgen, zugleich ist mit dieser Verspannung das zentrale bildnerische Problem gegeben. Der Schüler wird bei ihrer Herstellung auf die Beziehung und gegenseitige Abhängigkeit von Körper und Raum gelenkt. Formveränderung des Gehäusekörpers bedeutet hier unmittelbar auch Raumveränderung, so daß es von hieraus möglich wird, in Umkehrung des gewohnten Beurteilungsmaßstabes direkt bei einer bewußten Ausformung der Räume einzusetzen.

Erfahrungsbericht

Zu Beginn wurden Aufnahmen von plastisch sehr reich gegliederten Schneckengehäusen gezeigt. Ihre bizarren Formen, die gleichwohl ein strenges Wachstumsprinzip mitteilen, vor allem ihr auch mit den Augen fast noch „tastbarer" Kontrast von polierter Glätte und klingenscharfen Wulststacheln, machten Eigenschaften sichtbar, die sich für eine freie, fantasievolle Ausdeutung und Neuerfindung mit plastischen Mitteln gut eigneten.

Um zu verhindern, daß die ersten Modellierversuche sehr schnell wieder mit dem Zusammensinken des Wandaufbaues endeten, wurden die Schüler aufgefordert, Einzelwände als Verstärkungen einzuziehen. Als diese dann wieder durch Gegenstreben mit der Außenwand verbunden waren, konnten die Schüler mit der genaueren plastischen Formung des zellenartigen Aufbaues beginnen. Ein typisches Mißverständnis behinderte die Arbeit vieler Schüler: die Vorstellung, man brauche die Formen nur dicker zu machen, um sie zu festigen. Es mußte daraufhin eingehend demonstriert werden, daß zum Modellieren mit Ton – insbesondere beim hohlplastischen Aufbau – beide Hände eingesetzt werden müssen (zum Auftragen oder Verbinden und zum Abstützen von der Gegenseite), und daß die Festigkeit der Tonwand weniger von ihrer Dicke als von ihrer dichten, schalenartig gespannten Form abhängt.

Im Verlauf der Arbeit wurde durch Vergleichen der Oberfläche und Raumformen einzelner Modelle bewußt gemacht, daß das Modellieren als eine fortschreitende Ausbildung und Klärung von Körperhälften und räumlichen Formeigenschaften über unser visuelles Urteil hinaus vor allem ein haptisches Beurteilen voraussetzt. Höhlung und Wölbung wurden als Formentsprechungen der Hände, rissige, bucklige oder dichte Oberfläche als Tasteindruck der Fingerkuppen erprobt.

Die Aufgabe, einen für die Beurteilung der Gesamtform möglichst günstigen Standort zu bestimmen, konnte in der Gegenüberstellung verschiedener Arbeiten die unterschiedliche Ausprägung des dreidimensionalen Aufbaues verdeutlichen: Bei einer reliefhaften Gliederung auf einer Ebene genügte die Schrägaufsicht, um die Gesamtform beschreiben zu können; demgegenüber verlangte der betont dreidimensionale, auch in die Höhe geführte Aufbau, den Standort mehrfach zu wechseln, um zu einem zuverlässigen Gesamturteil zu kommen. Daß einige Schüler entgegen der ei-

Abb. 20a Schneckengehäuse

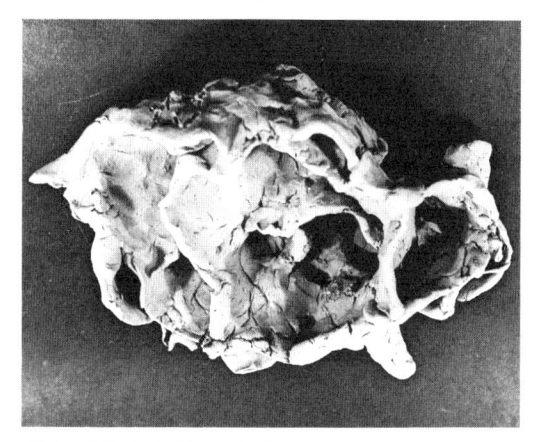

Abb. 20b Schülerarbeit

gentlichen Zielsetzung bei einem reliefhaften Aufbau blieben, ist auf verschiedene Gründe zurückzuführen: 1. handwerkliche Schwierigkeiten, das plastische Material durch Eigenspannung zu stabilisieren; 2. ein eher dekoratives Forminteresse, das sich in symmetrischen, flächigen Zellenverbindungen mitteilte; 3. Umstellungsprobleme in bezug auf die besonderen Arbeitsbedingungen im dreidimensionalen Bereich wie: Standortwechsel, Drehen des Modells, bewußtes Eingehen auf die haptischen Beurteilungsmöglichkeiten (die visuell prägnante Form bleibt räumlich und haptisch relativ undifferenziert).

Mit der Kunstbetrachtung – E. Cimiotti: Figurengruppe 1958 – wurde ein Problem herausgegriffen, das für das hohlplastische Modellieren kennzeichnend ist: die Schwierigkeit, bei vielfacher Durchdringung von Innen und Außen eine deutlich erkennbare Ordnung zu erhalten. Wird diese bei Cimiottis Plastik im waagrechten Zusammenfassen verwandter plastischer Formmotive erreicht, so konnte bei der eigenen Arbeit durch Betonung des inneren Zellenaufbaus gegenüber der rippen- und stachelförmigen Außenform die Vielfalt der Einzelformen gegliedert werden.

Quellenmaterial

Ulrich Gertz: ,,Plastik der Gegenwart", II. Folge, Berlin 1964.
A. Feininger – W. K. Emerson: ,,Traumgebilde des Meeres, Muscheln und Schnecken", Düsseldorf 1972.
Eduard Trier: ,,Figur und Raum", Berlin 1960.

Methodisch-didaktische Alternativen

Entwickeln der Körper-Raum-Durchdringung – nun ausgehend vom massiven Volumen:
1. Aufbrechen, Verformen und Eindringen in die plastische Masse (Material: Ton),
2. skulpturales Bestimmen der Form durch Bohren, Höhlen, Abschleifen (Material: Ytong).

„Gefährliches, gepanzertes Tier"

Umweltbezug

Gehäuseformen in der Natur mit charakteristisch ausgeprägten Oberflächeneigenschaften; aus der Tierwelt z. B. Seeigel, Krebs, Schildkröte.

Fachliche Intention

Das hohlplastische Modellieren soll den Schüler von einem additiven Aneinanderfügen beschreibender plastischer Einzelformen zu einem eher integrativen Formverständnis führen. Er soll erkennen, daß sich der Ausdruck der plastischen Form direkt aus dem handwerklichen Prozeß entwickeln läßt. Er soll erfahren, wie aus Druck und Gegendruck, Herausziehen und Biegen, Anfügen und Aufreißen die Form unmittelbar zwischen den Fingern wächst, so daß unser Auge überrascht sein kann darüber, was unter den tastenden Händen entstanden ist.

Es geht also um ein Vertrautwerden mit spezifischen Verfahrensweisen und Ausdrucksmöglichkeiten (die Doppelbedeutung läßt sich hier gut veranschaulichen), wie sie einerseits im Material angelegt sind, andererseits im Sinne der emotional ansprechenden Motivangabe gesteuert werden.

Die Betonung des Expressiven soll zur Neuerfindung, zum entdeckenden Arbeiten motivieren, wobei das flexible, plastische Material den spontanen Entwurf fördert. Zugleich bietet schon das Material Widerstand gegen stereotype Lösungen. In diesem Sinne soll diese Aufgabe auch die Beziehung von Material und plastischer Form bewußt machen. Das Material begünstigt eine Körperstruktur aus fließend untereinander verbundenen Formteilen, die nur begrenzt frei in den Raum hinausragen. Alle Möglichkeiten einer körperhaften Durchgliederung werden aus dem Wechsel von konkaver und konvexer Schalenform abgeleitet.

Bildnerische Probleme

Erfinden einer ausdrucksstarken Körperform, in Beziehung setzen von Innen- und Außenform, Einsatz der Hohlformen als Ausdrucksmittel, Differenzierung der Gliederungsmotive, allseitige Beurteilung.

Bildnerische Mittel

Konkav-konvex bewegte Formverbindungen, Kontrast von geschlossenen und geöffneten Körperformen.

Verfahren/Material

Aufbau aus Tonplättchen, die zu schalenartigen Wänden verbunden werden; Ansetzen von Einzelformen, wobei die Hohlform immer abgestützt werden muß; Ton, Arbeitsplatte, Verpackungsfolie für den Tonvorrat und zum Feuchthalten des Modells.

Begriffe

Plastisch, verformbar, Höhlung, Wölbung, Schalenform, Körpergliederung, Ausdruck.

Kunst- und Objektbetrachtung

Francois Stahly: Medusa 1959. Fotografien vom Chitinpanzer eines Krebses.

Zur Aufgabe

(Kl. 3, Kn/M – Zeit: 2 Doppelstunden)

Diese Aufgabe nahm die bildnerischen Probleme des „Fantastischen Schneckengehäuses" wieder auf, betonte jedoch die expressive Wirkung einer plastischen Figur. Eine Ausdruckssteigerung kann hier durch physiognomische Charakterisierung, durch plastisches

Ausdeuten der „Waffen" eines Tieres oder durch die ungewöhnliche Verbindung und proportionale Veränderung vertrauter Einzelmotive (Gebiß, Rachen, Zangen usw.) erreicht werden. Wesentlich für die verschiedenen Lösungsmöglichkeiten ist die Forderung, daß das individuelle, besonders betonte Einzelmotiv nicht nur auf einen im übrigen schematisch gegebenen Körper aufgesetzt wird, sondern daß vielmehr bereits der Gesamtkörper aus den Verformungsmöglichkeiten der Tonwand entwickelt wird.

Aus dieser Sicht muß das zwar nachgiebige, aber dennoch nicht mühelos beherrschbare Material Ton als eine günstige Voraussetzung für ursprüngliche und eigenständige Formulierungen erkannt werden. In dem Maße, wie es sich den Gestaltungsabsichten des Schülers widersetzt, findet der Schüler auch Anlaß, auf die Materialeigenschaften bewußt einzugehen und sich von ihnen leiten zu lassen.

Erfahrungsbericht

Die Aufgabe wurde mit dem Dia eines Krebspanzers eingeführt. (Die Auswahl dieses Beispiels war von zwei Überlegungen bestimmt: die fotografische Vergrößerung steigert den ohnehin emotional geprägten Bezug, selbst noch der leblose, z. T. zerstörte Panzer gewinnt monströse Züge. Hinsichtlich der Formeigenschaften zeigt dieses Beispiel eine große Vielfalt plastisch prägnanter Elemente, die eher zur freien Ausdeutung und Übersetzung als zur Nachahmung auffordern.)

Am Bild wurde erörtert, welche Formeigenschaften sich besonders gut für das Modellieren eignen würden (die schwellenden, inein-

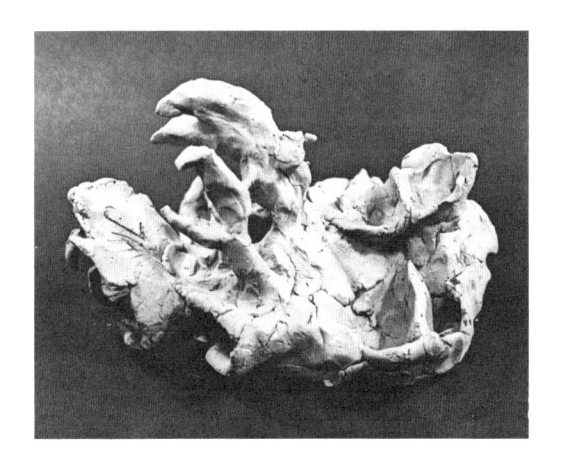

Abb. 21a Krebspanzer
Abb. 21b Schülerarbeit

andergreifenden Panzerformen) und welche Formmotive in Ton kaum darstellbar sind (die stark raumgreifenden Zangenarme, Gelenkformen, Behaarung).
Welche Ausdrucksmöglichkeiten in der Verformung des panzerartigen hohlplastischen Aufbaues liegen, konnten die Schüler selbst im Vergleich herausfinden, als einige von ihnen zur vollplastischen Form zurückkehrten und sich dabei sehr schnell auf das Schema: „Walzenförmiger Rumpf mit vier Beinstümpfen" festlegten. Sie hatten dann große Schwierigkeiten, ihre Figuren über die typischen Einzelmotive hinaus (Zähne, Hörner usw.) ausdrucksmäßig zu steigern, während bei den anderen aus der Verbindung von Schalen-, Rippen- und Zackenformen, insgesamt aus einem eher experimentellen Umgang mit dem Material, die fantasievolle Tierfigur sich in eine nicht vorausbestimmbare Richtung entwickelte. Dabei wurde gerade die – in der Regel negativ gemeinte Einschätzung, daß man die einzelnen Körperteile nicht klar wiedererkenne, hier von den Schülern als Vorzug angesehen, denn „dann sieht es geheimnisvoll und gefährlich aus."
Der Zusammenhang von Materialform und Raumform konnte am Beispiel der Plastik „Medusa" von F. Stahly auf zwei Bedingungen bezogen werden: auf die Eigenschaft des vorgefundenen Materials und das gliedernde, verdeutlichende Eingreifen des Bildhauers. Lag bei der eigenen Arbeit die Aufgabe darin, aus ungeformter plastischer Masse eine für das Material eigentümliche Formstruktur zu entwickeln – nämlich den fließenden Wechsel von Höhlung und Wölbung –, so mußte sich der Bildhauer Stahly auf die schon vorgegebene, vieldeutige Form des Wurzelstockes aus Olivenholz einstellen. Er nutzte die natürlichen Formen, verwandelte sie vorsichtig und verdeutlichte mit dem Motiv „Medusa" den Ausdruck, der schon in der gewachsenen Materialform angelegt war.

Quellenmaterial

Eduard Trier: „Figur und Raum", Berlin 1960.
A. Feininger: „Das Antlitz der Natur", München 1957.
H. Moore: „Über die Plastik", München 1972.

Methodisch-didaktische Alternativen

Bei diesem Aufgabenansatz geht es grundsätzlich um die Ausprägung besonderer Oberflächenstrukturen, welche die Grenze zwischen Körper und Raum so sehr als eigenes Formelement betonen, daß Körper und Raum als „Positiv" und „Negativ" austauschbar werden.
Das Kriterium für die Auswahl entsprechender Aufgaben ist also dort zu suchen, wo im Motiv bzw. Material eine dichte Verzahnung zwischen Körper und Raum gegeben ist, z. B. im Motiv „Kakteen" (Vollplastisches Modellieren, Herstellen einer kontinuierlichen Reliefierung) oder „Korallenstock" (als Ergebnis einer aus der Masse – Ton, Ytong – herausgegriffenen Raumform).

5. Bewegliche Plastik

„Spielgegenstand aus Styroporkugeln"

Umweltbezug

Kunstobjekte aus dem Bereich der Kinetik. Spielobjekte wie Stehaufmännchen, Kreisel.

Fachliche Intention

Eine frei bewegliche plastische Form soll so hergestellt werden, daß sie als Spielobjekt dienen kann; d. h. durch Umverteilen von Gewichten soll ihre Bewegung verändert werden können. Die Plastik soll aus dem experimentellen Umgang mit dem Material entwickelt werden. Es soll sichtbar werden, daß materielles Gleichgewicht und optisch-visuelles Gleichgewicht nicht identisch sind und so ein entsprechendes Spannungsverhältnis entsteht.

Die Schüler sollen diese Zusammenhänge erkennen und benennen. Im Vergleich mit anderen beweglichen Objekten, wie Maschinen oder Geräten, können sie erkennen, daß die Beschäftigung mit diesem Objekt Spielcharakter hat und nicht zweckgebunden ist.

Bildnerische Probleme

Experimentelles Herstellen einer gleichgewichtigen Bewegung bei einer exzentrisch gelagerten Halbkugel aus Styropor. Feinbestimmung wechselnder Bewegungsabläufe.

Ergänzung und Differenzierung der Halbkugelform durch weitere Kugelschnitte ($1/4$ und $1/8$ der Gesamtform).

Bemalen der Wandung mit Dispersionsfarben und Veränderung der optischen Gewichtung.

Bildnerische Mittel

Styroporkugelschnitte und ihre Bewegungsformen; Farbe.

Verfahren/Material

Exzentrische Lagerung einer Bleikugel in der Styroporhalbkugel; Ausbalancieren des Ungleichgewichts durch Plastikhalme und Nagelgewichte. Anmalen der Außenwand mit Dispersionsfarben (einfarbig).

Styroporkugelschnitte, Styroporkleber, Plastiktrinkhalme (Holzspieße), Polsternägel.

Begriffe

Bewegung, Gleichgewicht, ungleiche Belastung, ausgleichen, Waage, Gewicht, Gegengewicht, Schwerpunkt, verlagern.

Kunst- und Objektbetrachtung

Kinetische Objekte von Jean Tinguely, Günther Haese, Alexander Calder, G. Rickey, de Soto und Julio Le Parc. Stehaufmännchen.

Zur Aufgabe

(Kl. 3, Kn/M – Zeit 1½ Doppelstunden)

Die Aufgabe spricht unmittelbar das Spielbedürfnis und die Lust am Experimentieren an. Reflexion und Produktion greifen nahtlos ineinander. Einerseits sind Überlegungen und logische Schlüsse notwendig, um den Bewegungsablauf im Sinne einer Gleichgewichtsverteilung (Waage) vorausplanen zu können, andererseits kann nur im sensiblen Ausprobieren und Zusammenfügen heterogener Materialien mit ihren verschiedenen Eigenschaften die Bewegung gesteuert werden. Bei aller Freiheit und experimentellen Ungebundenheit ist genaues Arbeiten notwendig, denn je mehr die Objekte ins Gleichgewicht kommen, um so empfindlicher reagieren sie auf Bewegungsanstöße und minimale Gewichtverlagerungen (z. B. durch Versetzen der Nägel). Diese erhöhte Empfindlichkeit der Objekte erfordert im gestalterischen Bereich eine erhöhte Sensibilität und erzeugt erhöhte Spannung beim Spiel mit diesen Gegenständen. Die entstanenen Objekte sind nie ganz fertig, d. h. die Nagelgewichte bleiben beweglich, können versetzt werden und erzeugen dadurch neue Bewegungsformen. Die Bewegung ist veränderbar und reizt zur Veränderung. Die Schüler sollen erkennen, daß die Bewegungsabläufe spielerisch und zweckfrei erzeugt werden und ablaufen, im Gegensatz zu Bewegungsabläufen bei Maschinen und Verkehrsmitteln (z. B. Fahrrad, Auto, Motorrad). Eine zusätzliche gestalterische Bedeutung erhält die Aufgabe dadurch, daß die Verteilung von Gewicht und Gegengewicht optisch kaum faßbar ist. Durch die Stellung und Anzahl der Halme (deren Gewicht optisch nicht zu erkennen ist), entsteht der Eindruck, daß auf einer Seite ein Übergewicht vorhanden ist und somit das Objekt umkippen müßte. Diese Spannung bleibt immer erhalten, da das Gegengewicht (die Bleikugel) nicht sichtbar ist, weil sie in die Wandung der Styroporkugel eingelassen wurde. Diese Diskrepanz von visuell erwarteter und tatsächlicher Bewegung gibt zusätzliche Anreize zu weiterer Differenzierung des Objektes (Plazierung und Neigung der Halme). Die Bemalung der Wandung kann die optische Gewichtung verändern. Die Farbe ist nicht schmückendes Beiwerk, sondern trägt zur Formklärung bei, d. h. sie soll Schnittflächen und Stabformen deutlich hervorheben. Durch Farbgewichtung (dunkle oder helle Farben an Stabformen und Schnittflächen) kann die Differenz zur tatsächlichen Gleichgewichtsbewegung optisch vergrößert oder verkleinert werden. Die Schüler sollen diese Zusammenhänge erkennen und gestalterisch auswerten (wobei das Differenzierungsvermögen von der Altersstufe abhängt).

Erfahrungsbericht

Zu Beginn der Doppelstunde wurden die Kinder mit dem Material (Styroporkugelschnitte) konfrontiert. Die Schaukelbewegungen der Halbkugeln gaben Anlaß zu Vergleichen mit Kreiseln und Stehaufmännchen. Sch.: „die sind unten schwer und wenn man sie runterdrückt, stehen sie wieder auf." Durch die Beschwerung mit exzentrisch in die Styropormasse eingedrückten Bleikugeln wurde die Bewegung einseitig beeinflußt. Aus dieser Störung des Gleichgewichts ergab sich die Notwendigkeit, auf irgendeine Weise, mit Hilfe der Plastiktrinkhalme und weiterer Kugelschnitte die Gleichgewichtsbewegung wieder herzustellen (Vergleich mit einer Waage). Da die technischen Probleme nicht ins Gewicht

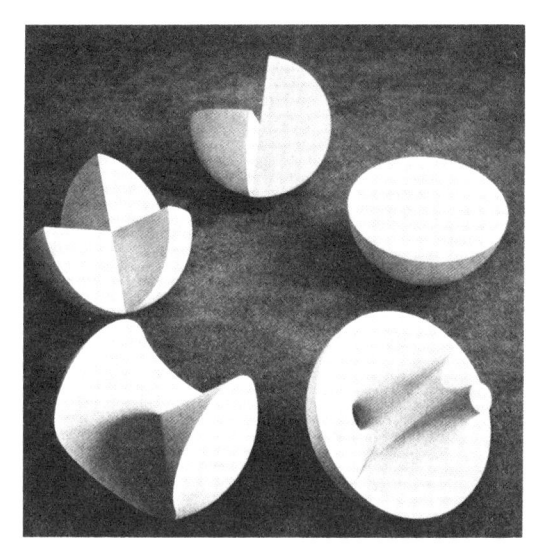

Abb. 22a Max Bill: *Familie von fünf halben Kugeln.* Modelle für Plastiken, ausgeführt 1965–66 zum Gebäude des Mathematischen Instituts der Universität Karlsruhe. Durchmesser 240 cm.
©: Professor Max Bill, Zürich

Abb. 22b Schülerarbeiten

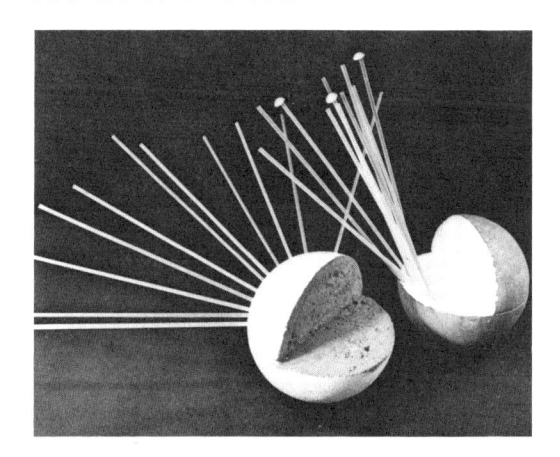

fielen (die Löcher für die Plastikhalme wurden mit Holzstäbchen vorgebohrt), konnten sich die Schüler ausschließlich dem gestalterischen und funktionalen Aspekt der Arbeit widmen.

Die Lösungen sind unterschiedlich, sie reichen von Gegengewichten aus gebündelten Halmen über weitgestreute Halmgruppierungen bis zu strahlenförmig, waagrecht ausgreifenden Ordnungen. Die Feingliederung wurde mit Hilfe der Nägel vorgenommen, die in die Plastikhalme eingesetzt wurden (s. Abbildung).

Die Bemalung wurde meist zur Kennzeichnung und Hervorhebung der Schnittflächen vorgenommen. Das Problem der Farbgewichtung spielte hierbei nur indirekt eine Rolle.

Bei der Nachbesprechung wurde die Art der Bewegung näher beschrieben. Der Unterschied zwischen einer „zweckfreien" Bewegung, die durch das Spielen mit dem Objekt zustande kommt, und einer Bewegung, die zweckgebunden ist, wurde am Beispiel des Fahrradfahrens erörtert (die Räder werden durch das Treten des Fahrers bewegt und diese Bewegung der Räder dient dazu, vorwärts zu kommen, d. h. an ein Ziel zu kommen, das der Fahrer erreichen will).

Quellenmaterial

Zur Kinetik: Frank Popper: „Origins and Development of Kinetic Art", London 1968.
George Rickey: „Constructivism – Origins and Evolution", New York 1969^2, Kap. X, S. 191 und Kap. XI, S. 209.
Kat. „Kunst als Spiel, Spiel als Kunst, Kunst zum Spiel", Recklinghausen 1969.
Peter Heinig: „Spielobjekte im Kunstunterricht", Ravensburg 1973.
(S. auch Hinweis S. 44: Die Serie „Bewegliches Spielzeug" des Badischen Landesmuseums.)

Methodisch-didaktische Alternativen

Ähnliche Objekte lassen sich mit kreisförmigen Schachtelwandungen herstellen. Auch hier kann das Schwerpunktgewicht durch ausgreifende, visuell verfremdende Gegengewichte aufgehoben werden. Die Bewegung ist nicht allseitig, sondern richtungsbetont von einer Seite zur andern.

Dieses Gestaltungsprinzip läßt sich auf alle Objekte anwenden, die im Sinne der Balkenwaage funktionieren. Die Kinder der Eingangsstufe haben bei derartigen Aufgaben die Möglichkeit, ihre Empfindungen, Erfahrungen und Erlebnisse beim Schaukeln unmittelbar in die praktische Arbeit einzubringen.

„Schwebende Astronauten außerhalb der Raumkapsel"

Umweltbezug

Weltraumfahrt – Berichte zu Raumfahrtunternehmen (Illustrierte, Bücher, Fernsehen, Kalender mit fotografischen Aufnahmen von Mond und Erde).

Fachliche Intention

Herstellen einer Gruppe von beweglichen Hängeplastiken. Die einzelnen Objekte sollen unterschiedlich bewegt werden können (Figuren frei kreisend, Raumkapsel richtungsbetont). Die Schüler sollen aus der Vorstellung eine menschliche Figur modellieren, die sich in schwebendem Zustand befindet. Dieser Zustand ist normalerweise körperlich nicht erfahrbar. Die Darstellung dieser Bewegungsform ist das Kernproblem der Gestaltung. Sie verlangt die Miteinbeziehung des umgebenden Raumes, der durch die Darstellung von Bewegung und durch die kreisende Bewegung des Objektes selbst umschrieben und mitgestaltet wird. Die Figuren (Astronauten) sollen zur Raumkapsel in Beziehung gesetzt werden. Die Raumkapsel soll als Schalenkonstruktion in entsprechender Proportionierung hergestellt werden.

Im reflektorischen Bereich sollen, ausgehend vom Erscheinungsbild schwebender Astronauten, Probleme der Funktion und einige Aspekte zu Sinn und Zweck der Raumfahrt besprochen werden. Besonders wichtig ist die Gruppenarbeit (jede Gruppe umfaßt etwa 5 Schüler; 3 von ihnen stellen je eine Astronautenfigur her und 2 zusammen eine Raumkapsel). Das gemeinsame Arbeiten an einem Projekt soll den Zusammenhalt der Schüler untereinander fördern, Erfolgserlebnisse vermitteln und Konfliktsituationen durch gemeinsame Besprechungen lösen helfen. Die Aufgabe erlaubt den einzelnen Schülern, neben gemeinsamer Planung auch eine Reihe freier, individueller Entscheidungen (z. B. in bezug auf die Gestaltung der Figur, die jeder allein herstellt). Der Erfolg der Arbeit hängt vom Beitrag jedes einzelnen innerhalb der Gruppe ab.

Bildnerische Probleme

Darstellung und Erfindung von Bewegungsformen für eine Gruppe von Hängeplastiken. Artikulation und Differenzierung eines plastischen Zeichens für eine schwebende, menschliche Figur (Astronaut) und für eine dünnwandige, kegel- und röhrenartige Hohlform (Raumkapsel). Zuordnung der Figuren und der Raumkapsel durch Proportionierung, Ordnen und Gruppieren der Objekte im Raum. Artikulation und Differenzierung der Bewegungsformen der Objekte durch die Hängung. Weitere Gliederung und Kennzeichnung der Plastiken durch Bemalung. Sie hat vorwiegend funktionale Bedeutung (z. B. Kennzeichnung des Helms mit Sichtscheibe, der Schuhe, Gurte, Schnürung, Handschuhe, Hoheitsab-

zeichen, Ausstiegsluken, Fenster und durch Beschriftung).
Experimenteller Umgang mit Materialien: Draht, Papiermaché, Leimpapierwickel, dünnem Karton.

Bildnerische Mittel

Verformbares Material, Farbe, Bewegung.

Verfahren/Material

Biegen von Draht, materialauftragendes Modellieren mit Papiermaché; Umkleiden der plastischen Form mit Leimpapieren; Zuschneiden, Biegen, Einrollen und Kleben von dünnem Karton, Bemalen, Aufhängen der Objekte an dünnen Fäden.
Draht, Papiermaché, Seidenpapier, Kleister, Karton, Schere, Zirkel, Bleistift, Klebstoff, Schnüre, Fäden, Dispersionsfarben, Borsten- und Haarpinsel.

Begriffe

Schweben, schwerelos, kreisen, sich drehen, ausgreifend, raumgreifend, aufbauen, modellieren, über Draht modellieren, Drahtgerüst, Proportionen, Hängeplastik, Zylinderform, Kegelform, Schalenform, Hohlform.

Kunst- und Objektbetrachtung

Fotografische Abbildungen vom schwerelosen Zustand der Astronauten in und außerhalb der Raumkapsel. Aufnahmen der Raumkapsel bei der Landung.
Bilder und Grafiken von Lowell Nesbitt in ,,Neue Galerie der Stadt Aachen", Kat. 1972.

Zur Aufgabe

(Kl. 4, Kn/M – Zeit: 5–6 Doppelstunden)

Alle Informationen in bezug auf das Motiv entstammen dem Medienbereich. Die Ereignisse der Raumfahrt können nur über das Fernsehen, über fotografisches Abbildungsmaterial und gesprochene oder geschriebene Texte erlebt werden. Im gestalterischen Bereich ist es für den Schüler notwendig, über die visuellen Erfahrungen eigene Raumvorstellungen zu entwickeln, um sie im plastischen Objekt verwirklichen zu können. Die Bewegungsformen einer schwebenden Figur sind grundsätzlich verschieden von den Bewegungsformen einer erdgebundenen Figur, d. h. das ,,Schweben" muß in der Vorstellung vollzogen und gestalterisch erfunden werden. Das Schweben ist nicht nur ein Problem der Hängung, sondern der Bewegungsdarstellung in bezug auf die Hängung.
Die Herstellung einer plastisch geformten menschlichen Figur soll Anlaß sein zu differenziertem Wahrnehmen und Erleben der eigenen Körperformen und Bewegungen.
Die Schüler sollen ihre Erfahrungen, Kenntnisse, Meinungen und Vorstellungen gestalterisch und verbal artikulieren. Sie sollen dies in Gruppen untereinander tun und versuchen, ihre praktischen Arbeiten zu vergleichen und aufeinander abzustimmen. Die Hängung der Arbeiten soll gemeinsam erfolgen.
Im Zusammenhang mit der Aufgabe sollen Probleme wie Schwerelosigkeit, Ausstattung der Astronauten (Kleidung), Sinn und Zweck der Raumfahrt und Kosten der Weltraumfahrtprogramme besprochen werden. Die Schüler sollen erkennen, daß die Astronauten total abhängig sind von den Wissenschaftlern und nur tun, was diese wollen.

Die Unterrichtssequenz besteht aus 5–6 doppelstündigen Einheiten.

 I. Unterrichtseinheit: Einführung in die Thematik mit Hilfe von fotografischem Abbildungsmaterial, Erarbeitung der Gestaltungsprobleme in bezug auf die schwebende Figur und das Raumschiff.

107

Praktische Arbeit: Biegen der Drahtfigur – Versuche zur Herstellung von röhren- und kegelartigen Hohlformen aus Karton.
II. Unterrichtseinheit: Gespräch über Aufbau und Bewegungsformen des menschlichen Körpers – Schwerelosigkeit; Ausstattung der Raumkapsel und der Astronauten.
Praktische Arbeit: Umkleiden der Drahtfigur; Gliederung der Raumkapsel.
III. Unterrichtseinheit: Besprechung der begonnenen Arbeiten; Wiederholung der wesentlichen gestalterischen Kriterien. Weiterführung der praktischen Arbeit (Fertigstellung der Raumkapsel).
IV. Unterrichtseinheit: Überlegungen zum Problem der Funktion und Bedeutung der Raumfahrt.
Praktische Arbeit: Umkleiden der Figur mit leimgetränktem Seidenpapier, Bemalen und Collagieren der Raumkapsel.
V.–VI. Unterrichtseinheit: Im Blick auf das Bemalen der Figuren und der Raumkapsel wurde die Kleidung der Astronauten und das Aussehen des Raumschiffes an Hand von Fotografien beschrieben.
Nach Abschluß der Bemalung erfolgten die ersten Hängeversuche. Die Bewegungsformen der Objekte wurden festgelegt. Gemeinsame Erarbeitung und Beurteilung der Gruppierung von Raumschiff und Figuren.

Erfahrungsbericht
I. Unterrichtseinheit
Zu Beginn der Unterrichtsstunde wurde über die Erfahrungen der Schüler mit der Raumfahrt und über das Motiv der Aufgabe gesprochen. Anschließend wurden Bilder mit Astronauten gezeigt und beschrieben. Zum Raumfahrzeug (Skylab): Sch.: „eine Art Hütte"; „wie eine Spule"; „vorne spitzig wie ein Turm"; „Zwiebelturm"; „da sind wohl Fenster"; zusätzliche Informationen zu den sichtbaren Steuerdüsen und den technischen Problemen der Steuerung des Raumschiffs.
Zu den Astronauten: Sch.: „der Anzug ist aus einem Stück"; „er ist luftdicht" (wegen Hitze-, Kälte- und Strahleneinwirkung, es gibt keine Atemluft, vielleicht sogar Krankheitserreger). Beschreibung der Figur: Helm, Anzug, Handschuhe, Schuhe mit dicken Sohlen, Sprechanlage, sonstige Instrumente, Brille; Sch.: „der hat kein Gesicht"; – die Brille ist beschichtet, man sieht von innen nach außen, aber nicht umgekehrt.
Beschreibung der Bewegung: Sch.: „wie in Zeitlupe"; „er kann nur langsam gehen"; „er kann sogar nach Steinen graben und fotografieren". Wenn die Raumfahrer aus ihrer Kapsel aussteigen, schweben sie. Sch.: „sie schweben auch im Raumschiff". Der Zustand des Schwebens wurde näher erläutert. Vergleiche mit dem Tauchen unter Wasser und dem Fallschirmspringen wurden angestellt. Einige Schüler demonstrierten mögliche Bewegungen im Schwebezustand, indem sie sich horizontal mit dem Bauch auf einen Hocker legten und das Gleichgewicht zu halten versuchten. Anschließend wurde mit den bereitliegenden Materialien experimentiert und die technischen Probleme und die der Gestaltung besprochen (Drahtfigur sollte aus einem Stück gebogen werden). Gruppeneinteilung durch die Schüler. Erste Versuche zur Herstellung der Raumkapsel.

II. Unterrichtseinheit
Gespräch über den Zustand der Schwerelosigkeit (mit Abbildungen). Das Körpergewicht

Abb. 23a Schwebender Raumfahrer
© und Foto: Werner Büdeler, Thalham

Abb. 23b Schülerarbeiten

Abb. 23c Schülerarbeiten

der Astronauten wird im Raumschiff und auch außerhalb des Raumschiffes durch die große Entfernung von der Erde und durch die kreisende Bewegung um die Erde aufgehoben.
Sch.: „Wenn die einen Bleistift loslassen, schwebt er auch"; „die müssen die Sachen fangen"; „aber ganz langsam, nicht ruckartig"; „da könnte man ja leicht auf dem Kopf stehen"; „die drehen sich in der Luft"; „die machen Salto"; „draußen (außerhalb des Raumschiffs) sind sie angebunden." (Information über die Funktion des Verbindungssystems). Die Kommentare zum Schwebezustand gaben Anlaß zu Fragen über die Art der Körperbewegung und über den Körperbau. In bezug auf die praktische Arbeit wurde die

Ausstattung des Astronauten mit einem Raumanzug besprochen, denn durch ihn wird seine Gestalt verändert und formal geprägt. Die Anzughülle verschleiert teilweise den Körperbau. Die Schüler können deshalb bei ihrer Figurengestaltung freier (d. h. ohne anatomische Genauigkeit) arbeiten.

Die Gesamtform des Raumschiffes wurde beschrieben (mit kegelförmiger Spitze und Steuerdüsen).

Praktische Arbeit: Auftragen des Papiermachématerials auf das Drahtgeflecht; Herstellen der Einzelteile der Raumkapsel und Zusammensetzen der Teile.

Zu Beginn der Arbeit mit Papiermaché gaben einige Schüler besorgte Kommentare: die Arbeit sei schmutzig und hoffentlich könne man alles wieder abwaschen und reinigen!

III. Unterrichtseinheit

Besprechung der Schülerarbeiten und Wiederholung der wesentlichen gestalterischen Probleme.

Fortführung der praktischen Arbeit; Fertigstellung der Raumkapsel; Überlegungen zur weiteren Differenzierung der Oberfläche durch Bemalen und Bekleben mit farbigen Papieren.

IV. Unterrichtseinheit

Überlegungen zur Funktion und Bedeutung der Raumfahrt. Sch.: ,,sie sollen den Mond genau untersuchen''; ,,die Wissenschaftler wollen alles genau wissen''; ,,die Wissenschaftler schicken die Astronauten dahin''; ,,die Astronauten wollen wissen, wie alt die Erde ist''; ,,man kann dort oben vielleicht später wohnen''; ,,es gibt dort wertvolle Steine''.

Die Schüler erkannten, daß die Wissenschaftler ein großes Interesse am Mond- und Weltraumflug haben. Die Astronauten ihrerseits sind abenteuerlustig und machen, was die Wissenschaftler sagen.

Zur Frage, ob die Raumfahrt auch uns nützen könnte, wurden von den Schülern Überlegungen zur Bewohnbarkeit des Mondes angestellt. Hier wurden zusätzliche Informationen gegeben; z. B. genaue Wettervorhersage (Sturmwarnungen) durch Wettersatelliten im Weltraum, hitzebeständige Materialien für Haushaltsgegenstände, winzige elektronische Instrumente für verschiedene Zwecke.

Manchmal machen Firmen mit dem Mondflug Reklame, z. B. Zeiss, Hasselblad, Omega.

Der Hinweis, daß Amerika und Rußland eigene Raumfahrtprogramme haben, führte zu der Feststellung, daß jedes Land dem anderen überlegen sein will. Sch.: ,,sie wollen vergleichen, wer besser ist'' und ,,sie wollen damit Reklame machen''. In diesem Zuammenhang wurden auch die militärischen Absichten erwähnt.

Zuletzt wurde die Kostenfrage besprochen. Die Regierungen bezahlen die Raumfahrt mit dem Geld, das sie durch Steuern einnehmen. Könnte man das viele, viele Geld nicht zu anderen Zwecken verwenden? (Z. B. um Menschen vor dem Verhungern zu retten, um Armen und Kranken zu helfen?)

Weiterführung der praktischen Arbeit: Umkleidung der Figuren mit leimgetränktem Seidenpapier. Bemalen und Collagieren der Raumkapsel (Fenster, Ausstiegsluke, Düsen, Beschriftung und formbetonende Schmuckstreifen).

V.–VI. Unterrichtseinheit

Beschreibung der Farben, die die Kleidung der Astronauten hat (farbiges Abbildungsmaterial). Sch.: ,,sie ist silbrig weiß''; ,,beigeweiß''; ,,es glitzert ein bißchen''; ,,blauweiß''; ,,die Handschuhe sind dunkel''; ,,so braun, grau oder schwarzgrau''; ,,die Schuhe sind dunkel wie die Handschuhe''; ,,man sieht Abzeichen und Knöpfe''; ,,da sind so Bänder'' (Schüler zeigt die Trage- und Haltegurte am Bild); „das Gesicht kann man durch das Glas nicht sehen"; „ich male ein Gesicht hinein, weil er sonst aussieht wie ein Roboter".

Nach Abschluß der Malarbeit wurden die ersten Hängeversuche unternommen. Das Schweben der Figuren und der Raumkapsel löste Begeisterung aus. Die Figuren wurden immer wieder umgehängt (näher an das Raumschiff heran, über oder unter das Raumschiff, horizontal, diagonal, kopfunter schwebend, zu zweit, allein, in Gruppen usw.) und die neuen Zusammenstellungen und Drehungen beobachtet und beurteilt.

Quellenmaterial

Sonderheft der Zeitschrift „Life" 1969, „To the Moon and Back" mit sehr vielen Abbildungen.
„Bild der Zeit", Heft 12, Dezember 1972, S. 17ff.
Zeiß Weltraumfahrtkalender, Stuttgart 1970 (mit Literaturangaben und vielen Informationen).
Pointner: „Das 1 × 1 der Weltraumfahrt", Düsseldorf 1969.
Zur Schwerelosigkeit: Heinz Haber: „Gewicht", in: „Bild der Wissenschaft", Nr. 9, Sept. 1967 (mit Abbildungen).
Eine kritische Stellungnahme in Westermann „Welt, Kunst, Kultur" Jan. 1970, S. 21–29, Theo Löbsack: „Sind die Milliarden verschwendet?"

Methodisch-didaktische Alternativen

Eine Variation dieser Aufgabe ist die Darstellung der schwebenden Astronauten in der Raumkapsel. Innerhalb eines geschlossenen Schachtelraumes könnte das Problem der Raumgestaltung durch Bewegung der hängenden Figuren deutlich gemacht werden.
Ausgehend von der Hängeplastik sind ähnliche Aufgaben denkbar, die sich thematisch auf Flugobjekte beziehen. Die Möglichkeiten reichen von Mondfähren über Flugzeuge, Drachen und Riesaninsekten bis zu Comic-Figuren (fliegender Batman).

6. Experimentelles Erproben plastischer Mittel

"Superstar"

Umweltbezug

Kosmetikreklame*), Starbilder als Poster und in Illustrierten und Jugendzeitschriften, Warenprospekte, Fernsehreklame.
Maskierung durch Schminken im Theater und Fernsehen.

Fachliche Intention

Experimentelle Umgestaltung eines fabrikmäßig hergestellten Styroporkopfes durch Bemalung, Ausstattung mit "Haaren" und Accessoires zu einem "Superstarkopf". Die Veränderung soll durch Farbe und Collagematerial im Sinne eines übertriebenen Make-up vorgenommen werden. Die fantasievolle Übersteigerung soll gleichzeitig als Antireklame genutzt werden.
Die Schüler sollen in Partnerarbeit ihre Vorstellungen, Wünsche und Einstellungen verwirklichen.
Die Aufgabe dient dazu, Gesichtsverwandlungen durch Bemalen (Make-up) zu untersuchen. Die Veränderung des Gesichts durch den Einsatz kosmetischer Mittel und Accessoires soll erläutert und erklärt werden. Wichtiges Ziel ist, zu erkennen, daß kosmetische Veränderungen bewußt oder unbewußt nach einem Vorbild ausgerichtet sind und geschminkte und aufgeputzte Gesichter maskenhaft ähnlich aussehen. Die Schüler sollen erkennen, daß durch kosmetische Gesichtsveränderung das eigene, unverwechselbare Aussehen verloren gehen kann. Sie sollen darin bestärkt werden, sich mit ihrem eigenen Aussehen zu identifizieren.

Bildnerische Probleme

Ein vorfabriziertes plastisches Objekt (Styroporkopf) soll umgestaltet werden. Bemalen und dadurch Hervorheben der Gesichtsformen im Sinne eines Make-up (Nasen-, Wangen-, Kinn- und Stirnpartie, Lippen, Augenbrauen, Augenlider und -wimpern). Mischen und Erproben von Make-up-Farben (z. B. hellblaue oder hellgrüne Farbtöne für die Lidschatten, dunkelfarbiger Lidstrich, kräftiges Lippenrot usw.); je nach erzielter Wirkung der Gesichtsformen Beibehaltung oder Veränderung der Farben (Differenzierung der Farbflecksetzung durch Übermalen).

---

*) Speziell die Serie "Vorher – Nachher" in "Brigitte", Gruner und Jahr.

Herstellen eines passenden Haarteiles aus Assemblagematerial (z. B. Wollfäden, Holzspäne, Papierwolle, Bänder, Schnüre usw.). Die Struktur der Haare soll der Kopfform angepaßt werden und das Gesicht rahmend betonen. Haarform, Haarfarbe und Gesichtsbemalung sollten aufeinander abgestimmt sein (vor allem in bezug auf die leuchtende und formsteigernde Wirkung der Farben).
Hinzufügen von weiteren Schmuckelementen, die das Aussehen im Sinne des Motivs steigern (Haar-, Hals- und Stirnbänder, Flitter, Schönheitspflaster).

Bildnerische Mittel

Farbe, vorgegebene, plastische Objekte und vorgefundene Materialien.

Verfahren/Material

Formklärendes Bemalen eines Styroporkopfes, Suchen und Bereitstellen von Assemblagematerial für Haare und schmückendes Zubehör. Formen und Ankleben des Haarteiles, Hinzufügen der Schmuckteile. Je 2 Schüler arbeiten zusammen an einem Objekt.
Styroporkopf, Styroporkleber, Dispersionsfarben, Borsten- und Haarpinsel, Abfallmaterialien (z. B. Wolle, Holzspäne, Glaswolle, Bänder usw.).

Begriffe

Verändern, verwandeln, Make-up: Lippenstift, Gesichtspuder, Lidschatten, Wimperntusche, Augenbrauenstift, Grundierung; schminken, anmalen, betonen, hervorheben, Haarteil, wellig, kraus, durcheinander, geordnet, dicht, dünn, gefärbt.

Kunst- und Objektbetrachtung

Andy Warhol's Starserien (M. Monroe, Liz Taylor).

Richard Lindner z. B.: ,,Double Porträt'' 1965; ,,No'' 1966; ,,42nd Street'' 1964.
Abbildungsmaterial aus Illustrierten, Kosmetikreklame, Posters. Plastische Schaufensterattrappen in Friseursalons.

Zur Aufgabe

(Kl. 4, Kn/M – Zeit: 3 Doppelstunden)

Die Aufgabe ist dem unmittelbaren Umweltbereich der Schüler entnommen. In Verbindung mit der praktischen Arbeit soll sie über das Problem der Gesichtsveränderung durch kosmetische Manipulationen in den Bereich der Werbung und der ästhetischen Normierung durch Werbung führen. Die praktische Arbeit soll zu einer gezielten und kontrollierten Gesichtsveränderung führen, wobei die expressive Übersteigerung die Möglichkeit bietet, mit Farbe und plastischen Materialien fantasievoll zu gestalten, um ein eigenwertiges Objekt herzustellen. Die Schüler sollen sich von den Werbevorbildern befreien und die kosmetische Maskierung so weit treiben, daß sie im Sinne der Antiwerbung in Kritik umschlägt.
Die reflektorische Arbeit soll dies unterstützen. Die Fähigkeit zur Kritik soll nicht nur im Bereich der Reklame erworben werden, sondern auch in bezug auf eigene Einstellungen zu entsprechenden Vorbildern und zum eigenen Aussehen. Die Schüler sollen darin bestärkt werden, sich mit ihrem Aussehen zu identifizieren.

Der Aspekt der Maskierung kann an Warhol- und Lindner-Bildern besonders deutlich gemacht werden. Durch Übersteigerung der Farben und Veränderung der Gesichtsformen entstehen Masken, die anonym und unpersönlich wirken. Sie stehen jenseits der Werbung, da sie sich auf diese beziehen, sie reflektieren und im Sinne der Pop-Art gestalterisch verarbeiten.

Margaret Astor:

Der Super-Lidschatten ist da.
Das erste perfekte Lidschatten-Make-up für den ganzen Tag.

Eye Shadow Cream Powder. Das ist die neue Lidschatten-Idee von Margaret Astor. Dieser Lidschatten läßt sich spielend leicht auftragen. Denn er verbindet die Locker- und Leichtigkeit eines Puders mit dem zart-schmelzenden Glanz einer Creme.

Dieser Lidschatten hält. Den ganzen Tag. Er zerläuft nicht. Er verschmiert nicht. Denn Eye Shadow Cream Powder ist superhaftfest. Und supersoft. Und er schenkt Ihren Augen den strahlenden Superglanz – in 9 topmodischen Farben.

Neu

Margaret Astor macht schön ...zum vernünftigen Preis.

Die Unterrichtssequenz umfaßt 3 Teileinheiten (je 1 Doppelstunde):

I. Unterrichtseinheit: Einführung der Aufgabe; Kunstbetrachtung A. Warhol: Marilyn Monroe (Siebdruck) 1964; Demonstration des Schminkens; Ableitung der Gestaltungsprobleme, praktische Arbeit (Bemalen des Styroporkopfes).
II. Unterrichtseinheit: Gespräch über Kosmetikreklame, Analyse von Werbefotografien, Intentionen und Funktion der Werbung; Erarbeitung der Gestaltungsprobleme in bezug auf die Herstellung und Anordnung des Haarteils; praktische Arbeit.
III. Unterrichtseinheit: Gespräch über kosmetische Veränderungen und individuelles Aussehen; Fertigstellung der Arbeiten (Anbringen von Schmuckelementen) und Nachbesprechung.

Erfahrungsbericht

I. Unterrichtseinheit
Der Einstieg in die Thematik wurde über die Betrachtung des Siebdruckes von A. Warhol „M. Monroe" 1964 vorgenommen. Die Schüler reagierten zunächst betroffen. Sch.: „Gelbe Haare!"; „sieht brutal aus"; „dick geschminkt"; sie erkannten und begründeten dann aber das unnatürliche Aussehen (blaue Lidschatten, dunkelrote Lippen, gelbe Haare, schwarzbraune Augenbrauen und bleiche, rosa Hautfarbe). Der Hinweis, daß die dargestellte Frau zu den größten Filmstars der Welt gehörte, war Anlaß zu Überlegungen, die die

Abb. 24a Kosmetikreklame
Mit freundlicher Genehmigung der Margaret Astor GmbH

Abb. 24b Schülerarbeiten

Abb. 24c Schülerarbeiten

Art der Darstellung erklären sollten; Sch.: „Sie soll auffallen"; „es ist übertrieben zur Werbung"; „sie ist bemalt wie bei einer Maske"; „die Haare sind so abgegrenzt". Der Lehrer gab die notwendige Information über die Herstellung eines solchen Druckes (Fotografie – zusammenfassende Farbflächen – mehrere Druckvorgänge).
Die Feststellung der Schüler, daß das Schminken ein unnatürliches, maskenhaftes Ausse-

hen verleiht, wurde zum Ausgangspunkt für eine Demonstration vor der Klasse. Eine Schülerin wurde sorgfältig geschminkt, wobei die Schminkmaterialien benannt und die Phasen des Schminkvorganges gemeinsam besprochen und begutachtet wurden. Die Schüler konnten so an einem bekannten Gesicht die Veränderung Schritt für Schritt mitvollziehen und vergleichend beobachten. Zuletzt wurde noch die Frisur verändert, so daß die Schülerin ein ungewohntes, für viele doch überraschend fremdartiges Aussehen erhielt. Diese Demonstration machte gleichzeitig die Gestaltungsprobleme deutlich, die bei der Bemalung des Styroporkopfes zu lösen sind. Auch hier handelt es sich um ein plastisch geformtes Gesicht, das geschminkt (bemalt) werden soll. Die Farbwahl, der Farbauftrag in bezug auf plastische Wirkung, Formklärung und Formkorrekturen, Akzentuierung der Augen- und Mundpartie, sind in derselben Weise zu beachten. Die Aufforderung, die Farbigkeit im Sinne eines Superstarkopfes zu steigern, wurde mit Begeisterung aufgenommen. Die praktische Arbeit bot einige Schwierigkeiten. Trotz vorgegebener, plastischer Formen erforderte die genaue Bestimmung der Gesichtsteile und ihre farbige Abstimmung Konzentration und überlegtes Arbeiten. Die Partnerarbeit war vorteilhaft, da gegenseitige Hilfestellungen in bezug auf Beurteilung und Veränderung der Malergebnisse erforderlich waren.

II. Unterrichtseinheit
Im einleitenden Gespräch über Kosmetikreklame (Porträtfotografien aus Illustrierten) konnten folgende Punkte geklärt werden: Die geschminkten Gesichter sehen einander ähnlich, sie haben eine glatte Haut und keine Falten, gleichmäßige Augenbrauen, feine Lidschatten, auffallend rote Lippen, klar abgegrenzte Augen, dunkle Wimpern und sorgfältig frisierte Haare. Die Gesichter sind gleichmäßig „schön" durch das Make-up. Die Schüler konnten die Intentionen der Werbung benennen. Jede Frau und jeder Mann kann so aussehen, wenn sie die angepriesenen Artikel kaufen und benutzen. Die Werbung verspricht, daß sie dann mehr Erfolg haben, glücklich sind, bewundert und schöner werden usf. Es geht also letztlich um den Verkauf der Kosmetikartikel im Interesse der Hersteller und Verkäufer. Die Probleme der Haargestaltung wurden mit Hilfe der mitgebrachten und bereitliegenden Materialien besprochen. An einzelnen Objekten wurden mit den Schülern verschiedene Haarteile ausprobiert und die Gestaltungsprobleme entwickelt (z. B. Ansatz der Haare, Dichte und Länge, Farbe und Form der Haare, ob kraus, zottig, strähnig, wellig, gerade hängend, verschlungen, gebündelt, geknotet usf.).

Die Schüler fanden in der praktischen Arbeit oft ausgefallene und unkonventionelle Haarformen, da die Auseinandersetzung mit dem Material von rein illustrativen Vorstellungen wegführte. Das Ausprobieren der Materialeigenschaften (Sch.: „was man daraus machen kann") trug wesentlich zu einer freieren Gestaltung bei.

III. Unterrichtseinheit
Rückblickend auf die Intentionen und die Funktion der Werbung wurde die Frage besprochen, warum viele Leute diese geschminkten Gesichter schön finden und auch so aussehen möchten. Sch.: „sie sind unzufrieden"; „sie finden ihr Gesicht nicht schön"; „sie finden sich häßlich" (z. B. zu lange Nase, Falten im Gesicht, Sommersprossen). Die Schüler erkannten, daß viele Leute deshalb unzufrieden sind, weil sie ihr Aussehen mit dem der Werbegesichter vergleichen (d. h. die Werbung suggeriert dem Betrachter, daß er

unschön aussieht und etwas dagegen tun sollte).

Um dieses Problem zu vertiefen, wurde auf die Schüler direkt Bezug genommen. Jeder hat sein eigenes, unverwechselbares Aussehen. Jeder unterscheidet sich vom anderen im Aussehen, in dem was er denkt und tut, wie er sich bewegt, wie er spricht usw. Das eigene Aussehen ist deshalb schöner als das der Werbegesichter, die alle fast gleich aussehen.

Nach der Fertigstellung der praktischen Arbeiten (weitere Differenzierung des Kopfes durch Schmuckaccessoires) wurde nochmals anhand der Objekte die Möglichkeit der völligen Veränderung des Aussehens besprochen. Die Schüler wiesen darauf hin, daß diese Maskerade an Fasching Spaß macht, wenn man ein Seeräuber, ein Cowboy oder Indianer sein will und daß Schauspieler geschminkt werden, wenn sie eine bestimmte Rolle spielen sollen.

Quellenmaterial

A. Warhol: Starserien und Einzelbilder – Abb. in Kat. Slg. Ströher 1968, S. 142, 143 und 145.
Kat. Kunst der 60er Jahre, Wallraf-Richartz-Museum Köln – Slg. Ludwig – 1. Auflage 1969 (Kap. Druckgrafik: M. Monroe-Serie).
R. Lindner – Kat. Kestnergesellschaft, Hannover 1968.
Illustrierte und Jugendzeitschriften (z. B. „Brigitte mit Constanze", „Bravo", „Bravo Poster", „Pop", „Popfoto", „Petra", „Für Sie").
Zeitschrift für den Verbraucher: „Test – Stiftung Warentest" Sonderheft 74, „Kosmetik und Körperpflege".
W. F. Haug: „Kritik der Warenästhetik", ed. Suhrkamp 1971. Oto Bihalij-Merin: „Masken der Welt", Gütersloh 1970.
Styroporköpfe können preiswert über den Friseurbedarfhandel bezogen werden.

Methodisch-didaktische Alternativen

Die Aufgabe könnte im Zusammenhang mit der praktischen Arbeit auch anders akzentuiert werden. Im Mittelpunkt der Reflexion könnte in bezug auf die Umwelt der Starkult stehen. Diese Probleme lassen sich bis in die Klassengemeinschaft verlängern und diskutieren. In engem Zusammenhang mit dieser Thematik stehen Probleme der Maskierung, sei es durch Gesichtsbemalung mit Rollenspiel, sei es durch Herstellung von Masken, die für bestimmte Zwecke vor dem Gesicht getragen werden können (für rituelle Zwecke – z. B. Eingeborenenmasken; für Rollentausch – z. B. Schauspieler- und Fastnachtsmasken; für kriminelle Zwecke – z. B. Strumpfmaske). Die Herstellung von Masken verweist auf den elementaren Lernprozeß Materialform und Raumform.

„Monströses Fahrzeug"

Umweltbezug

Science-fiction Filme, Zukunftsprojekte für den Stadtverkehr, Oldtimer-Fahrzeuge und -Flugmaschinen; Mondfähre und Mondfahrzeug.

Fachliche Intention

Aus vorgefundenen Materialien und Spielzeugobjekten soll ein ungewöhnlich-fantastisches Fahrzeug konstruiert und zusammengebaut werden. Drei Faktoren sind für die Gestaltung bestimmend:

a) Die Zusammensetzung der Teile unter dem Aspekt der technischen Funktion und Bedeutung für das Fahrzeug und den Benutzer,
b) die Möglichkeit, ein Kompositfahrzeug zu erfinden (halb Auto, halb Flugzeug, halb Motorrad, halb Rollstuhl usw.) und
c) die Funktionstüchtigkeit als Spielobjekt.

Teile von vorgefundenen Spielzeugautos können umgestaltet und in neue funktionale und ästhetische Zusammenhänge gebracht werden. Die Schüler sollen sich von den gängigen, festgelegten Fahrzeug- und Flugzeugformen lösen und neue Fahrzeuge modellhaft erfinden. Es soll also kein freies, plastisches Objekt entstehen, sondern ein Objekt, das im Sinne eines Fahrzeuges funktionsgebunden bleibt. Die Schüler sollen in Partnerarbeit aufgrund ihrer Einstellungen und Wünsche alternative Vorstellungen zu den gängigen Fahrzeugformen entwickeln, diese sowohl verbal wie gestalterisch ausdrücken und mit den Vorstellungen und Arbeiten der Mitschüler vergleichen. In bezug auf ihre Umwelt sollen sie erkennen, daß fast alle Fahrzeuge, die im täglichen Verkehr zu beobachten sind (insbesondere die Personenautos) einheitliche Formen aufweisen (die die Autoindustrie bestimmt) und daß nur ganz selten Autos zu sehen sind, die ungewöhnlich aussehen oder sehr auffällig verändert sind (wobei die Bemalung in diesem Zusammenhang nur eine minimale Veränderung ist).

Bildnerische Probleme

Vorgefundene und selbst hergestellte plastische Objekte sollen umgestaltet werden. Durch Auflösung (Demontage) von Objekten (z. B. Spielzeug- und Modellautos) in einzelne Teile, werden diese neu verfügbar, d. h. sie sollen aus ihrem ursprünglichen, funktionalen Zusammenhang herausgelöst und in neue funktionale Zusammenhänge gebracht werden. Außer diesen Objektteilen sollen auch andere vorgefundene Materialien (z. B. Glasröhrchen, Schachteln, Korken, Schnüre, Folien) je nach Bedarf verwendet werden. Herstellen eines fahrzeugartigen Objektes, das Modellcharakter hat (und deshalb funktional begründet sein sollte). Das plastische Objekt soll stabil zusammengesetzt sein und möglichst von jeder bekannten Fahrzeugform abweichen (komplexe Mischformen, oder rigoros reduzierte Fahrzeugformen) und als Spielobjekt dienen können.

Bildnerische Mittel

Vorgefundene Materialien und plastische Objekte. Bewegungsformen von Rädern und Radteilen.

Verfahren/Material

Zerlegen und Zerstören vorgegebener Objekte wie Spielzeug- und Modellautos; verwenden der Teile, um ein neues Objekt herzustellen. Assemblagetechnik: Aussuchen, Zusammenfügen, Zusammenstecken und Kleben der Einzelteile, die vorgefunden oder selbst hergestellt sein können. Einbeziehen von Abfallmaterialien. Spielzeugobjekte (Autos, Schiffe, Flugzeuge, Tankstellen usw.); Abfallmaterialien, Bleistift, Schere, Taschenmesser, Hammer und Zange, Klebstoff.

Begriffe

Zerlegen, auseinandernehmen, verändern, neu verwenden, umformen, umgestalten, zusammensetzen, zusammenfügen.

Kunst- und Objektbetrachtung

Leonardo da Vinci: Flugmodelle; Panamarenko-Objekte; Tatlin: „Letatlin" (Flugobjekt); Udo Weingart: „Charettes"; Oldtimer-Auto- und Flugzeugmodelle; Mondfahrzeuge.

Zur Aufgabe

(Kl. 4, Kn/M – Zeit: 2 Doppelstunden)

Der entscheidende Ansatz zur Motivation liegt einerseits in der immer perfekteren, allgegenwärtigen Technisierung unserer Umwelt, an-

Abb. 25a Panamarenko: Meganeudon
Aus: Ausstellungskatalog ‚Panamarenko –
Automobile und Flugmaschinen', Kunstmuseum Luzern 1972.
Foto: Friedrich Rosenstiel, Porz-Eil

Abb. 25b Schülerarbeiten

Abb. 25c Schülerarbeit

dererseits in der Möglichkeit, in einem Bereich (Fahrzeuge) spielerisch Vorstellungen zu entwickeln, die den eigenen Wünschen, Bedürfnissen und technischen Kenntnissen der Schüler entsprechen. Es geht um eine Individualisierung dieses Bereichs durch Fahrzeugverwandlungen. Die grundsätzliche Veränderbarkeit von Fahrzeugen soll erkannt werden. Die Veränderung selbst ist eine Form des In-Besitz-Nehmens durch Anpassung des Objekts an wechselnde Bedürfnisse des Individuums (Schüler).

An Oldtimer-Fahr- und -Flugzeugen kann der Schüler erkennen, daß neuartige Erfindungen oft zu skurrilen Objekten führten. Künstlerische Objekte von Leonardo über Tatlin bis zu Panamarenko und Udo Weingart demonstrieren das Bemühen um die Verbindung von technischer Funktion und fantasievoller Gestaltung. Sie führt zu Objekten, die sich den festgelegten Normen von Zweckmäßigkeit und Nützlichkeit widersetzen und sie damit auch relativieren.

Je zwei Schüler zusammen sollen an einem Objekt arbeiten, um anregende Gespräche und den Austausch von verschiedenartigen Vorstellungen zu ermöglichen. Die Schüler sollen über die Herstellung ihres Fahrzeugs miteinander sprechen, ihre Ideen erörtern und gemeinsam verwirklichen.

Erfahrungsbericht

I. Unterrichtseinheit
Da die Schüler Assemblagematerial mitbringen sollten, war die gestalterische Zielrichtung der Aufgabe schon bekannt und eine motivierende Erwartungshaltung vorhanden.

Der Einstieg wurde über Abbildungen von Udo Weingarts „Charettes" vorgenommen. An diesen Objekten wurde zweierlei erarbeitet:
a) die Demontage realer Fahrzeuge (meist Motorräder) bis zur Funktionslosigkeit und
b) das erfinderische Zusammensetzen und Ergänzen der demontierten Fahrzeuge zu neuen, skurrilen Formen mit technisch-funktional stimmigen Details.

In bezug auf die Objektbetrachtung und eigene Gestaltungsaufgabe wurde festgestellt, daß es für die Erfindung eines fantastischen Fahrzeugs nicht genügt, an fertigen Autos „Verbesserungen" anzubringen, wie es die Autofirmen tun (z. B. eine neue Karosserie, Zierleisten, einen neuen Kühlergrill), sondern daß ein ganz neues Fahrzeug entstehen soll, das dem Auto nur noch entfernt ähnlich sieht und vor allem auch andere Fahreigenschaften hat. Sch.: „man kann sich ja etwas Neues ausdenken"; „vielleicht ein Auto mit dem man auch fliegen kann"; „ein Autohubschrauber"; „so ein Motorrad mit Sessel drin" und „die ersten Autos sahen auch komisch aus"; „die Leute haben darüber gelacht".

Diese Beiträge führten das Gespräch auf die ersten Autos und Flugmaschinen. Einige Schüler, die sich offenbar für dieses Gebiet besonders interessieren, konnten das Aussehen dieser Fahrzeuge und wie sie angetrieben wurden, beschreiben.

Die praktische Arbeit wurde durch das Experimentieren mit dem bereitliegenden Material und durch die anregende Partnerarbeit bestimmt, die dazu führte, daß die Objekte bis ins Detail durchdacht und gestaltet wurden.

II. Unterrichtseinheit
Die Arbeit sollte und konnte in einer Doppelstunde nicht fertiggestellt werden. Die Schüler hatten so Gelegenheit, nach neuen, passenden Materialien zur Fertigstellung ihres Fahrzeugs zu suchen.

Zu Beginn der Stunde wurden an Hand von Abbildungen einige Flugmaschinen von Panamarenko besprochen. Die Schüler erkannten sofort die skurrile Mischung von nachgebildeten Insektenflügeln, Fahrrad und Hubschrauber („Meganeudon" 1972 oder „flatterndes Flügelflugzeug"), oder Fahrrad mit kreisenden Flügeln. Sch.: „wie bei einer Windmühle". Der Reiz dieser Objekte erhöhte sich für die Schüler, als sie darüber informiert wurden, daß diese Fahrzeuge funktionieren, daß man in ihnen sitzen, sie mit Muskelkraft antreiben und mit ihnen fahren kann. Dies führte zu zahlreichen Fragen und Kommentaren in bezug auf die Mechanik. Zu diesen Problemen kann die Abbildung nur Teilinformationen liefern, aber entscheidend war die Feststellung, daß man diesen Fahrzeugen doch sofort ansieht, wie sie angetrieben werden, wie sie zusammengesetzt sind, wie sie „innen" aussehen (nichts ist unter einer Karosserie versteckt). Dieses Prinzip sollten die Schüler bei der Gestaltung ihrer Objekte ebenfalls berücksichtigen. Die technische Funktion sollte stets mitbedacht werden und am Fahrzeug ablesbar sein.

Die Freude und das Interesse der Schüler an dieser Arbeit zeigte sich daran, daß einige von ihnen noch nach Wochen mit neuen Flugobjekten kamen, die sie zu Hause hergestellt hatten. Jedesmal ergaben sich eingehende Gespräche über den Mechanismus und die Fahreigenschaften der im Modell entwickelten Fahrzeuge.

Quellenmaterial

Leonardo da Vinci: „Flugmodelle" – in: Künstler – Theorie – Werk.
Kat. 2. Biennale Nürnberg 1971, Du Mont 1971, Abb. S. 72 und 73.
Vladimir Tatlin: „Letatlin", Abb. Kat. Tatlin, Stockholm 1968 (Berlin).
Panamarenko: Kat. Luzern, Düsseldorf, Stuttgart 1972/73, Kat. Documenta V 1972, 16.155/156.
Udo Weingart: „Charettes", Abb. „Magazin Kunst", 12. Jg. Nr. 48/1972, S. 91–93.
Aus der Buchreihe „Erlesene Liebhabereien" der Band „Auto-Veteranen" von M. Sedgwick.
Seelmann, Dieter: „Illustrierte Geschichte der Fliegerei", Herrsching 1973.

Methodisch-didaktische Alternativen

Aufgaben dieser Art sollten neben Problemen der Umgestaltung immer auch solche der technischen Funktion enthalten. Dies könnte durchaus zu realen Objekten führen, z. B. Seifenkistenautos oder Fahrzeuge aus Sperrmüllgegenständen. Voraussetzung für die Verwirklichung derartiger Projekte ist die Möglichkeit, im Freien und in Gruppen arbeiten zu können. Der Gewinn besteht vor allem in der stärkeren Motivation durch reale Spielsituationen und damit im größeren Engagement für die praktische Arbeit. Die Schüler können in Gruppen zusammenarbeiten und gemeinsam ihre Schwierigkeiten und Erfolge erleben und verarbeiten.

B Arbeitsbereich Raum
1. Gegliederter Raum

„Wohnung"

Umweltbezug

Innenarchitektonische Raumgliederungen: Wohnung, Einzelzimmer, Klassenzimmer, Pausenhalle.

Fachliche Intention

Der Schüler soll durch Herstellen eines Raummodells elementare Bedingungen der räumlichen Organisation seiner eigenen Wohnung erkennen und beurteilen können. Solche elementaren Bedingungen – Erschließung der Räume durch einen Flur, unterschiedliche Raumgröße, Anordnung der Räume, Verbindung der Räume untereinander, Zuordnung der Räume zur Stellung des Hauses – sollen zugleich in ihrer sozialen Funktion bewußt gemacht werden. Der Schüler soll mit der Objektivierung des Modells Distanz gewinnen, um einschätzen zu können, in welcher Weise Lebenssituationen in dieser unmittelbarsten Umwelt ‚Wohnung' mit rational bestimmbaren Eigenschaften der räumlichen Organisation verbunden sind. Es geht damit auch um die grundlegende Einsicht: gebauter Raum ist nicht etwas selbstverständlich Gegebenes, sondern er dient bestimmten Zwecken, erfüllt bestimmte Ansprüche, er fördert oder hemmt bestimmte Formen der Selbstverwirklichung.

Bildnerische Probleme

Rekonstruktion von Raumfolgen und Raumproportionen.

Bildnerische Mittel

Lineare Grundrißgliederung, Wandflächen.

Verfahren/Material

Grundrißzeichnung, Wandumgrenzung der Gesamtwohnung, räumliche Binnengliederung nach den Maßen des Grundrisses; Kartonplatte (ca. DIN A3), Kartonstreifen für Wandelemente, Bleistift, Lineal, Schere, Klebstoff.

Begriffe

Grundriß, Maßverhältnis, Raumaufteilung; umgrenzen, gruppieren, verbinden, messen, vergleichen.

Objektbetrachtung

Abbildungen von Grundrissen und Wohnmodellen aus Bauzeitschriften.

Zur Aufgabe

(Kl. 3, Kn – Zeit: 3 Doppelstunden)

Die Aufgabe fordert keine bildnerischen Entscheidungen im Sinne einer formalen Differenzierung. Insofern kann auch das Raummodell der Wohnung keinen Eigenwert beanspruchen; es hat seinen Zweck erfüllt, wenn der Schüler im Verlauf der Herstellung sich die Raumgliederung der eigenen Wohnung bewußt gemacht und im Vergleich der fertigen Modelle die unterschiedliche Ausprägung einzelner Wohnungen erkannt hat. Das Modell dient der anschaulichen Demonstration. An ihm können funktionale Bedingungen und Abhängigkeiten aufgezeigt werden, die in der realen Wohnsituation zwar anzutreffen, doch kaum bewußt zu machen sind, da dort die Vielfalt der Lebensvollzüge die methodische Reduktion auf einen Aspekt fast unmöglich macht. Mit dem Modell soll der Schüler aus dem komplexen Bedingungszusammenhang ‚Wohnung' heraustreten können, um aus der Distanz verschiedene Beurteilungsmaßstäbe zu erproben.

Die Zuordnung dieser Aufgabe zum Bereich „Gegliederter Raum" anstatt zum „Raumgefüge" wird nicht ohne weiteres einsichtig erscheinen. Diese Zuordnung ist hier eine Frage der methodischen Akzentuierung. Da mit dieser Aufgabe in diesem Falle in den Arbeitsbereich „Raum" eingeführt werden soll, ist nach einem Erfahrungsbereich des Schülers gefragt, in dem eine Raumgliederung von eindeutig bestimmbaren funktionalen Bedingungen abhängt. Die Aufteilung eines Zimmers durch Möblierung – der Normalfall einer Raumgliederung – erscheint für die Beurteilungsmöglichkeiten des Schülers nicht unbedingt einfacher, da die Möbel nur indirekt funktional unterschiedene Raumzonen schaffen, während die Zimmeraufteilung in einer Wohnung – die in diesem Fall als Gesamtraum aufgefaßt wird – die Teilräume, Größenverhältnisse und Wege im Gesamtraum verdeutlicht.

Erfahrungsbericht

Die Aufgabe wurde dadurch erleichtert, daß die Schüler mit Problemen der Grundrißzeichnung bereits vertraut waren. Als Vorbereitung diente eine Grundrißskizze, welche die Schüler zu Hause anfertigten und in ihren Maßverhältnissen überprüften. Sie wurde auf die Grundplatte des Modells übertragen und, von außen nach innen fortschreitend, durch Wandverbindungen ins Dreidimensionale übersetzt. Das „Hineinwachsen" ins Räumliche und die damit gesteigerte Anschaulichkeit führte dazu, daß einige Schüler an der Stimmigkeit ihrer eigenen Maßangaben zweifelten und diese dann in freier Einschätzung der Größenverhältnisse veränderten.

Hilfen und Korrekturen waren nur da nötig, wo aufgrund handwerklicher Schwierigkeiten (Abwinkeln der Kartonstreifen, Einberechnen der Klebefalz, Stabilisierung der Winkelstellung) die klare Raumgliederung gefährdet war.

Um die Raumgliederung genauer beurteilen zu können, waren die Schüler in der Tat darauf angewiesen, den Schritt vom zweidimensionalen Plan ins real räumliche Modell zu tun. Dies war die entscheidende Erfahrung. Erst mit zunehmender Bestimmung der Wandunterteilungen begannen die Schüler, ihr Modell vorstellungsmäßig zu „bewohnen", sich durch Flur und Zimmer zu „bewegen" und die jeweilige Zuordnung der Zimmer bewußter, kritischer zu beurteilen.
Die Beurteilung der fertigen Modelle konzentrierte sich auf die Beziehung von Raumgröße,

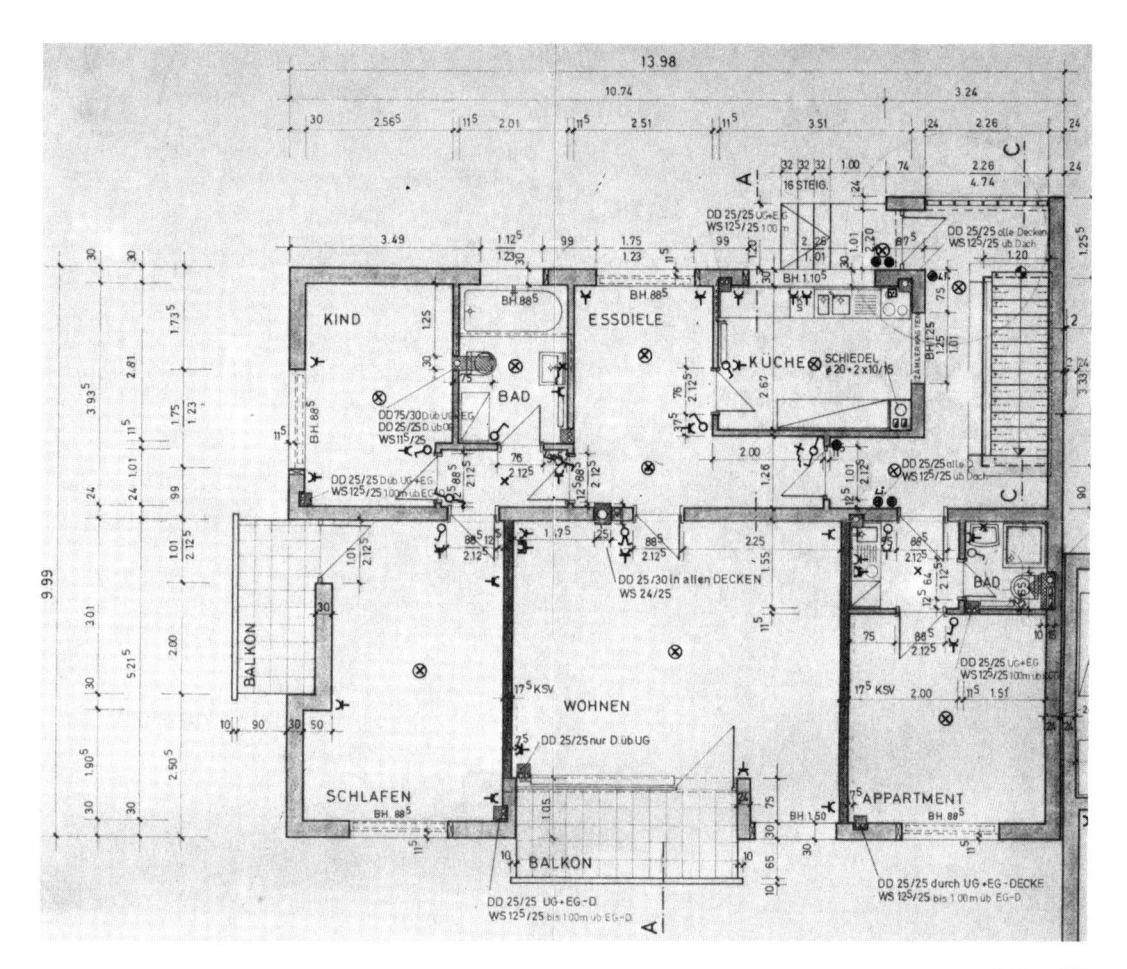

Abb. 26a Grundriß einer Wohnung
Abb. 26b Schülerarbeit

Raumlage und Raumfunktion. Daß diese Beziehung auch unterschiedliche und mit der Zeit veränderte Lebensgewohnheiten ausdrückt, konnte mit der Gegenüberstellung von Altbau und Neubau anschaulich demonstriert werden (großer Flur und große Küche gegenüber betont großem Wohnzimmer).

125

Quellenmaterial

Ulrich Conrads: ,,Archiktektur – Spielraum für Leben", Gütersloh 1972.
Hans Paul Bahrdt: ,,Humaner Städtebau", Hamburg 1968 (daraus: Kap. II. Humaner Wohnungsbau).

Methodisch-didaktische Alternativen

Das psychologische Problem, mit dem Raummodell der eigenen Wohnung auch ein Stück Privatsphäre preiszugeben und Sozialprestige ins Spiel zu bringen (kritischer Einwand einiger Eltern), könnte mit dem freien Entwurf einer Wohnung ausgeräumt werden – obwohl damit die Chance vergeben würde, unmittelbare, vielschichtige Eigenerfahrung im Modell zu objektivieren.

Methodisch vielseitiger nutzbar wäre ein Modell, welches die inneren Wandelemente beweglich läßt. Damit könnte die Reflexion der eigenen Wohnbedingungen direkt einmünden in einer Umgestaltung der gegebenen Gliederung, um zu erproben, welcher Spielraum für eine architektonische Anpassung an veränderte Lebensbedingungen besteht.

2. und 3. Raumgefüge

"Ganglabyrinth"

Umweltbezug

Innen- und außenarchitektonische Raumgliederungen; gewachsene und hergestellte räumliche Strukturen, die aus verwandten Raumteilen zu einer Abfolge oder Wegführung verbunden sind, z. B. Treppen und Flure, die verschiedene Raumzonen zusammenschließen; Straßen, Passagen, Unterführungen, welche verschiedene umbaute Plätze verbinden; Höhlenbauten mit Gangverbindungen.

Fachliche Intention

Raumgefüge als hergestellte Lebensräume, mit denen der Mensch oder das Tier seine unmittelbare Umwelt ordnet, sind funktionale Systeme. Sie geben Schutz und Orientierung, sie organisieren das soziale Leben im öffentlichen, privaten und intimen Bereich. Ihre ästhetische Qualität ist mit der Bewegung durch die verschiedenen Räume hindurch immer auch mit einem bestimmten Zeitmaß verbunden, setzt also eine Beziehung zeitlich aufeinanderfolgender Eindrücke voraus.
Für welche Ziele die ästhetische Qualität von Raumgefügen auch immer genutzt wird (z. B. als Bedeutungssteigerung, als Signalisierung hierarchischer Rangfolgen und Einflußsphären, als Moment der Überraschung, der Distanzierung oder "überredenden" Steuerung), gemeinsam ist allen diesen Anwendungen, daß mit der Bewegung des Betrachters gerechnet wird. Der Schloßbesucher im Märchen, der sich von Saal zu Saal vorwagt und dabei von einer Überraschung in die andere fällt, steht beispielhaft für die besondere Erfahrung von Raumgefügen, auch wenn in unserer gewohnten Umwelt diese Erfahrung mehr mit erwarteten als mit überraschenden Wirkungen verbunden ist.

Die Aufgabe verabsolutiert das Bewegungsmoment. Der Schüler soll Wegführungen erfinden, welche – dem Motiv ‚Labyrinth' entsprechend – Verwirrung hervorrufen. Um dieses Ziel zu erreichen, muß der Schüler bewußt auf unterscheidende, individuelle Raumeigenschaften verzichten und dafür möglichst viele alternative Wegentscheidungen anbieten, die jedoch alle ohne erkennbares Ziel bleiben. Aus der Umkehrung eines individuell abgestuften Raumgefüges in sein Gegenteil, die gleichförmige, maßstablose räumliche Struktur, soll der Schüler Kriterien ableiten, nach denen er den besonderen Charakter von

Raumfolgen hinsichtlich ihrer Einprägsamkeit beurteilen kann.

Bildnerische Probleme

Erfinden von virtuellen Bewegungsabläufen im Raum, Richtungsdifferenzierung einer im übrigen unveränderten Raumform, plastisches Ausformen von Räumen.

Bildnerische Mittel

Geradlinige und geschwungene Wandformen, Kontrast von geschlossenen und geöffneten Raumzonen, Richtungsunterscheidungen.

Verfahren/Material

Streifen- oder plattenförmige Wandelemente werden auf eine Grundplatte aus Ton aufgesetzt, verschoben und modellierend verbunden.
Ton, Arbeitsplatte, Verpackungsfolie zum Feuchthalten.

Begriffe

Wandbewegung, Wegführung, Wegrichtung, Orientierung, Raumverbindung, Raumtrennung.

Objektbetrachtung

Barocker Gartenplan von Batty Langley 1728, Luftaufnahme der Altstadt von Marrakesch.

Zur Aufgabe

(Kl. 3, Kn – Zeit: 2 Doppelstunden)

Das Labyrinth-Motiv gewinnt seine Faszination aus dem Impuls zu spielerischer Erprobung, aus dem Reiz, das Vorwissen durch ein ‚Abschreiten' mit den Augen und mit nachfahrender Handbewegung bestätigt zu finden. Die Aufgabe setzt unmittelbar bei diesem Bewegungsmoment ein, denn es geht nicht um ein kompositorisches Abwägen von räumlichen Formteilen auf einer Fläche, sondern direkt um das Sichtbarmachen einander durchkreuzender, gestoppter und wieder fortgeführter Bewegungsabläufe. Die plastische Form gibt die Spur der Bewegung und lenkt sie, ohne eigene Bedeutung zu beanspruchen. Die Umsetzung der virtuellen Bewegung (das heißt hier: reale Körperbewegung, die auf die Umweltsituation übertragen wird) erfordert eine Arbeitsmethode, die weniger einem festen Plan verpflichtet als auf ein schrittweises Entwickeln, Verändern gerichtet ist; abgesehen davon, daß grafisch entworfene Labyrinthwege als Vorentwurf für ein Raumgefüge, das vor allem tastend beurteilt wird, eher einengend als förderlich sind.

Erfahrungsbericht

Da das Motiv „Labyrinth" den Schülern schon von verschiedenen Umweltsituationen und auch als bildhafte Umschreibung für allgemein verwirrende, desorientierende Raumkonstellationen bekannt war, wurde auf ein Bildbeispiel zur Einführung verzichtet. Der Schüler sollte die Möglichkeit haben, ohne ein mehr oder weniger prägendes Vorbild seine Vorstellung direkt zu verwirklichen und sich dabei auch von den Materialeigenschaften des Tons lenken zu lassen. So stand zu Beginn nur die Forderung, eine Folge von Gangräumen herzustellen, welche eine Gesamtorientierung möglichst verhindern.
Nachdem die Schüler im einführenden Unterrichtsgespräch bereits die Vorstellung ‚Labyrinth' mit kennzeichnenden Eigenschaften wie „eng, dunkel, Zickzack-Bewegung, winklig" verbunden hatten, konnten mit fortschreitender praktischer Umsetzung die besonderen Formeigenschaften genauer bestimmt werden. Vor allem die Wegführung – nämlich ein

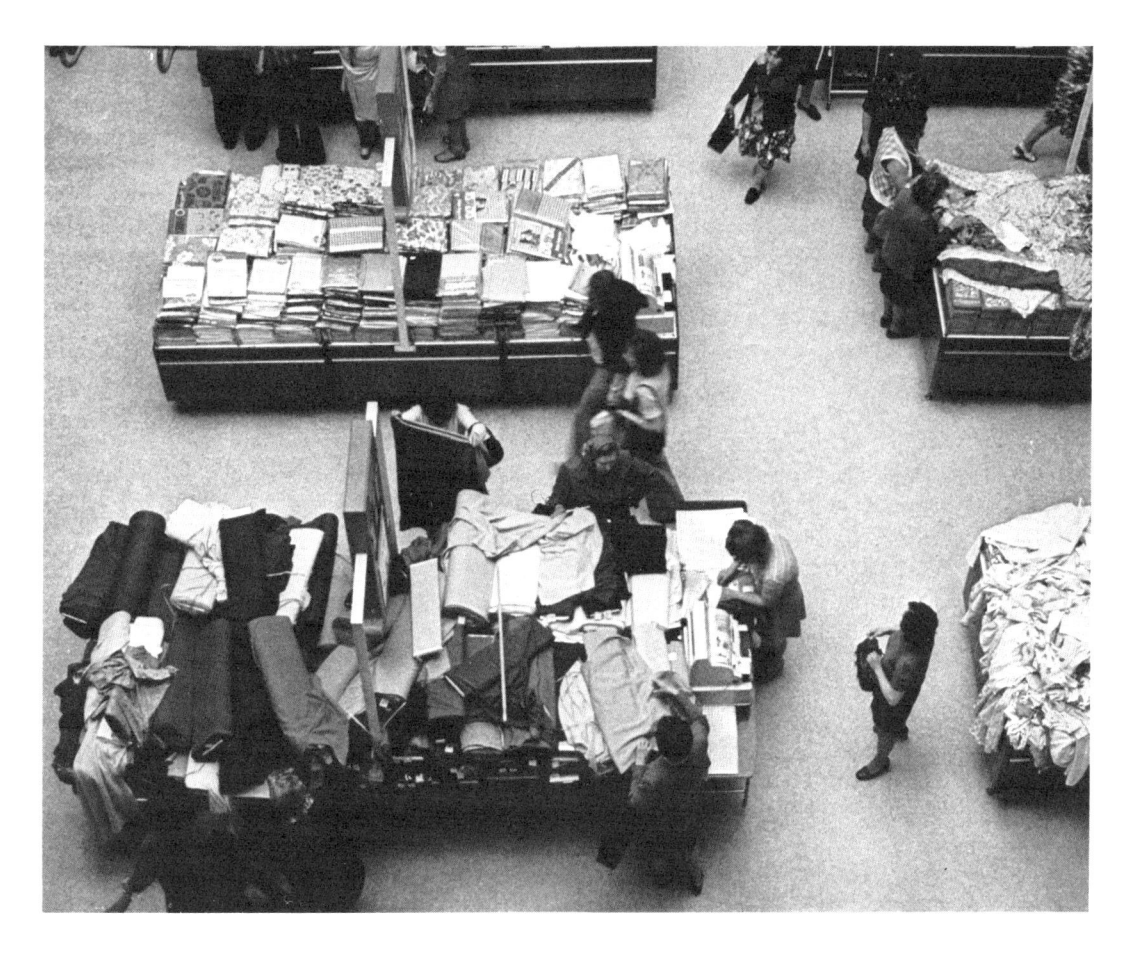

Abb. 27a „Raumgefüge" (Kaufhaus)

Abb. 27b Schülerarbeit

vielfaches Knicken der Wegrichtung – wurde jetzt als wesentliche Bedingung erkannt: „Man darf nicht weit durchgucken können, sonst weiß man gleich, wo es hingeht." Welche Bedeutung die gleichförmigen Wandbegrenzungen haben, stellten die Schüler im Vergleich der eigenen Arbeiten selber fest. So wiesen sie einen Mitschüler, der einen klar gegliederten Rundbau in die Mitte seiner Gangverbindungen gestellt hatte, darauf hin, daß dieser Rundbau sehr leicht wiederzuerkennen sei und dabei immer die Mitte des Labyrinths angebe. Sch.: „Aber man soll ja gar nicht erkennen, ob man gerade in der Mitte oder am Rande steht."

Es war interessant zu beobachten, daß sich die Schüler fast ausnahmslos – wider Erwarten – für kurvige Wegführungen entschieden. Ihr Argument: „Mit den Kurven ist's schwieriger!" könnte auf eine unbewußt ökonomische Arbeitsmethode hinweisen – Biegung statt des aufwendigen Winkels –, es könnte darin zum Ausdruck kommen, daß gebogene Wegführungen generell als komplizierter, verwirrender empfunden werden. Die Beobachtung während der Arbeit läßt jedoch noch einen anderen Hintergrund erkennen: Die Schüler „gingen" mit den Fingern in ihrem Labyrinth „spazieren", übertrugen also die Bewegung des ganzen Körpers auf die Motorik und das Tastgefühl der Hand und empfanden so – auch in der reduzierten Modellsituation – real räumlich. Es ist nun gut möglich, daß ein motorisches Ausschwingen sich im flexiblen Material Platz schaffte und dort gebogene, eben flüssige Raumverbindungen erzeugte, welche dem Rhythmus der Handbewegung mehr entsprachen.

Bei der Objektbetrachtung von Batty Langleys Gartenplan, 1728, konnten in exemplarischer Gegenüberstellung verschiedene Strategien räumlicher Organisation untersucht werden: das streng geordnete geometrische Konzept mit zentralsymmetrischer Orientierung; das rechtwinklige System mit paralleler Achsenführung; die freie, schlangenförmige Wegführung, welche die Maße des Parks in fließenden Kurven ausmißt. Diesem bewußt entwickelten Labyrinth – einem Vergnügungspark inmitten nicht weniger genau geplanter Natur des barocken Schloßgartens – wurde mit der Luftaufnahme von Marrakesch eine Stadtstruktur gegenübergestellt, welche labyrinthisch verworren erscheint. Dieser Eindruck ist auf das dichte Gefüge von Hofhäusern zurückzuführen, das kaum Platz für erschließende, netzartig verbundene Gassen läßt.

Die Bedingungen für mühelose bzw. erschwerte räumliche Orientierung wurden abschließend an Einzelsituationen aus der städtischen Umwelt der Schüler überprüft. Dabei wurden die gerade Straßenachse, der Platz, der Turm, der von Straßen umfaßte Park als günstige Orientierungspunkte genannt, während die winkligen Straßen der Altstadt und auch die gleichförmige Blockreihung in einer Stadtrandsiedlung eher verwirren würden.

Quellenmaterial

B. Langley's Gartenplan in Nikolaus Pevsner: „Studies in Art, Architecture and Design", New York 1968.

Luftaufnahme von Marrakesch in Bernard Rudofsky: „Architecture without Architects", New York 1964.

Zur Frage ‚Orientierung im städtischen Raum' Kevin Lynch: „Das Bild der Stadt", Gütersloh 1968.

Methodisch-didaktische Alternativen

könnten bei der Fragestellung einsetzen, wie sich das Raumgefüge verwandelt,
a) wenn es aus identischen Raumelementen entwickelt wird (z. B. standardisierte Verpackungsschachteln verbinden, zueinander öffnen, Zwischenräume zu Raumzellen in Beziehung setzen),
b) wenn es zu einer bewußt abgestuften Rangfolge aus individuellen Einzelräumen modifiziert wird (eine solche Rangfolge könnte z. B. durch einen schrittweisen Übergang vom kubischen zum gerundeten, vom schmaleren Wegraum zum grö-

ßeren und höheren Verweilraum, vom kahlen zum reich gegliederten Raum ausgedrückt werden),
c) wenn sich die Funktion des Raumgefüges ändert (z. B.: „einzelne, parzellierte Hinterhofgärten sollen zu einem Park für alle Altersgruppen einer Nachbarschaft zusammengefaßt werden"; Zusammenfügen und Umgestalten bisher umgrenzter Einzelgärten).

4. Durchdringung von Innen- und Außenraum

„Kletterwand"

Umweltbezug

Innen- und außenarchitektonische Zuordnung von Farb-Form-Elementen, welche den Aufbau von Körper und Raum überlagern, z. B. großförmige, kontrastreiche Tapeten; Verkleidungselemente bei Vorhangwänden; farbig gegliederte Plattenmuster, welche die Fläche oder Abstufung von Plätzen überziehen; illusionistische Wandbemalungen, welche einen realen Raum durch einen Scheinraum fortsetzen wie beispielsweise bei vielen Bühnenbildern.

Fachliche Intention

Das Erfinden und schrittweise Verändern eines Spiel-Environments soll Gelegenheit bieten, die Wirkungen eines Körper-Raum-Gefüges bewußt zu beeinflussen. Zwei bildnerische Mittel – gemaltes Hell-Dunkel und scharf begrenzte Farbbänder – werden angeboten, die reale Körper-Raum-Beziehung optisch zu verwandeln. Es ist für diese Aufgabe wichtig, daß der Schüler die gestalterischen Mittel nicht lediglich einsetzt, um ein mehr oder weniger vorausbedachtes Endresultat zu erhalten; die Möglichkeiten, räumliche Wirkungen zu erkennen und auf gestalterische Eigenschaften zurückzuführen, sollen sich aus dem Herstellungsvorgang anbieten.

Der aus vorgegebenen Schachteln geschaffene Aufbau soll unter zwei Gesichtspunkten verwandelt werden:
1. Die reale Licht-Schatten-Verteilung soll durch eine gemalte Hell-Dunkel-Abstufung aufgenommen und betont werden.
2. Farbige Bänder sollen den abgetreppten Wandaufbau durchlaufen, Innen- und Außenformen verbinden, wobei sie in frontaler Aufsicht streng achsial durchzuziehen sind.

Beide farbigen Weiterbeurteilungen sollen zwischen der greifbaren Form und deren Erscheinungsbild ein Spannungsverhältnis erzeugen, in dem, je nach dem Standort des Betrachters, mal die reale Körper-Raum-Beziehung, mal deren Illusionierung vorherrscht.

Damit soll neben der Mitwirkung der Farbe in räumlichen Situationen vor allem die Standortbezogenheit der Beurteilung bewußt werden.

Daß die Farbe in jeder Körper-Raum-Erscheinung mitwirkt, ist für den Schüler eine so selbstverständliche Umwelterfahrung, daß es schon wieder einer Veränderung des Gewohnten bedarf, um sich dessen bewußt zu werden. So z. B. bei der subjektiven Größenveränderung eines Zimmers durch neue Tapeten, beim „Temperaturwechsel" eines Raumes durch einen neuen Lampenschirm usw. Hier geht es darum, diese Mitwirkung der Farbe in Einzelschritten kontrollierbar zu machen.

Bildnerische Probleme

Herstellen eines rhythmisch gegliederten Schachtelaufbaues.
Im Wechsel von offenen und geschlossenen Formen soll die Beziehung von Körper und Raum verdeutlicht werden. Um nicht vom Kontrast der Richtungen (senkrecht-waagrecht) und der Größen abzulenken, soll ein Verkanten der Schachteln ausgeschlossen bleiben. Bei der Übertragung der beobachteten Schatten in gemalte ist darauf zu achten, daß bei einer feststehenden, hier seitlichen Lichtquelle, der Schattenwurf einer einheitlichen diagonalen Richtung folgt. Für die Führung der Farbbänder sind die Stellen zu finden, an denen der kubische Aufbau am empfindlichsten gestört werden kann (die Nahtstellen zwischen mehreren Schachteln).

Bildnerische Mittel

Geschlossene und geöffnete kubische Körper unterschiedlicher Größe, flächenparalleler Aufbau der Körper, räumliches Versetzen aus der Wandebene, flächig aufgetragene Graustufen, Primärfarben als monochromes Farbband.

Verfahren/Material

Montage von Schachteln: Aufschichten, Einpassen, Versetzen; vorläufiges, korrigierbares Befestigen mit Klebstreifen; Überdecken der verschiedenen aufgedruckten Farb-Form-Qualitäten des Schachtelmaterials durch monochromes Weiß; Dispersionsfarben, Klebstoff, Schere, Bleistift.

Begriffe

Einpassen, verschachteln, Abtreppung, geschlossene – offene Form, Farbband; Formauflösung.

Kunst- und Objektbetrachtung

Herbert Hajek: „Farbwege"; Aufnahme: farbiges Treppenband bei der Eröffnungsfeier der Olympiade München 1972; farbige Markierung von Fahrbahn, Verkehrsinsel und Signalsäule.

Zur Aufgabe

(Kl. 3, Kn - Zeit: 2 Doppelstunden)

Die Aufgabe wählt eine der vielen Grenzüberschreitungen zwischen den Gestaltungsbereichen Körper-Raum-Farbe. In der technischen Umwelt dient diese Zuordnung in der Regel der schnellen Orientierung, der Sicherheit, der optischen Klärung technischer Funktionszusammenhänge. In der Architektur finden wir sie als Umsetzung ästhetischer Bedürfnisse oder auch als Mittel funktioneller Organisation (z. B. in Krankenhäusern, Bahnhöfen usw.). Diese Zuordnung ist im Bereich gesellschaftlicher Symbolformen ein tradiertes Mittel der Verdeutlichung und Bedeutungssteigerung (erinnert sei nur an den sprichwörtlichen roten Teppich bei Empfängen).
Für die Bildende Kunst ist diese Grenzüberschreitung geradezu ein Kennzeichen der Moderne. Environments von Gaul, Hajek, Colombo, Flavin u. a. leben von der gegenseitigen Überschneidung von Farb- und Raumwirkungen.

Auf dieser Ebene setzt die Aufgabe an. Durch die Kontrolle über das einzelne Gestaltungsmittel soll der Schüler komplexe, nicht vorhersehbare Gesamtwirkungen herstellen, die er selbständig steuern kann.

Erfahrungsbericht

Die Schüler stellten zunächst in Partnerarbeit das Wandgefüge her. Das Motiv ‚Kletterwand' wurde in Gegenüberstellung zur Sprossenwand im Sport zum Anlaß genommen, den abgetreppten Aufbau als eine Vielzahl möglicher Wegführungen in die Höhe und zur Seite aufzugliedern. Dabei erleichterte die Partnerarbeit die gleichzeitige Beurteilung der verschiedenen Seiten.

Der Vergleich eines noch mehrfarbig bedruckten und beschrifteten Wandaufbaues mit einem bereits weiß übermalten zeigte sehr deutlich, wie sehr die Vielfarbigkeit und zeichenhafte Untergliederung von der kubischen Form ablenkt. Das Urteil eines Schülers: „weiß sieht es ordentlicher aus" gab das Stichwort, den Eindruck von „Ordnung" auf die deutlich erkennbaren Flächen und Kanten zu beziehen. Zur Vorbereitung der Hell-Dunkel-Bemalung hatten die Schüler die Aufgabe, ihren Wandaufbau mit Hilfe von Lampen mal möglichst plastisch, mal möglichst flach erscheinen zu lassen. Ausgehend von der frontalen Ausleuchtung erkannten die Schüler, wie mit zu-

---

Abb. 28a Otto Herbert Hajek: Farbwege gehen über Vorhandenes – Gemachtes – machen Raum dem Menschen bewußt
Ausstellung Op-Art, Galerie Eßlingen 1966
© und Foto: O. H. Hajek, Stuttgart

Abb. 28b Schülerarbeit

nehmendem Seitenlicht (rechts, links, unten, oben) die einzelnen Körperformen kräftiger hervortraten, bis die Schlagschatten der weit vorspringenden Formen die benachbarten ganz verschwinden ließen.
Bei der weiteren Arbeit konnten alle Schülergruppen durch das Einmalen der Eigenschatten der Körper die räumliche Tiefe der Wandaufbauten steigern. Bei den — mit Bleistift umgrenzten — Schlagschatten scheiterten jedoch viele, besonders diejenigen mit einem vielgliedrigen Wandaufbau.

Der abschließende Versuch, Umdeutung der Körper-Raum-Wirkung, wurde durch Kunstbetrachtung (Hajek) eingeführt. Dabei waren die Schüler von der Beobachtung fasziniert, wie mit Hilfe der Farbe die eindeutigen Formgrenzen aufgelöst werden können, und sogar — durch Farbübereinstimmung von Hintergrund und vorne liegenden Formen — die Ausdehnung der Körperformen perfekt getarnt wird.
Diese, auch bei Hajek standortgebundene Wirkung wurde mit verschiedenen Farbbändern am eigenen Modell erprobt. Es wurde eine vertikale und horizontale Führung der Farbbänder vereinbart, um mit der räumlichen Abtreppung nicht zu komplizierte Richtungsverwerfungen zu erhalten.

Das Koordinatennetz der Farbbänder forderte bei der Beurteilung der abgeschlossenen Arbeiten dazu heraus, die Modelle zu einer großen Wand zu verbinden. Dabei bestätigte sich eine Beobachtung am Einzelobjekt: daß es uns schwerfällt, uns gleichzeitig in gleicher Weise auf farbige und räumlich-körperhafte Wirkungen zu konzentrieren. Dominiert bei frontaler Stellung die Farbe, so unterstützt die seitliche Stellung, aufgrund des nun deutlicheren Hell-Dunkel, die Wahrnehmung der räumlichen Eigenschaften.

Quellenmaterial

Udo Kultermann: „Neue Dimensionen der Plastik", Tübingen 1967.
Heinrich Frieling: „Farbe im Raum", München 1974.

Methodisch-didaktische Alternativen

1. Verstärkung der räumlichen Wirkung: bei durchbrochenem Wandaufbau und der Einbeziehung einer räumlichen Rückwand; oder: bei einer grundrißhaften Anlage, welche die Körperformen aus einer farbig gegliederten Grundfläche entwickelt.
2. Gesteigerte optische Verwandlung der Körper- und Raumformen durch eine fleckhafte, kantenübergreifende Bemalung.
3. Wechsel des Gestaltungsmittels: schrittweise Verwandlung der kubisch strengen Grundstruktur durch eine „fließende" Kaschierung, die wie eine Haut die Winkel und Fugen weich verspannt.

„Gitterbau"

Umweltbezug

Rohrgerüstbauten, Gittermasten, Umzäunungen, Tore, Baugerüste, Fachwerkkuppeln von B. Fuller.

Fachliche Intention

Stärkung der Raumvorstellung durch experimentelles Herstellen eines räumlichen Gitters. Die Schüler sollen erkennen, daß die Erfindung der Gitterform abhängig ist vom Material und den Verstrebungen (Statik). Das räumliche Gitter ist nach allen Seiten offen, Innen- und Außenraum durchdringen sich. Es besteht aus aneinandergefügten Raumzellen. Durch

Einsatz von durchsichtigen Folien kann man das Gitter nach außen abschließen, ohne den Einblick zu behindern. Das Gitter kann immer weitergebaut und damit verändert werden.
Die Innen-Außenraumdurchdringung soll an eigenen Arbeiten und an Abbildungen beschrieben werden. Das Konstruktionsprinzip soll erkannt werden, ebenso die Bedeutung und einige wesentliche Funktionen dieser Bauten. Besonders wichtig ist die Mobilität dieser Bauwerke, man kann sie schnell erstellen (montieren) und wieder abbauen. Sie sind leicht, lichtdurchlässig und im Inneren variabel aufteilbar. Sie dienen als Baugerüste, Umzäunungen, Fabrik- und Ausstellungshallen.

Bildnerische Probleme

Herstellen einer räumlichen Gitterkonstruktion; Addition von Raumzellen und Bauelementen; Stabilisierung der Einzelteile. Die Gesamtform soll offen und veränderbar bleiben (sie kann unregelmäßig, flächig ausgreifend, oder turm- und hausartig sein); die Zwischenräume (Durchdringung von Innen- und Außenraum) können kleiner oder größer sein, je nach Anzahl der Verstrebungen; das Gitter soll in sich stabil sein und kann teilweise mit durchsichtiger Folie verkleidet werden (Abschluß des Innenraumes bei optischer Raumdurchdringung).
Experimenteller Umgang mit dem Material; Herstellen der Gelenkkugeln.

Bildnerische Mittel

Verformbares Material; dünne Stabelemente, Raumzellen.

Verfahren/Material

Formen von Gelenkkugeln, Einstecken der Stäbe und Addition weiterer Kugeln und Stäbe nach allen Seiten; Zuschneiden und Kleben der Folien. Paste aus Holzschliff und Leim, Zahnstocher ca. 8 cm lang, Klarsichtfolie, Klebstoff.

Begriffe

Verbinden, verstreben, dicht, weit, offen, geschlossen, Außenraum, Innenraum, Zwischenraum, Gitter, Gerüst, Stütze, Strebe, Abstand.

Kunst- und Objektbetrachtung

Abbildungen von B. Fuller-Kuppeln; Abbildungen von K. Wachsman-Projekten (Flugzeughangar); Rohrgerüste auf dem Baugelände (Privataufnahmen);
K. Siegel: „Strukturformen", München 1965², S. 185 und 191.

Zur Aufgabe

(Kl. 2, Kn/M – Zeit: 1 Doppelstunde)

Sie ist dem unmittelbaren Bereich der Umwelt entnommen. Die Schüler sollen eigene Raumvorstellungen entwickeln und verwirklichen. Die Struktur des selbsthergestellten, räumlichen Gitters ist das Ergebnis des additiven Bauprinzips. Dies ist der Vorteil dieser Aufgabe: durch allseitige Verbindung der Stäbe mit den Knoten entsteht das Gitter „von selbst". Der Schüler kann das Wachsen seiner Konstruktion beobachten und je nach Gestaltungsabsicht und Stabilität des Objekts weiterbauen. Die Rhythmik und Raumverdichtung der Gitterstruktur sollen berücksichtigt und mitgestaltet werden.
Das räumliche Gitter kann von den Schülern nicht vorausgeplant werden. Im Gegenteil, es wird experimentell entwickelt. Während der Arbeit sind deshalb Korrekturen und Veränderungen notwendig.

Erfahrungsbericht

Zu Beginn wurden einige Abbildungen (Dias) von räumlichen Gittern gezeigt (B. Fuller-Kuppel; K. Wachsman-Projekt, Umzäunung). Der Begriff „Gitter" wurde von den Kindern sofort eingeführt, um die Bauten zu beschreiben. Der Aufbau des Gitters wurde erarbeitet. Ein Schüler konnte mit dem Finger die verschiedenen Abzweigungen der Stäbe von einem Knoten aus verfolgen. Die dabei verwendeten Begriffe: nach hinten, nach vorn, zur Seite, schräg nach oben und unten, bezeichnen verbal ein Raumgefüge. Beim Kuppelbau erkannten die Kinder die Dreiecksverbindungen als Grundelemente.

Als Besonderheiten der Gitterkonstruktion wurden gesehen: die Leichtigkeit (gegenüber massiven Mauern), die Durchsichtigkeit (Lichteinfall) und manchmal die Schwierigkeit, festzustellen, was innen und außen ist (wenn keine Glasverkleidung vorhanden ist). Der Lehrer informierte die Schüler über das Ab- und Aufbauen dieser Hallen (Vergleich Zirkuszelt) und darüber, welchen Zwecken sie dienen können.

Aus dem experimentellen Umgang mit den bereitliegenden Materialien sollten die Schüler eigene, fantasievolle räumliche Gitter entwickeln. Durch die Länge der Stäbe und die begrenzte Stabilität der Kugeln wurde die Ausdehnung und Rhythmik der einzelnen Raumzellen und des gesamten Gitters in groben Zügen bestimmt. Trotzdem war es erstaunlich zu beobachten, daß viele Schüler ihre angefangenen Arbeiten aufgrund dazugewonnener Erkenntnisse völlig veränderten oder wieder auflösten und eine neue Konstruktion zu ent-

Abb. 29a Gitterkonstruktion

Abb. 29b Schülerarbeiten

wickeln begannen. Die Umkleidung mit Klarsichtfolie wurde nur von wenigen Schülern vorgenommen. Den meisten gefiel das Gitter ohne Folienumkleidung besser.
In der Nachbesprechung wurde anhand der Arbeiten das Problem der Raumdurchdringung besprochen (Innen-Außenraum; Zwischenraum).

Quellenmaterial

Kurt Siegel: „Strukturformen der modernen Architektur", München 1965².
Gyorgy Kepes: „Struktur in Kunst und Wissenschaft", Brüssel 1967, darin: B. Fuller: Begrifflichkeit von Grundstrukturen, S. 66–68 (mit vielen Abbildungen und Vergleichen aus dem Bereich der Natur).
Jeodicke: „Geschichte der modernen Architektur", Stuttgart 1958.

Methodisch-didaktische Alternative

Alternative Aufgaben können in zwei verschiedenen Richtungen weiterentwickelt werden:

a) räumliche Gitter, deren Gesamtform näher bestimmt wird (z.B. Überdachungen, Turmbauten, Gittermasten) und
b) räumliche Gitter, die unterteilt werden, so daß Innen- und Außenraumbegrenzungen in den Vordergrund treten (z. B. Innenraum mit Vorhalle, Gitterbau mit Trennwänden aus Pappe oder Plexiglas; Glaspalastbauten).

Für die Herstellung derartiger Bauten ist wichtig, daß ihre Gesamtform indirekt, d. h. durch Addition von Raumzellen und einzelnen Bauelementen, zustande kommt.

5. Bewegliche Raumgrenzen

„Wohnungs-Baukasten"

Umweltbezug

Räume mit versetzbaren oder verschiebbaren Wänden (die in der Regel nur bei Bauten mit standardisierten Elementen möglich sind); Wohnungsbau, Schulbau, Stadthallen, Gemeindezentren, Mehrzweckarchitekturen für kulturelle Veranstaltungen, Bühnenbauten, Zeltkonstruktionen.

Fachliche Intention

Der Schüler soll durch praktische Versuche am Modell erkennen und beurteilen, wie Räume entsprechend veränderter Funktionen umgeformt und variabel genutzt werden können. Es soll ihm bewußt werden, daß Architektur an Aufgaben, an „Dienstleistungen" gebunden ist, und daß ihre Qualität mit davon abhängt, wie flexibel sie auf sich verändernde Nutzungsansprüche eingestellt werden kann. Das Verständnis von Architektur als Organismus, der unser tägliches Leben organisieren hilft, ist das langfristige didaktische Ziel.

Als besondere Eigenschaft eines modularen Systems mit beweglichen Wandelementen soll der Schüler einen fließenden Gesamtraum mit einzelnen Raumzonen herstellen. Dabei soll er beurteilen, wie sich ein solches Raumkonzept mit verschiedenen Funktionen vereinbaren läßt.

Verfahren/Material

Bewegliche Steckverbindung von Wandelementen auf einer Grundplatte; Dämmplatte mit eingefrästem Raster (5 × 5 cm), genormte Kartonabschnitte in drei Breiten (halbe, einfache und doppelte Moduleinheit s. o.).

Begriffe

Maßeinheit – Modul, Bauelement, Raster, Serienfertigung, geschlossener und offener Raum, Raumverbindung, Raumveränderung.

Objektbetrachtung

Abbildungen „Haus Schröder" Utrecht 1924, Arch. Gerrit Rietveld.
Versuchshaus der Unistrut-Bauweise, Ann Arbor USA, Arch. W. Sanders.
Hausmontage nach dem General-Panel-System, K. Wachsmann.

Zur Aufgabe

(Kl. 3, Kn - Zeit: 2 Doppelstunden)

Die Aufgabe folgte direkt auf das Raummodell der eigenen Wohnung. Sie bezieht sich auf Versuche in der Architektur, die Vorzüge einer industriellen Vorfertigung mit flexibler Anpassung an veränderbare Funktionen zu verbinden. Bewegliche Raumgrenzen als planerische und konstruktive Antwort auf wechselnde Bedürfnisse.

Diese funktionale und ästhetische Dimension moderner Architektur findet der Schüler nur sehr vereinzelt in seinem unmittelbaren Erfahrungsbereich, weil trotz der Verwendung von Fertigbausystemen bei Schulen, öffentlichen Bauten und auch Wohnhäusern die Möglichkeit zu variabler Raumgliederung kaum genutzt wird.

Scheut man bei öffentlichen Bauten zumeist die höheren Kosten, die mit einer variablen Montage verbunden sind, und läßt man sich gerade beim Schulbau leider vom Prinzip absolut festgelegter Funktionsräume leiten – anstatt schon bei der Auswahl des Bausystems wechselnde Unterrichtsbedingungen zu berücksichtigen –, so stoßen variable Bausysteme im privaten Wohnbau auf letztlich ideologische Widerstände. Der eigene Besitz scheint mit „Lösungen auf Zeit" unvereinbar zu sein.

Dennoch wäre es vordergründig, die Stereotypisierung der Wohnbedürfnisse nur auf erstarrte Verhaltensweisen und Selbstdarstellungsformen zurückführen zu wollen, das Wohnverhalten nur als ein passives Konsumieren von Normen der Bau- und Möbelindustrie zu erklären. Die Möglichkeit, auf veränderte Lebensbedingungen mit neu abgestimmten Raumgliederungen einzugehen, den gebauten Raum unseren Bedürfnissen anzupassen – und nicht umgekehrt – ist bisher kaum bewußt geworden. Gerade deshalb fällt es so leicht, Elementenbauweise mit „Hausbau von der Stange" gleichzusetzen; dort also Uniformität auszumachen, wo Individualität konstruktiv und wirtschaftlich zu verwirklichen wäre.

Um so wichtiger erscheint es, den Schüler mit Grundbedingungen eines modularen Bausystems vertraut zu machen. Dabei können auf dieser Erfahrungsstufe die sehr komplizierten planerischen und technologischen Voraussetzungen nicht berücksichtigt werden. Es geht vielmehr um die grundsätzliche Einsicht, daß die räumliche Organisation einer Wohnung nicht mit der konstruktiven Fertigstellung des Hauses absolut festgelegt sein muß.

Erfahrungsbericht

Die Auswertung des zuvor hergestellten Modells der eigenen Wohnung bot die Verbindung zu dieser Aufgabe. Die Schüler hatten erkannt, daß die einmal festgelegte Gliederung der Wohnung viele Kompromisse verlangt (z. B. Kinderzimmerunterteilung durch Schränke, um mehreren Geschwistern einen eigenen Bereich zu sichern; Ausnützung des Flurs als Spielraum – und die damit verbundenen Konflikte, wenn der „Hauptverkehrsweg" der Wohnung blockiert ist; die störungsanfällige Nachbarschaft von Kinderzimmer und Arbeitszimmer usw.).

Daraus ergab sich direkt die Frage nach möglichen Veränderungen, wenn die Einteilung der Räume nicht festgelegt wäre. Das Stichwort „Bewegliche Raumgrenzen" ließ die Schüler zunächst an Schiebetüren und Vorhänge denken. Der Hinweis, hier sei auch an ganze Wände gedacht, führte die Schüler zum Beispiel der neuen Turnhalle und zum besonderen Fall: Sch.: „Das gibt's ja nur im Theater!" Es schien den meisten Schülern kaum vorstellbar, solche Wände auch im Bereich des Wohnens zu finden.

Abb. 30a „Zeltstadt"

Abb. 30b Schülerarbeit

Die Montageaufnahmen von vorgefertigten Wandelementen (aus K. Wachsmann) vermittelten den Schülern dann eine ganz neue Vorstellung vom Aufbau eines Hauses. Wesentlich war die Erfahrung, daß alle Bauelemente in einer Maßbeziehung stehen müssen (Grundrißraster, Aufriß aus aneinandergereihten Maßeinheiten), um montierbar, austauschbar und veränderbar zu sein.

Die einfachen Baukastensätze wurden von den Schülern zunächst spontan als Spielmaterial genutzt. Dabei konnten sie unmittelbar erfahren, was sie aus den Abbildungen erkannt hatten: das Grundmaß bestimmt den gesamten Aufbau. Als einige nur mit den großen Wandelementen (doppelte Maßeinheit) weiterbauen sollten, merkten sie sehr schnell, daß die Größe der Elemente sie stark behinderte; engere Winkel waren kaum mehr herzustellen; wenn eine Türöffnung ausgespart werden sollte, ragte die Wand hervor oder durchstieß die Hausgrenze.

Daraus konnte abgeleitet werden: Je kleiner die Maßeinheit, desto beweglicher kann man aufteilen. Andererseits erschien für viele geradlinige Wände eine sehr kleine Maßeinheit unnötig. So wurde deutlich, daß die Maßeinheit für Wandelemente und Grundrißraster eine mittlere Größe haben muß, welche kleinere Unterteilungen (z. B. bei Türen) ermöglicht, ohne bei zusammenhängenden Wänden viele aufwendige Verbindungen zu erfordern.

Die Überlegungen zur Maßeinheit und ihren Auswirkungen auf das Raumgefüge waren deshalb besonders wichtig, weil sie hier aus unterrichtsorganisatorischen Gründen vorgegeben wurde und der Schüler sie mit dem Materialangebot zunächst als eine fraglose Selbstverständlichkeit aufnahm.

Nach der Phase eines erprobenden Umgangs mit dem Material erhielten die Schüler die Aufgabe, für ihre Familie eine Wohnung zu entwerfen und dabei anstelle der gewohnten Aneinanderreihung von abgeschlossenen Einzelräumen miteinander verbundene Raumzonen herzustellen, die durch Schiebewände unterteilbar sein sollten. Eine Figurenschablone diente als Vergleichsmaßstab; mit farbigen Bodenplatten konnten die verschiedenen Wohnbereiche verdeutlicht werden. Diese Aufgabe war für die Schüler mit unerwarteten Schwierigkeiten verbunden. Ihre Vorstellung von funktional unterschiedenen Räumen war weitgehend an abgeschlossene Einzelräume gebunden. Die Raumöffnung empfanden viele als Störung der Funktion. Die prägende Wirkung des eigenen Erfahrungsbereiches wurde hier sehr deutlich. Nur für wenige Schüler, die in Neubauten mit offenen Raumverbindungen wohnten, war diese Form der Raumgliederung einsichtig und sinnvoll.

Die anschließende Aufgabe, die Wohnung im Hinblick auf veränderte Familiengröße und Wohnbedürfnisse räumlich umzugestalten, wurde von den Schülern als willkommener Anlaß aufgenommen, die eigenen Vorstellungen am schnell veränderbaren Modell zu verwirklichen.

Möglichkeiten für Unterteilung und Raumverbindung, Austauschen der Raumnutzung (z. B. um die West- und Südseite des Hauses besser zu nutzen) oder Veränderung bestimmter Raumgrößen wurden in vielen Einzelversuchen erprobt und von den Schülern in gegenseitiger Beurteilung begründet. Jetzt wurde das Versetzen einer Wand nicht mehr als ein freies Zusammenstellen von Raumgrenzen verstanden, sondern konkret auf Bedingungen des bewohnten Raumes bezogen („Reicht eine Maßeinheit als Flurbreite? Wie kann der Flur als Erschließungszone in einen bewohnbaren Raum umgewandelt werden?").

Im dritten Gliederungsversuch sollte die räumliche Organisation vom freistehenden Haus auf die Bedingungen eines Reihenhauses mit zwei blinden Seiten umgestellt werden. Der mit der zweiseitigen Lichtführung eingeengte Planungsspielraum verdeutlichte in elementarer Weise die Abhängigkeit von außen- und innenräumlicher Organisation.

Um den Schülern bewußt zu machen, in welchem Grade das Baukastenmodell die realen Planungsbedingungen vereinfacht, wurden mit Abbildungen die hier übergangenen Bedingungen (insbesondere Installation, Verbindungssysteme, Montage) aufgezeigt.

Quellenmaterial

Konrad Wachsmann: „Wendepunkt im Bauen", Wiesbaden 1959.
Walter Meyer-Bohe: „Vorgefertigte Wohnhäuser", München 1959.
Thomas Schmid/Carlo Testa: „Bauen mit Systemen", Zürich 1969.
Jürgen Joedicke: „Moderne Baukunst", Stuttgart 1958.

Methodisch-didaktische Alternativen

a) Zum Umweltbezug: z. B. Zeltplatz, Ausstellungshalle, Mehrzweckunterrichtsraum, Wochenendhaus, Wohnwagen.

b) Zum Bauelement: Proportion, Material, Montageverfahren.

Wichtig erscheint für diesen Arbeitsbereich, daß der Schüler sich nicht in der Herstellung von Bauelementen erschöpft, sondern diese unter möglichst unterschiedlichen Bedingungen einsetzt. Die Materialvorgabe begünstigt dieses Ziel; andererseits sollte der Schüler erkennen können, wie im Bauelement die Qualität der räumlichen Gliederung bereits angelegt ist.

Wenn die Bauelemente aus organisatorischen Rücksichten vorgegeben sind, sollte ihre Entwicklung und ihr Einfluß auf den Arbeitsprozeß mitreflektiert werden.

6. Experimentelles Erproben von Raumwirkungen

„Treppenlabyrinth"

Umweltbezug

Mobile, demontierbare und leicht veränderbare Architekturen bei Ausstellungen, Messen, Festspielen, Bühnenbau in Theater und Film; Baugerüste.

Fachliche Intention

Ein vorgegebener Kastenraum soll wie eine Bühne zu einer Schauseite hin gegliedert werden. Ziel ist die ausdrucksmäßige Verwandlung der kubischen Raumstruktur: a) durch ein dreidimensionales Netz von Treppen, Stegen und Plattformen, b) durch eine die reale Raumtiefe illusionistisch steigernde Hell-Dunkel-Gliederung.

Der Schüler soll durch ein vielfältiges Verspannen des Raumes – in die Breite, Höhe und Tiefe, parallel zu den Wandflächen und diagonal – sich experimentell mit dessen realen Dimensionen und ihren optischen Verwandlungen auseinandersetzen. Er soll erfahren, wie die physischen meßbaren Eigenschaften eines Raumes je nach dessen Gliederung in vieldeutige, psychische Wirkungen umschlagen. Da solche Wirkungen (wie z. B. Beunruhigung, Sicherheit, Erregung, Beklemmung) so komplex sind, daß sie nur begrenzt durch eine begriffliche Rationalisierung erhellt werden können, soll der Schüler die Möglichkeit haben, besondere Wirkungen mit selbst kontrollierbaren Eingriffen in Beziehung zu setzen. Wenn der Schüler anfangs buchstäblich im leeren Raum operiert, kann er mit dem ersten Schritt zur Gliederung bereits den grundlegenden Zusammenhang von meßbaren Eigenschaften und ganzheitlicher psychischer Wirkung entdecken: Wählt er z. B. eine Treppe mit relativ großen Stufen, macht er den vorgegebenen Kastenraum – im Maßstab des vorgestellten Akteurs – zur beklemmend engen Zelle, wählt er dagegen relativ kleine Stufen, verwandelt sich derselbe Kastenraum in eine kaum mehr überschaubare Halle.

Wesentlich für ein experimentelles Erproben von Raumwirkungen ist, daß der Schüler die zu Verfügung stehenden Mittel bewußt einzusetzen und auszuschöpfen lernt; das ist nur möglich, wenn er mit der Reflexion einzelner bildnerischer Entscheidungen deren Wirkung erkennt, bevor sie durch andere verändert oder überdeckt wird.

Bildnerische Probleme

Erfinden einer phantastischen Raumgliederung aus Treppen, Stegen und Plattformen; diese sollen die Raumdimensionen ausmessen und durch Verbindung und Überschneidung vielfältige Raumzonen entstehen lassen. Der Labyrinthcharakter dieses Raumes soll durch Störung der Wegverbindungen, durch „Sackgassen" und schwierige Übergänge erzeugt werden.
Hell-Dunkel-Bemalung als Mittel, die realen Raumgrenzen optisch zu verwandeln.

Bildnerische Mittel

Senkrechte, waagrechte und diagonale Verstrebungen, Kontrast von Stütze und Platte, Überschneidung, Vergitterung

Verfahren/Material

Streben, Wand- und Plattenelemente werden im Kastenraum montiert, zuerst in der Erprobungsphase mit Dekonadeln und Büroklammern, dann geklebt; nach Abschluß der Raumgliederung Hell-Dunkel-Beurteilung. Pappkartons (ca. 25 × 35 × 20 cm), verschieden starke Pappabschnitte, Schere, Dekonadeln, Büroklammern, Klebstoff, Borstenpinsel, Dispersionsfarbe (schwarz-weiß).

Begriffe

Verstrebung, Überschneidung, Raumebenen; waagrechte senkrechte, schräge Verbindung; Raumgliederung.

Kunst- und Objektbetrachtung

Giovanni Piranesi „Carceri", Tafel VII, 1760. Eigenaufnahmen von Baugerüsten.

Zur Aufgabe

Die Aufgabe soll das Verständnis dafür vermitteln, daß Raum ein formbares, verwandelbares, in seiner Wirkung zu beeinflussendes Ausdrucksmedium ist – wie die Farbe, die grafische und plastische Form. Dieses allgemeine Ziel verliert seine vermeintliche Trivialität, wenn man sich bewußt macht, daß die hergestellten Räume unserer Umwelt in der Regel Ansprüchen der Zweckmäßigkeit, der Nutzung entsprechen und mit der Erfüllung solcher Ansprüche als selbstverständlich gegeben erscheinen.

Erfahrungsbericht

Da die Aufgabe nicht von den Bedingungen eines funktional gegliederten Raumes ausgeht, sondern von den Möglichkeiten seiner ausdrucksmäßigen Verwandlung, wurde die Aufgabe mit einem Beispiel einer fantasievollen und expressiven Raumgliederung eingeführt: der grafischen Raumerfindung von G. Piranesi: „Carceri", Tafel VII, 1760. (Alternativ hätte auch eine Bühnenarchitektur des expressionistischen Theaters oder Films gewählt werden können.)
Die Schüler fühlten sich – ganz im Sinne Piranesis – sogleich aufgefordert, die Treppen, Galerien, Brücken als Wegführung im Raum zu erproben, merkten jedoch bald, daß diese Wegführung immer wieder unvermittelt abbricht und daß damit auch den winzigen Figuren eine Verbindung nur trügerisch versprochen wird: sie bleiben auf ihrer Etage, ihrem Treppenabschnitt gefangen. Für die Schüler trugen weniger das Licht und die tiefen Schatten, auch kaum die merkwürdigen Apparaturen zum Eindruck des Bedrohlichen bei, dagegen erschien ihnen die riesige, sich in der Raumtiefe verlierende Treppenhalle unheimlich und verwirrend.
Anschließend wurde besprochen, wie man den Innenraum eines Kartons durch Einbauten verwandeln könnte, um eine ähnlich verwirrende Wirkung zu erzeugen. Es erschien

den Schülern von Anfang an wichtig, daß man dafür keine festen Etagen wählen dürfe, sondern möglichst viele Überschneidungen und Durchgänge schaffen müsse.

Da die Schüler von einem Standort her – zumeist in sitzender Haltung – an ihren Kastenräumen arbeiteten, war mit einer Schwierigkeit fest zu rechnen: die Raumtiefe durch Schrägführungen und Voreinanderstellen der Bauformen genügend zu berücksichtigen. Auf ein hier handwerklich notwendiges Gliedern, das von hinten nach vorne fortschreitet, mußten sich die Schüler erst einstellen.

Eine Schülerbeobachtung war für das experimentelle Erproben kennzeichnend und für die Weiterarbeit besonders fruchtbar: um eine Platte leichter festkleben zu können, hatte ein Schüler sein Raummodell auf den Kopf gestellt. Dabei erkannte er aus der Situation heraus, daß die Umkehrung von oben und unten zur verwirrenden Wirkung wesentlich beitragen kann (Schüler: ,,Wenn die Teile hängen, sieht's unsicherer aus").

Das unterschiedliche Kartonmaterial wurde von den Schülern als störend empfunden. Sie wollten ihr Modell von sich aus einheitlich übermalen. Um damit jedoch nicht nur eine Vereinheitlichung, sondern darüber hinaus eine Steigerung der Raumwirkung zu erreichen, wurde – zunächst an einem leeren Karton – erprobt, wie man mit einer Hell-Dunkel-Gliederung den Raum tiefer erscheinen lassen könnte. Hell und Dunkel wurden im Wechsel

---

Abb. 31a Piranesi: Carceri VII
Foto: Staatsgalerie Stuttgart

Abb. 31b Schülerarbeit

für vorne und hinten erprobt. Die Erfahrung, daß ein dunkler Grund den Raum in die Tiefe dehnt, während helle Formen auf dunklem Grund hervortreten, wurde dann für die Bemalung des Raummodells genutzt.

Quellenmaterial

Räume und Environments, Katalog Leverkusen 1969, Text: R. Wedewer.
Zu G. Piranesi: Fünf Jahrhunderte Europäische Grafik, Katalog Haus der Kunst München 1966.
Barocke Bühnenarchitekturen in Jean Starobinski: „Die Erfindung der Freiheit 1700 bis 1789", Genf 1964.
Zu psychologischen Bedingungen der räumlichen Wahrnehmung E. H. Gombrich: „Kunst und Illusion", Köln 1967 (Kap. „Die Mehrdeutigkeit der dritten Dimension").

Methodisch-didaktische Alternativen

Die Erfahrungen aus dieser Aufgabe lassen erwarten, daß der Schüler noch intensiver in dreidimensionalen Beziehungen denkt und gestaltet, wenn sein Raummodell von der Vorder- und Rückseite zugänglich ist. Handwerkliche Vorzüge könnten sich dabei mit einer Erweiterung der experimentellen Eingriffe verbinden (z. B. Gegensatz von ansteigendem und abfallendem Raum, gegensätzliches Zuordnen von Farben).

Weitere Aufgaben könnten darauf zielen, die vorgegebene Raumstruktur optisch zu überlagern: z. B. durch Öffnung der Seitenwände, um den Innenraum durch Licht zu beeinflussen; durch Kaschieren der Raumwinkel und Reliefierung der Wandflächen (mit zusammengeschobenen Leimpapieren etwa), um den kubischen Raum z. B. in eine Grotte zu verwandeln.

Reale Raumversuche im Klassenzimmer

Die Querverbindung dieser Gestaltungsversuche im realen Raum zu den Aufgaben mit Raummodellen erlaubt es, ihre Darstellung im wesentlichen auf einen Bericht des Unterrichtsverlaufes zu konzentrieren. Die Raumversuche wurden im dritten Schuljahr (25 Jungen) in Einheiten von jeweils einer Doppelstunde durchgeführt.

1. Gegliederter Raum: Gliederung eines großen Raumes für drei Geschwister

Fachliche Intention

Die Schüler sollen einen gegebenen Raum durch Wände so unterteilen, daß sich drei möglichst gleichrangige Raumabteilungen ergeben. Die Notwendigkeit zur gegenseitigen Abstimmung, wie sie vom Schüler auch in seiner eigenen Wohnung täglich erfahren wird, soll hier in der Unterteilung eines einzelnen Raumes drei ineinandergreifende Bedingungen aufdecken:
– die Größe und Proportionierung der Raumabteilung
– die Lage der Raumabteilung im Gesamtraum und zu den benachbarten Abteilungen

– der Zugang zur Raumabteilung und die Lichtführung.

Da im Versuch einerseits die Eigenschaft eines typischen Großraumes in einem Altbau berücksichtigt werden sollte, andererseits auf die Raumsituation im Klassenzimmer eingegangen werden mußte, war eine weitere, erschwerende Einschränkung nötig: Fenster nur auf einer Raumseite.

Unterrichtsverlauf/Erfahrungsbericht

1. Allgemeine Einführung in die Aufgabenstellung der Raumversuche
– Verbindung zu den Raummodellen
– Herstellen begehbarer und veränderbarer Räume.
2. Umweltbezug: große Innenräume in der Wohnung, in der Schule und anderen öffentlichen Bauten; ihre jeweilige Funktion.
3. Aufgabenstellung: Gliederung eines großen Raumes für drei Geschwister in Abteilungen, die einen eigenen Bereich, aber keine Einzelzimmer im großen Raum herstellen sollen.
Vorbereitung der Raumversuche:
– die Form des Grundrisses wird der Klassenzimmersituation angepaßt,

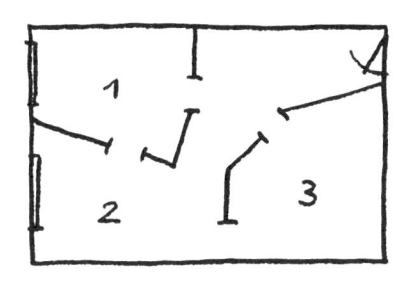

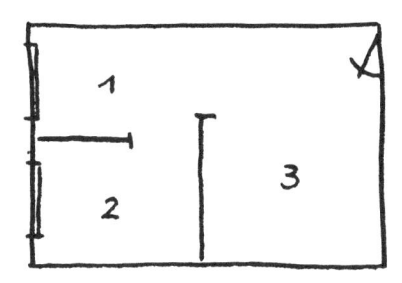

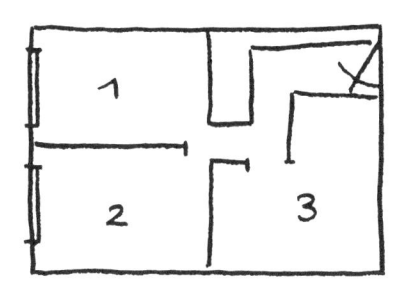

Abb. 32 Grundrißentwürfe

– jeder Schüler entwirft in einer Grundrißzeichnung eine Gliederung des Großraumes, während drei Schüler an der Tafel arbeiten. (Im Sachkundeunterricht wurde vorher in das Lesen und Zeichnen von Grundrissen eingeführt.)

Um von der eigentlichen Aufgabe nicht abzulenken, war der Hinweis nötig, auf das Einzeichnen von Möbeln zu verzichten. Die Grundrißentwürfe und die Argumente der Schüler ließen erkennen, daß die meisten Schüler den vorgegebenen Grundriß zunächst als Hausgrundriß mißverstanden hatten: sie hatten Einzelzimmer in einer Etage entworfen und nicht Abteilungen in einem zusammenhängenden Raum.

Weitere Entwürfe an der Tafel verschafften dann Einsicht in die Bedingungen eines gegliederten, aber zusammenhängenden Raumes.

Im Vergleich von drei Entwürfen wurden die besonderen Vor- und Nachteile der verschiedenen Lösungen diskutiert:
– die ungleiche Durchlichtung und Größe
– die als ungünstig beurteilte Nähe zur Tür
– der Raumverbrauch durch einen erschließenden Flur
– die Abstimmung von Raumtrennung und Raumverbindung.

4. Versuche mit den Stellwänden

Es ging zunächst darum, die an der Tafel festgehaltenen Entwürfe nachzustellen. Die dabei veränderte Beurteilungssituation führte zu einem vielfachen Verschieben der Stellwände. Erst durch die Wahrnehmung im Raum war es möglich, die relative Wirkung von Enge und Weite zu beurteilen, das Umschlagen eines als angenehm empfundenen Raumwinkels in eine unangenehme spitzwinklige Ecke zu erfahren und vor allem den Einfluß des Lichts auf die Wirkung des Raumes durch Veränderung der Wandstellungen zu kontrollieren.

5. Für den Lehrer waren insbesondere zwei Erfahrungen wichtig: *erstens:* die Schüler brauchen einen Spielraum der Eingewöhnung, in dem sie sich auf die neue Arbeitssituation einstellen können. Aus dieser Sicht erscheint es durchaus sinnvoll, eine Phase spontanen Bauens einzuplanen, in der sich der Schüler vom Aufforderungscharakter des Materials leiten lassen kann, ohne zugleich ei-

150

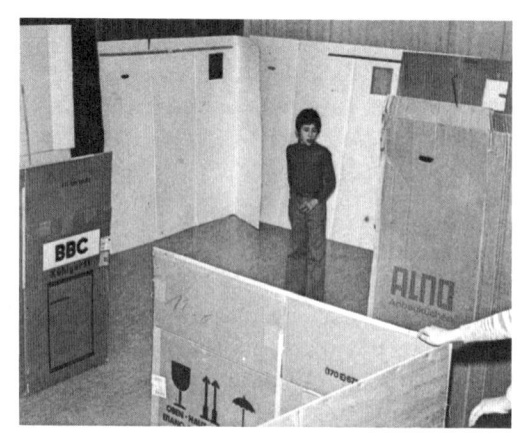

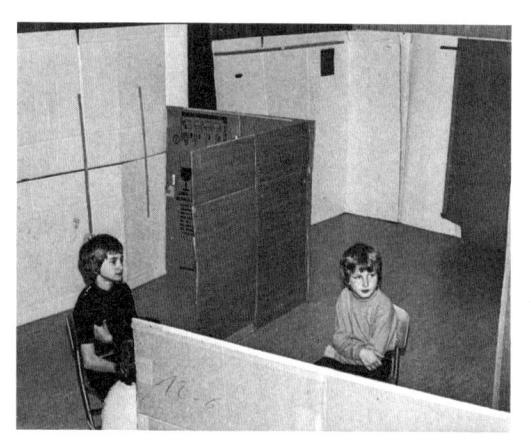

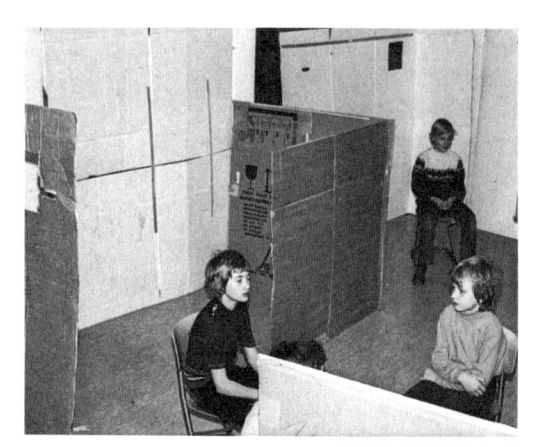

ner bestimmten Zielsetzung verpflichtet zu sein (allerdings sollte man sich versichern, daß das Bauvergnügen nicht gleich zur Zerstörung des Materials führt).

Eine solche Eingewöhnung könnte beiderseitige Enttäuschungen verhindern: die des Schülers, daß er nicht machen darf, wozu ihn das Baumaterial reizt; die des Lehrers, daß er seine engeren fachlichen Ziele von der Dynamik einer „Materialaktion" überfahren sieht. Zu dieser Eingewöhnung gehört neben dem planvollen Handeln mit den Baumaterialien das Einüben von Zusammenarbeit in einer Gruppe und eine positive Einstellung zum gruppenbedingten Arbeitswechsel von Zuschauen und Handeln, von Kritisieren und Ausführen, von Planen und Erproben.

Zweitens: der Schüler identifizierte sich zu Anfang nur dann mit der Aufgabe, solange er direkt handelnd beteiligt war. Während die Vorschläge zur Grundrißgliederung von einigen Schülern nur unverbindlich begründet wurden (was nicht etwa an mangelnder Kenntnis dieser Darstellungsweise lag), vertraten dieselben Schüler engagiert ihre Ansprüche, als sie aus der realen Raumsituation heraus urteilen konnten. Die Erfahrungsmöglichkeit im Raum wirkte zweifellos motivierend.

In bezug auf die Grundrißzeichnung wurde oben darauf hingewiesen, daß auf das Einzeichnen von Möbeln verzichtet werden sollte. Die Tatsache, daß zu Beginn fast alle Schüler Zeichen für Möbel in den Grundriß eingetragen hatten, kann einerseits der Methode zugeschrieben werden, wie vorher in die Grundrißzeichnung eingeführt wurde, zum andern mag sich darin das Bedürfnis nach maßstäblichen Vergleichen äußern, um sich das lineare Schema eines Grundrisses als bewohnten Raum vorstellen zu können. In der realen Raumsituation war dieser Maßstab durch den eigenen Körper gegeben; hier genügte es, sich im Raum zu bewegen und aufzuhalten, um ihn auch als bewohnten Raum beurteilen zu können.

2. Gegliederter Raum/Raumgefüge: Gliederung eines großen Raumes in Teilräume, die zu einem Zentrum hin offen bleiben

Fachliche Intention

Die Erfahrung des vorhergehenden Versuches soll dazu genutzt werden, das Problem der offenen Gliederung eines Raumes genauer zu untersuchen. Gefragt ist nach einer Raumgliederung, die keine unbeurteilten Restzonen übrig läßt und die nun eine differenziertere Abstimmung von unterteilten und verbundenen Raumformen voraussetzt. Dementsprechend die genauere Eingrenzung der Aufgabe: Gliederung eines großen Raumes für drei Geschwister, in welcher die drei Einzelabteilungen einen offenen Gemeinschaftsraum einschließen.

Eine Lösung dieses Problems ist ohne eine bewußte Beurteilung der Lagebeziehung und des unterschiedlichen Grades der Abgrenzung von Raumabteilungen nicht zu leisten.

Unterrichtsverlauf/Erfahrungsbericht

1. Verbindung zum vorhergehenden Versuch durch Wiederherstellen der letzten Raumsituation. An ihr wurde gezeigt, wie die Wandstellung auch noch im verbundenen Gesamtraum relativ abgeschirmte Einzelräume schafft.

2. Aufgabenstellung: die drei Raumabteilungen sollen so verändert werden, daß sich aus

Abb. 33 Stellversuche

ihrer Zuordnung als vierter Raum ein offener Gemeinschaftsraum ergibt.

Es folgte eine Reihe von Stellversuchen, die alle im Prinzip der abgebildeten Lösung glichen. Die drei Schüler einer Arbeitsgruppe gingen zunächst noch von den Ansprüchen ihrer „eigenen" Raumabteilung aus, so daß der geforderte gemeinsame Raum kaum mehr als eine sich ergebende Restzone war, mithin für einen Gemeinschaftsraum nicht geeignet war.

3. Erst der Impuls, den gemeinsamen Raum nicht nur als Flur zu verstehen, von dem die Wege zu den drei Raumabteilungen ausstrahlen, sondern als einen Raum, in dem man verweilt, sitzt, sich unterhält, der also auch genügend Licht und eine entsprechende Größe haben muß, führte weiter.

Eine wesentliche Hilfe war dabei, daß sich die Arbeitsgruppe (drei Schüler) in den gemeinsamen Raum setzte und aus dieser Situation des Verweilens den mittleren Raum beurteilte. So gelang es, die Lage und Form des mittleren Raumes als Schlüssel zur Lösung der Aufgabe zu erkennen. Durch eine stärkere Öffnung der Raummitte konnte der Sichtkontakt zwischen den Einzelabteilungen hergestellt werden. Indem die Arbeitsgruppe die Raumsituation mal von der Mitte nach außen, dann von den umgebenden Raumabteilungen zur Mitte hin beurteilte, wurde die angestrebte Wechselbeziehung der Raumteile bewußt.

4. Um die verschiedenen Lösungsschritte nicht im Wechsel der Raumsituationen zu verlieren, hatten einige Schüler der Beobachtungsgruppe die Aufgabe, sie durch Grundrißskizzen an der Tafel festzuhalten.

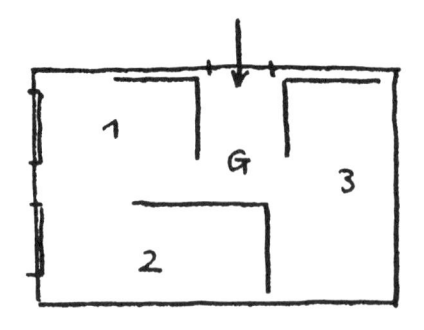

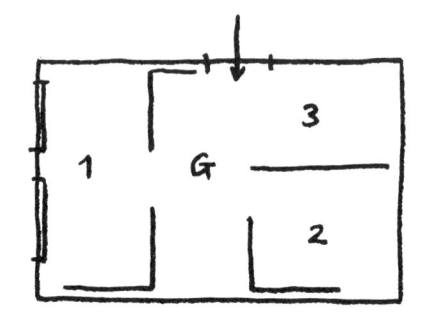

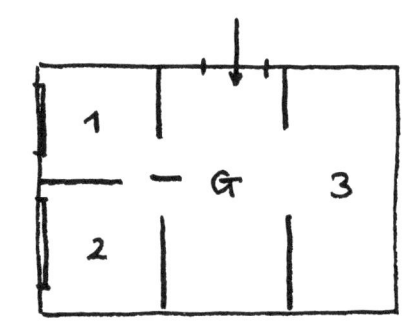

Abb. 34 Grundrißskizzen

Die Zeichnungen dienten zugleich als Grundlage, das Problem der Raumgliederung wieder auf Erfahrungen zurückzubeziehen, welche die Schüler in ihrer Umwelt gemacht hatten. Im Unterrichtsgespräch stand die Frage nach dem Anlaß und den Mitteln der Raumunterteilung im Vordergrund.

L.: „Bei welcher Gelegenheit werden Räume so oder in ähnlicher Weise aufgegliedert?"

S.: „In unserer eigenen Wohnung; die Küche

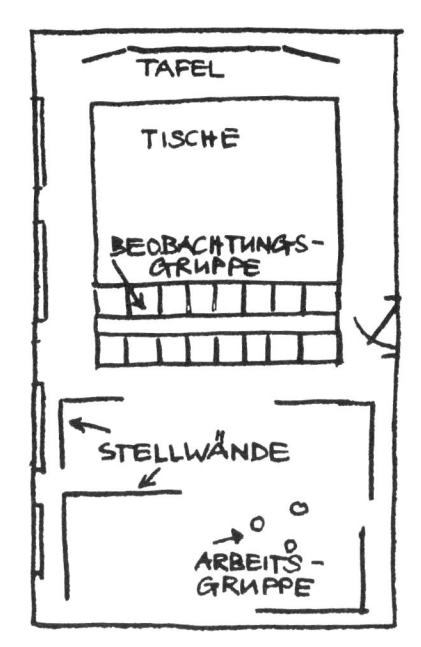

Abb. 35 Räumliche Organisation der Versuche im Klassenzimmer

sel der Arbeitsgruppen hatte sich eingespielt. So war die Beratung einer Gruppe durch die erhöht, außerhalb der Raumsituation sitzende Klasse möglich, ohne daß die Gruppenarbeit von Einzelaktionen durchkreuzt wurde.
Weiterhin war die Sicherung von Teilschritten durch Tafelskizzen wichtig, um die sich verändernden Raumsituationen für einen auswertenden Vergleich festzuhalten.

3. Raumgefüge: Herstellen eines Labyrinths im vorgegebenen Innenraum

Fachliche Intention

Die Schüler sollen durch bestimmte Wandstellungen eine Orientierung im Raum möglichst erschweren. Die Abfolge der Teilräume soll durch Körperbewegung erfahren werden, um die Beziehung von Wegführung, Bewegung und Orientierung im Raum zu erkennen.

war zu groß und wurde mit einer Wand unterteilt."
S. (in Erinnerung an eine Fernsehsendung): „Studenten hatten einen riesengroßen Raum und jeder hat sich seinen eigenen Raum mit Kreide eingeteilt; die hatten kein Geld, um sich Möbel oder Wände zu kaufen. Die Striche sind die Wand, so wie beim Parkplatz."
S.: „Es gibt neue Wohnungen mit Wänden, die man versetzen kann. Da sind Rillen im Boden und in der Decke, so kann man die Wand schieben."
S.: „In unserer alten Wohnung hat der neue Mieter mit einer Stellwand aus unserem Kinderzimmer zwei Räume gemacht."
5. Bei diesem zweiten Raumversuch hatten sich die Schüler bereits gut auf die neue Arbeitssituation eingestellt. Vor allem der Wech-

Unterrichtsverlauf/Erfahrungsbericht

1. Einführung durch Bildbetrachtung: Luftaufnahmen von Isfahan/Persien.
Die Schüler hatten die Aufgabe, sich in das vermeintliche „Durcheinander" ineinander geschachtelter Bauten einzusehen, um schrittweise Ordnungs- und Orientierungsmerkmale zu erkennen. Der erste sehr verwirrende Eindruck wurde von den Schülern darauf zurückgeführt, daß keine Straßen zu erkennen waren.
Die Frage nach einem Standort, von dem aus ein klarer Überblick möglich wäre, leitete von der Schrägaufsicht der ersten Aufnahme zur lotrechten Aufsicht in der zweiten über. Ohne Überschneidungen der Bauformen war nun das Raumgefüge der Stadt im Grundriß klar zu erkennen. Indem einige Schüler einzelne Hausgrundrisse herauszeichneten,

153

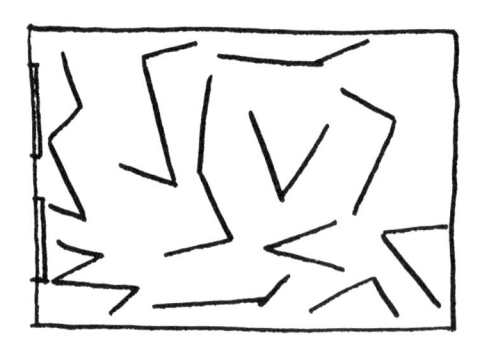

Abb. 36 Labyrinthische Raumgliederungen

wurde das Hofhaus als das Grundelement bestimmt, aus dem sich die ganze Stadt zusammensetzt. Die Schüler erkannten, daß die ungewohnt enge Bebauung, vor allem der Verzicht auf breitere Straßen, zusammenhängende schattige Außenräume schafft.

2. Aufgabenstellung: Herstellen eines Labyrinths mit Hilfe von Stellwänden; Erfinden von Raumverbindungen, in welchen man sich nur schwer orientieren kann.

3. Versuche mit den Stellwänden.
Die Schüler nahmen das Thema „Labyrinth" begeistert auf. Aus der Erfahrung einer früheren Aufgabe (vgl. Tonmodell) brachten sie sofort Vorschläge für eine labyrinthische Raumgliederung. In kurzer Zeit war der Klassenraum durch die Winkelstellung der Wände verschachtelt, allerdings ohne daß dabei schon ein bestimmtes System durchgesetzt wurde.
In einer Tafelzeichnung hielten einige Schüler, die sich verbessernd ergänzten, die bisherige Lösung fest. Korrekturen konnten von der Klasse, die aus der Schrägaufsicht die Gliederung überblickte, leicht weitergegeben werden.
Durch Eingrenzen schon gelungener Raumzonen gegenüber noch ungegliederten konnte auf den zweiten Versuch, der nun einem bestimmten System folgen sollte, vorbereitet werden.
Der entscheidende Verbesserungsvorschlag kam von einem Schüler: „Man könnte einen Weg bauen; man darf nicht wissen, wo's hingeht. Es müßten Wege sein, die man nicht weitergehen kann, man muß zurückgehen und einen anderen Weg suchen."
Ein anderer Schüler: „Mit vielen Sperren, Einbahnstraßen."
Zweiter Versuch: Umstellen der Wände zu einem Ganglabyrinth. Das Raumgefüge eines Ganglabyrinths bereitete deutlich größere Schwierigkeiten, kam es doch darauf an, die Entscheidung für die einzelne Wandstellung schon im Blick auf den Gesamtraum mit seinen möglichen Wegverzweigungen zu treffen. Als Vorstellungshilfe und Entwurf des noch nicht umgrenzten Weges wurde mit einer Schnur ein Weg in den Raum gelegt. Auf diese Weise konnten schon der Wegverlauf, Kreuzungspunkte und Abzweigungen erprobt werden.
Nachdem der Schnurverlauf als Gang umstellt war, wurde diese Lösung der ersten durch eine Tafelzeichnung gegenübergestellt. Ihre Übersicht ermöglichte weitere Verbesserungen.
Das Erproben im Hindurchgehen ließ einige Lücken bzw. überschaubare Raumzonen hervortreten, die nur durch weitere Stellwände noch einmal in sich hätten gegliedert werden können.

5. So sehr das Thema „Labyrinth" abgegriffen sein mag, so einprägsam und wirkungsvoll ist die in ihm gewonnene Erfahrung. Aus dem Gegensatz zur normalen räumlichen Umgebung eines überschaubaren kubischen Raumes erhält das labyrinthische Raumgefüge einen suggestiven Reiz, der zur spielerischen Bewegung im Raum auffordert. In dieser Raumform wird neben dem Treppenhaus wohl am deutlichsten, wie sehr unsere Raumerfahrung – in diesem Fall zwangsläufig – mit Körperbewegung verbunden ist.

4. Durchdringung von Innen- und Außenraum: Raumgliederung mit transparenten Wänden

Fachliche Intention

Da die Raumversuche innerhalb des Klassenzimmers durchgeführt werden, kann die Durchdringung von Innen- und Außenraum im engeren Verständnis nur an der Fensterwand des Zimmers, im Flur mit Innenhof usw. gezeigt werden. Der praktische Versuch kann Teilräume im umschlossenen Raum verdeutlichen, welche unterschiedlich stark abgegrenzt oder durch transparente Wände verbunden sind. Es geht darum, die Funktion und Wirkung transparenter Raumgrenzen bewußt zu machen:
Durchlichtung eines Raumes, Witterungsschutz, Öffnung zur Umgebung, Sichtkontakt zwischen verschiedenen Raumzonen bei gleichzeitiger akustischer Abschirmung, geschützte Ausstellung von Objekten.

Unterrichtsverlauf/Erfahrungsbericht

1. Einführung: Bedeutung des Begriffs „Transparenz": Durchscheinen, das Licht hindurchlassend, Durchsichtigkeit. Beurteilung transparenter Raumgrenzen am Architekturbeispiel: Innenansicht des Wilhelm-Lehmbruck-Museums Duisburg.
Die Schüler benannten und zeigten die transparenten Raumgrenzen und äußerten ihre Auffassung über deren Aufgabe:
S.: „Die Glaswand wirkt wie Pauspapier; das Glas ist ein Schutz und trotzdem sieht man die Figur, sie ist vielleicht sehr wertvoll." – „Die Figuren sollen von allen Seiten bestrahlt werden, es ist ein Museum."
Als Beispiel aus ihrer Umgebung nannten sie vor allem den verglasten Innenhof am Hauptbau der Schule.
An einem zweiten Bildbeispiel, der Aufnahme eines Schaufensters, wurde erörtert, wie hier mit Hilfe der Glaswand mehrere Aufgaben – Durchlichtung und Witterungsschutz des Innenraumes, Ausstellung der Waren, Einblick in den Geschäftsraum – zugleich gelöst werden können. Als weitere verwandte Beispiele nannten die Schüler die große Glaswand der neuen Schwimmhalle, eine Theke in einer Konditorei, einen Ladentresen.
2. Zur Vorbereitung der praktischen Versuche wurden Schnüre in Höhe der Stellwände von der Fensterwand zur Flurwand gezogen. Dann wurde erprobt, wie mit Stellwänden und Folienwänden optisch miteinander verbundene Raumabteilungen hergestellt werden konnten; funktionale Bestimmungen der einzelnen Abteilungen waren damit nicht verbunden.
Die erste Lösung erreichte gleich einen interessanten Wechsel von weitgehend abgeschlossenen und optisch sehr offenen Raumabteilungen. Die Schüler erkannten jedoch selbst, daß sie, vom Verlauf der Hängeschnur geleitet, einen wesentlichen Vorzug der transparenten Wände nicht beachtet hatten. Sie hatten die abschließenden Wände gegen den Lichteinfall gestellt, so daß die Transparenz der anderen Wände für die Lichtführung bis in die Raumtiefe hinein kaum genutzt worden

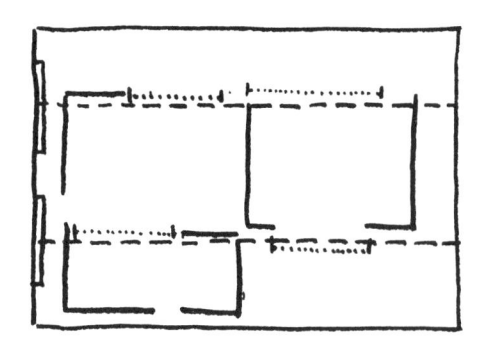

Abb. 37 Erster und zweiter Versuch

war. Im zweiten Versuch wurden dementsprechend die Richtungen der abschließenden und transparenten Wände ausgetauscht.

3. Als Erfahrung aus diesem Versuch ist festzuhalten, daß die Schüler an entsprechenden Beispielen aus der Umwelt sehr interessiert waren. Ein gewisser Vorbehalt galt dem Einfluß transparenter Raumgrenzen auf unser Wohnverhalten: „Als Wohnraum oder eigenes Zimmer sind zu viele durchsichtige Räume schlecht. Man würde ja alles sehen, was man macht."

Die zugleich trennende und verbindende Wirkung transparenter Raumgrenzen konnte im praktischen Versuch erprobt werden, auch wenn die Folie nur begrenzt die Wirkungsweise von Glas ersetzen konnte. Eine Straffung der Folienbahnen (z. B. durch Zugfäden oder Randleisten) hätte ihre raumformende Wirkung noch gesteigert.

5. Bewegliche Raumgrenzen

Die Wirkung beweglicher Raumgrenzen war in den meisten vorangegangenen Versuchen durch das vielfache Versetzen der Stellwände bereits mit berücksichtigt. Ein besonderer Versuch galt der Einprägung von schnell sich verändernden Grenzen im Raum. Dabei sollte die optische Einschätzung von Raumdistanzen in blinde Bewegung im Raum umgesetzt werden (s. Abb. 39a und b auf S. 158).

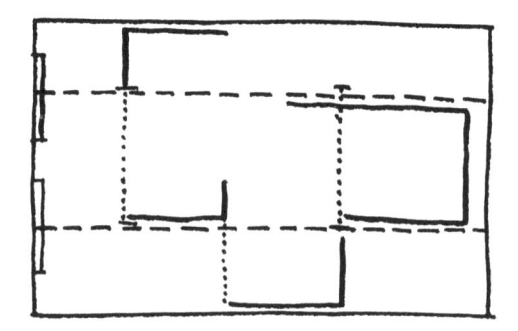

Einzelne Schüler hatten die Aufgabe, sich bestimmte Grenzen bzw. Hindernisse im Raum einzuprägen, um sie dann mit verbundenen Augen zu überwinden, möglichst ohne sie dabei zu berühren. Ausgehend von Schwellen auf dem Boden (Papprollen) bis zu hochgestellten, hintereinander gestaffelten Hindernissen (Styroporblöcke) wurde eine Vielzahl zunehmend schwierigerer Hinderniswege erprobt (Abb. 38).

Wie zu erwarten, waren hier die Schüler vom spielerischen Moment der Versuche stark motiviert. Um jedoch den Anteil des Bewegungs- und Tastsinns an der Raumwahrnehmung umfassender zu erproben, sollten – in dieser Unterrichtseinheit nicht realisierte – Versuche folgen, die noch gezielter die Bewegung und Balance ansprechen (z. B. durch Begehen von Rampen, Treppen) und ebenso den Tastsinn durch eine entsprechende Unterscheidung der raumumgrenzenden Materialien (z. B. Wechsel von Teppichboden, Fliesen und Kunststoffbelag).

Wie sehr die Bewegung in gewohnter Umgebung ein eigenes, selbständig „funktionierendes" Mittel der Raumwahrnehmung ist, weiß jeder aus der Erfahrung, daß man mit größter

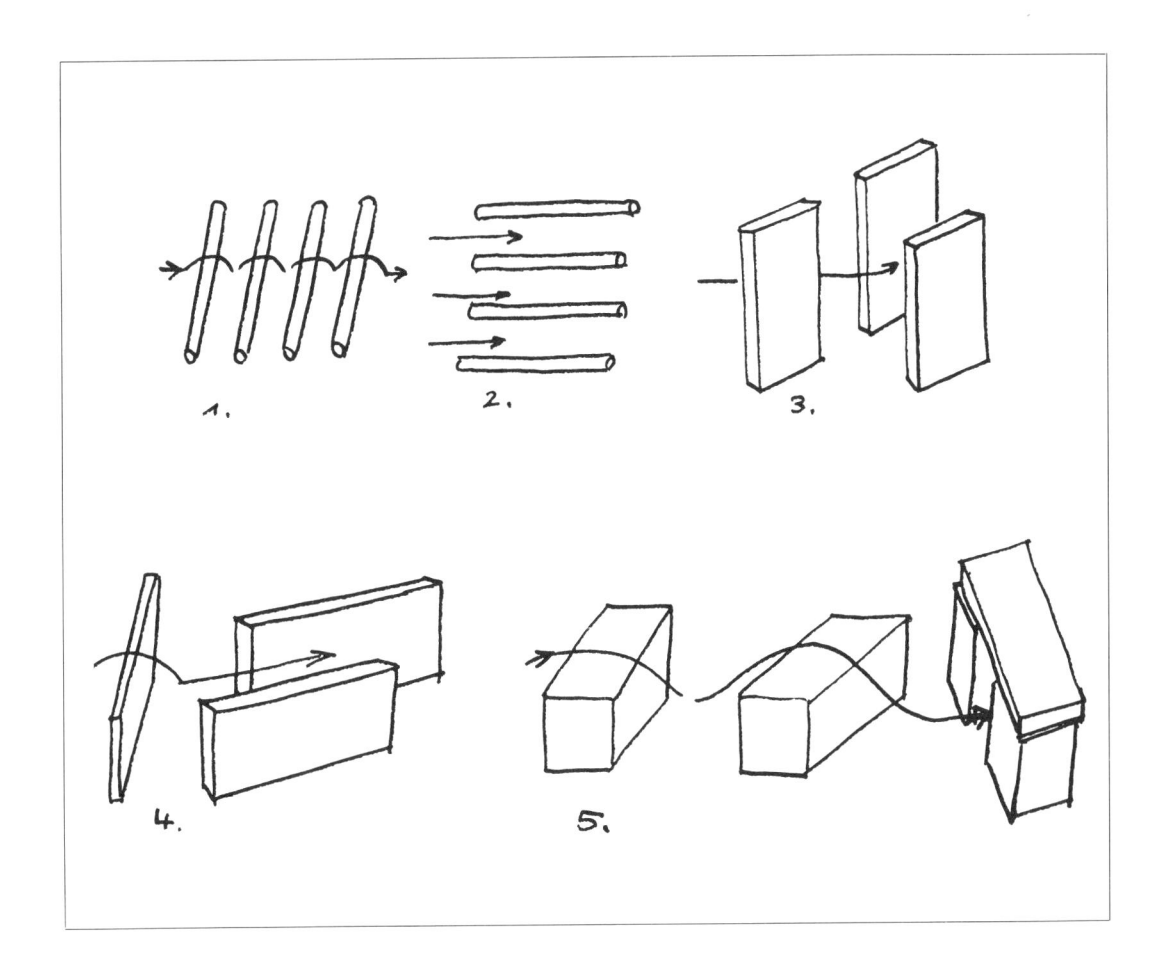

Abb. 38 Hinderniswege

Sicherheit sich z. B. durch sein absolut dunkles Treppenhaus bewegen kann, während man in einer weniger vertrauten Umgebung ohne Hilfe des Gesichtssinnes fast jeden Schritt bewußt tastend setzt. An dieser Erfahrung machten die Schüler fest, als sie bei den schwierigeren Aufgaben dieses Versuches sich nicht auf ihren Seheindruck verließen, sondern vor der blinden Bewegung durch den Raum die Distanzen zwischen den Hindernissen und deren Größe in der Bewegung ausmaßen.

6. Experimentelles Erproben von Raumwirkungen: Veränderung des Raumes durch Licht

Fachliche Intention

Durch weißes und farbiges Kunstlicht (Leuchtstoffröhren) sollen Raumwirkungen erprobt werden, die beim funktional festgelegten Gebrauch von Räumen zwar ständig

Abb. 39a „Blinde" Raumversuche (Papprollen)

Abb. 39b „Blinde" Raumversuche (Styroporblöcke)

mitwirkend beteiligt sind, doch kaum als besondere Raumqualität bewußt wahrgenommen werden. Zu ihnen zählen die Konzentration bzw. Streuung des Lichts im Raum, seine durch Richtung und Lage wechselnde Intensität, sein Einfluß auf die optische Raumgröße.

Der gestalterische Einsatz von Kunstlicht hat den Vorzug einfacher Veränderungsmöglichkeiten: durch Lageveränderung der Lichtquelle, durch Ein- und Ausschalten verschiedener Lichtquellen, durch Abblenden mit Hilfe von Zwischenwänden oder Lichtsteigerung durch reflektierende Wandelemente können Lichtwirkungen im Raum direkt auf eingrenzbare Wirkungsfaktoren zurückgeführt werden. Diese Möglichkeit, unmittelbar in Wirkungsbedingungen einzugreifen und schnell veränderbare Raumsituationen vergleichend zu beurteilen, macht Kunstlicht zum idealen Mittel für ein experimentelles Erproben von Raumwirkungen.

Die Einschätzung, daß Licht als Gestaltungsmittel im Hinblick auf den Schüler der Primarstufe recht „abstrakt", gegenständlich nicht greifbar und deshalb schwer einzusetzen und zu beurteilen sei, trifft soweit zu, als dem Schüler erst bewußt werden muß, daß das Licht selbst Form, Farbe, Körper und Raum erzeugen kann. Bedeutete ihm das Licht bisher kaum mehr als ein selbstverständlicher, funktional erklärbarer Sachverhalt, kann er nun durch eigenes Handeln dessen vielfältige Wirkungsmöglichkeiten erproben und dabei den verändernden Einfluß des Lichts auf den Raum kontrolliert einsetzen.

Unterrichtsverlauf/Erfahrungsbericht

Erste Doppelstunde: Versuche mit weißem und farbigem Licht.

1. Einführung in die Problemstellung
Kunstlicht in der Umwelt: Beleuchtung von Innenräumen, Straßen, Plätzen; Verkehrssignale, Schaufenster, Licht-Werbung.
Beim Zusammenstellen von Umweltbeispielen gingen die Schüler sofort auf die Beziehung von weißem und farbigem Licht ein; seine relative Leuchtwirkung erschien besonders interessant.
S.: „Farbige Leuchtschrift fällt mehr auf." – „Farbiges Licht fällt dann mehr auf, wenn es einen Kontrast zum farbigen Grund bildet." – „Wenn man einen Hauseingang farbig ausmalen würde, wäre weißes Licht auffälliger" – „Beim Feuerwerk leuchten die weißen Kugeln heller."

2. Praktische Versuche
Erste Aufgabe: drei Röhren sollen so im Raum angeordnet werden, daß der Raum möglichst gut ausgeleuchtet wird (Abb. 40a).

Folgende Lösungsvorschläge wurden erprobt:

– die drei Leuchtstoffröhren liegen parallel zu den Wänden am Boden und lassen die Raummitte frei;
– die Röhren werden zur Raummitte hin einander angenähert;
– Metallfolien werden hinter die Röhren gestellt, um durch Reflexion die Lichtintensität zu steigern;
– die Röhren werden vom Boden hochgehoben; das Licht verstärkt sich nun, da es von der weißen Decke stärker zurückstrahlt.

Die Erfahrung, daß dasselbe Licht durch den Wechsel seiner Umgebung (Bodenfläche, Wand, Decke) bzw. seine wechselnde Nähe zu den einzelnen Raumgrenzen unterschiedliche Helligkeit erzeugt, konnte bei der anschließenden Aufgabe direkt eingesetzt werden.

Zweite Aufgabe: Die drei Leuchtstoffröhren sollen in Verbindung mit reflektierenden Materialien ein möglichst helles Lichtzentrum im dunklen Raum erzeugen.

In den Lösungsversuchen waren die Schüler bemüht, verschiedene Bedingungen zur Steigerung der Lichtintensität schrittweise zu koordinieren: die Abstände der Röhren zueinander und zu den reflektierenden Wänden, ihre räumliche Lage, die Neigung und Stellung der reflektierenden Wände.

1. Vorschlag: Leuchtröhren auf dem Boden, Reflektorwände in geschlossener Winkelstellung.
2. Vorschlag: Anheben einer Leuchtröhre.
3. Vorschlag: alle drei Röhren werden vom Boden hochgehoben; die Reflektorwände werden voneinander getrennt und bilden im Grundriß ein offenes Trapez; ihre vertikale Stellung wird durch wechselnde Neigungen verändert.

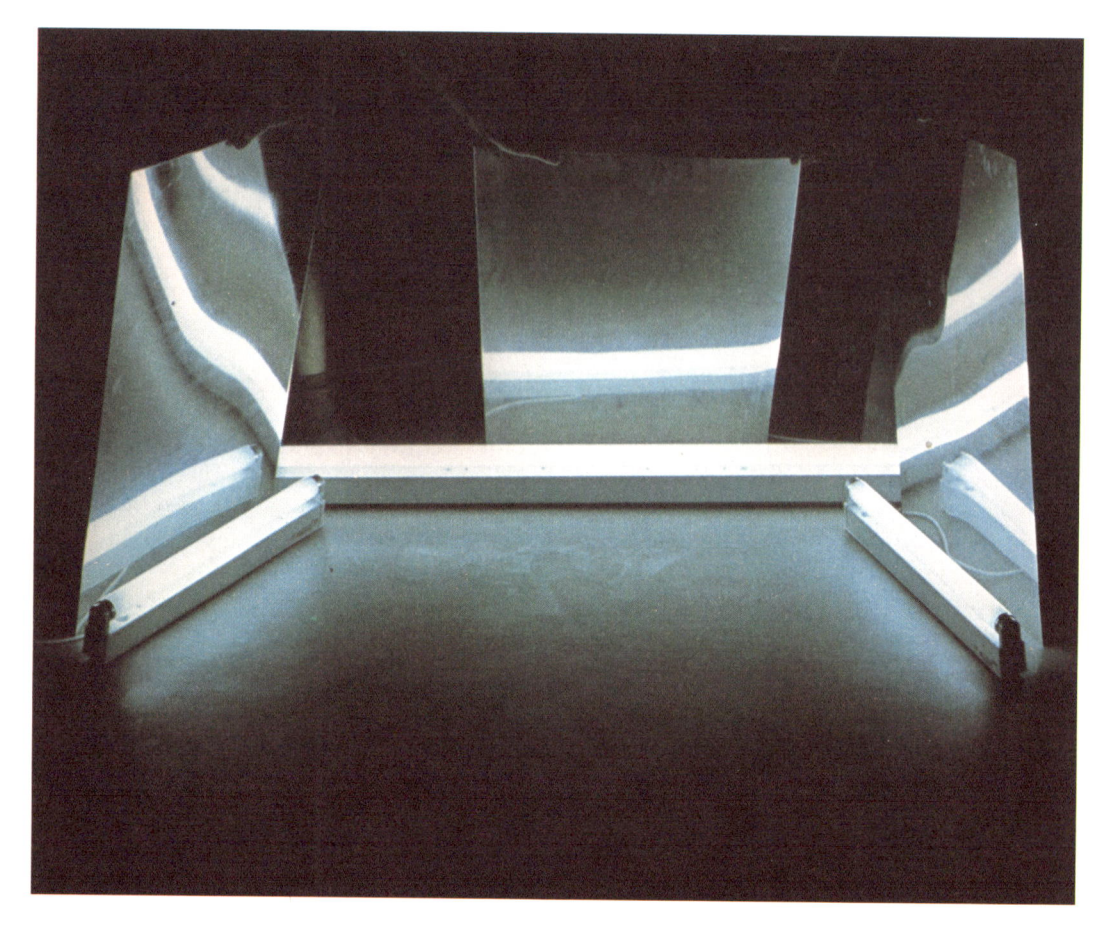

Abb. 40a Metallfolien hinter den Röhren steigern durch Reflexion die Lichtintensität

---

Wohl durch die Umwelterfahrung bedingt, Kunstlicht vor allem in waagrechter Anordnung (an Decken, Wänden, Fassaden usw.) zu finden, entdecken die Schüler erst relativ spät den hier günstigsten Lösungsweg: die senkrechte Stellung der Leuchtröhren; ihre getrennte Zuordnung zu den einzelnen Reflektorwänden ergab von allen Versuchen das hellste Lichtzentrum im Raum.

Der letzte Schritt macht deutlich, in welchem Maße der Schüler auf kleinere Erfahrungsschritte angewiesen ist: der dritte Vorschlag – wie alle Zwischenlösungen noch als Tafelskizze gegenwärtig –, hätte ihm nahelegen können, den vorletzten Versuch auszulassen. Die neue Idee aber, statt der waagrechten nun die senkrechte Anordnung zu erproben, läßt ihn in bezug auf die räumliche Konstellation im Grunde wieder beim ersten Vorschlag einsetzen.

Dritte Aufgabe: Mit farbigen Leuchtröhren (rot – grün) soll der Raum in Farbzonen gegliedert werden (Abb. 40b).

Abb. 40b Trennung der beiden Farbzonen durch eine Metallfolie

---

Zunächst legten die Schüler die Röhren weit getrennt auf den Boden, in der Erwartung, daß sich aus dieser Trennung verschiedene Farbzonen von allein ergeben würden. Dabei entdeckten sie, daß das hellere Grün eine ungleich größere Zone erzeugte und daß beide Farbzonen sich in ihrer Nahtstelle überstrahlten, wobei das Rot stark zurückgedrängt wurde.

Diese Beobachtung führte im zweiten Versuch zu einer Trennung beider Farbzonen durch eine Metallfolie, welche die Leuchtwirkung verstärkte und zugleich zwei deutlich kontrastierende Farbräume herstellte. Zur Unterstützung des leuchtschwächeren Rot stellten die Schüler einen Spiegel dahinter und erreichten so ein „Gleichgewicht" der beiden Farbräume. Zur Kontrolle dieses Gleichgewichts wurde auf der Grün-Seite die stark reflektierende Metallfolie mit Karton stufenweise abgeblendet. So war es möglich, die am Boden kontrollierbare Strahlungsweite genau auszubalancieren.

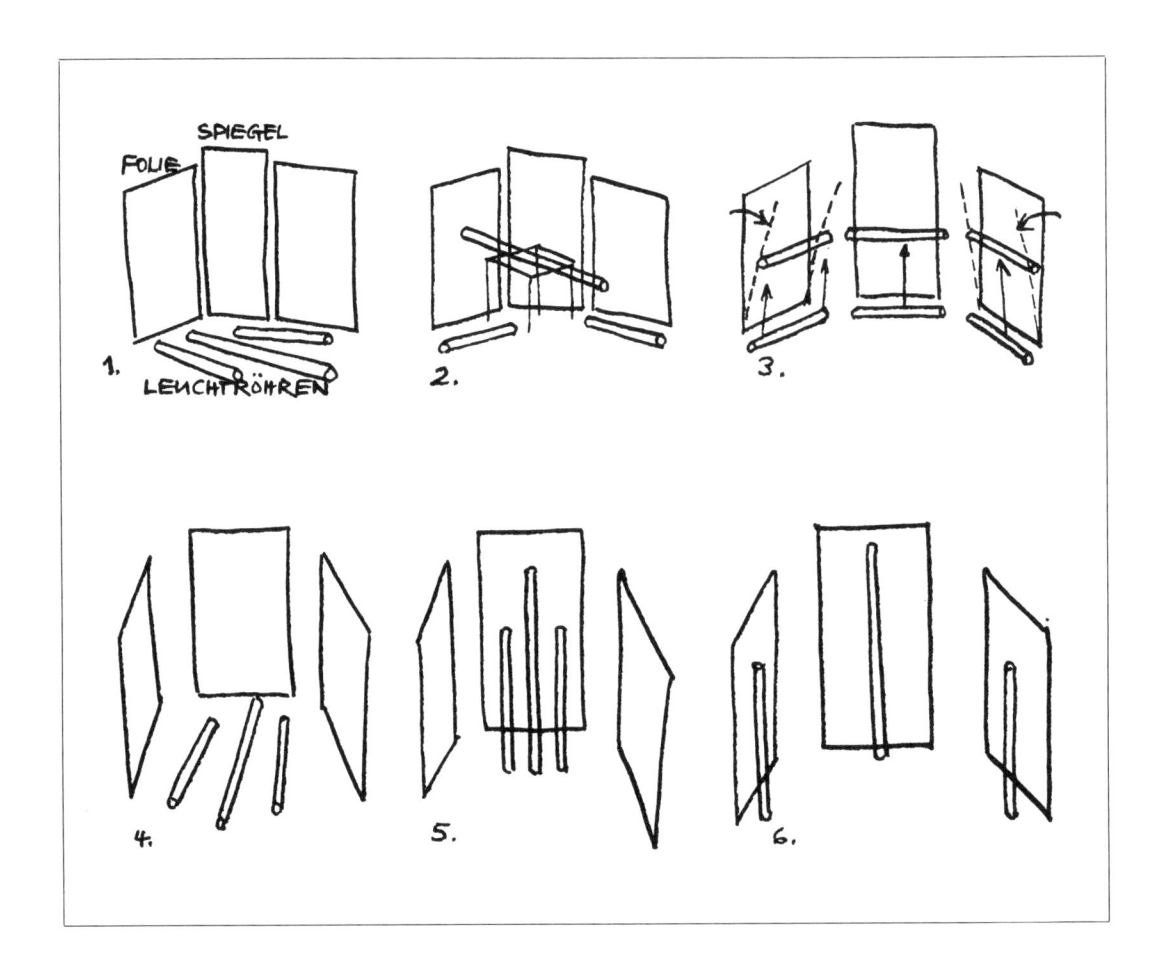

Abb. 41 Lösungsversuche der Schüler

Im dritten Versuch wurden drei Leuchtröhren (Weiß, Grün, Rot) nebeneinander gelegt, voneinander entfernt bzw. einander angenähert und in ihrer Reihenfolge ausgetauscht. Die Veränderung des Abstandes und der Nachbarfarbe verdeutlichte die Beziehung von Lichthelligkeit, Überstrahlung und Farbsättigung. Das vorher dominierende Grün verblaßte durch das benachbarte Weiß, während das rote vom weißen Licht recht weit entfernt werden mußte, um überhaupt noch eine eigene Farbzone zu erzeugen.

Zweite Doppelstunde: experimentelles Erproben von Raumwirkungen durch Lichtspiegelungen und Reflexion von Raumbegrenzungen.
1. Einführung durch Objektbetrachtung
Dan Flavin: Two Primary Series A – One Secondary 1968.
In Flavins Licht-Environment aus Neonröhren entsteht aus der Überstrahlung von verschiedenen Farbröhren und den sich im Licht ver-

wandelnden Wänden ein Farbraum, in dem sich die materialen Raumgrenzen aufzulösen scheinen.

Die Beziehung dieses Beispieles zu den eigenen Raumversuchen mit Licht war für die Schüler offensichtlich: S.: ,,Da wird der Raum mit Licht verändert. Das ist ein Farbraum oder Kunstraum" – ,,Es gibt Farben, die sich überschneiden – Rot, Weiß, Blau" – ,,Die Zimmerecke wird überstrahlt, da ist ja gar keine Ecke mehr!"

Gerhard von Graevenitz: Kinetischer Raum, 1969.

In einem kubischen Raum lassen bewegliche Wände einen Spalt in den Ecken, am Boden und an der Decke offen. Aus ihm dringt blendend helles Licht in die sonst dunkle Raummitte, welches einen verwirrenden Eindruck von Schwerelosigkeit erzeugt. Auch wenn die reale Bewegung im Bild nicht vermittelt werden konnte, war die raumverändernde Wirkung des Lichts für die Schüler gut zu erkennen.

S.: ,,Die Ecken stechen heraus" – ,,Sie sind blendend hell und nicht wie sonst dunkel" – ,,Die Wände sehen schwebend aus."

Lucas Samaras: Room 2, 1966 (Innen- und Außenaufnahme).

Samaras' vollkommen verspiegelter Raum gab – ohne Kenntnis der Außenform und Größe – Anlaß für die verschiedensten, auch einander widersprechenden Deutungen.

S.: ,,Ein Kraftwerk" – ,,Eine Glasfabrik. Alles ist mit Glas und Spiegeln, es ist ein Wirrwarr" – ,,Eine große Stadt."

Zur Einschätzung der Größe: S.: ,,Ein paar Kilometer" – ,,Es könnte auch klein sein – ein Spinnengewebe."

Der Vergleich mit der Außenaufnahme machte bewußt, welche Möglichkeiten der Illusionierung ein verspiegelter Raum schafft. Da kein Größenmaßstab erkennbar war, erschien nahezu jede Größeneinschätzung möglich. Die Aufforderung an den Lehrer, das Bild umzudrehen, da es vielleicht auf dem Kopf stehe, zeigt, daß die nicht bestimmbaren Raumgrenzen, vor allem die optische Auflösung der Standfläche, den Gleichgewichtssinn empfindlich verunsichert.

2. Praktische Versuche

Bei den sich anschließenden Raumversuchen sollte das Licht möglichst ohne Mitwirkung der vorgegebenen Raumgrenzen einen neuen Raum erzeugen. Dazu dienen zwei Verfahren:
– mehrfache Rückspiegelung des Lichts
– Einsatz einer Schwarzlichtröhre, deren Licht nur von weißen Gegenständen im Raum reflektiert wird (Abb. 42).

1. Versuch: Das Licht eines Projektors, dessen Lichtkegel durch eine fast geschlossene Dia-Maske stark begrenzt ist, wird über mehrere Spiegel weitergeleitet. Dabei entstehen, je nach dem Standort der Spiegel, unterschiedlich dichte Überschneidungen der Lichtbahnen und mit Licht vermessene Distanzen im Raum. (Es muß angefügt werden, daß dieser Versuch mit Rücksicht auf die technischen Voraussetzungen – Lichtstärke, Bündelung, vielfaches Rückspiegeln ohne stärkeren Lichtabfall, Einsatz mehrerer Lichtquellen – vermutlich noch wirksamer im Kastenmodell mit Kunstlicht durchgeführt werden könnte. Die damit verbundenen handwerklichen Probleme dürften allerdings erst in der Sekundarstufe zu lösen sein.)

2. Versuch: Die Reflexion von Schwarzlicht soll an verschiedenen weißen Materialien erprobt werden. Mit ihnen sollen experimentelle Raumformen geschaffen werden, die nur durch die Reflexion der Raumgrenzen wirksam sind. Da alle nicht weißen Gegenstände im dunklen Raum verschwinden, entsteht ein irreal erscheinender Raum aus scharf beschnittenen Einzelformen, die – z. T. ohne er-

Abb. 42a Schwarzlichtröhre

---

kennbare Verbindung – im Raum zu schweben scheinen.

Die sehr offene Aufgabenstellung, mit den vorgegebenen reflektierenden Materialien (Leinentuch, Styroportafeln, Papierrolle) Raumwirkungen zu erproben, führte zu folgenden Einzelversuchen:

1. Es wird eine Art „Lichtkäfig" hergestellt, indem die Styroportafeln zu einem kubischen Raum verbunden und mit einem Leinentuch überdeckt werden.

2. Die Röhre wird auf den Boden gelegt und nur das Tuch darübergespannt. War die brennende Röhre vorher kaum, nur als dunkelvioletter Schein zu erkennen, scheint sie nun unter dem Tuch als greller weißer Stab, dessen Licht sich zu den Seiten blau abschwächt (Abb. 42b). Beim Anheben des Tuches bis in Kopfhöhe können die Schüler etwas Unvorhergesehenes beobachten: die Lichtreflexion steigert sich, der Raum erscheint – indirekt – hell beleuchtet.

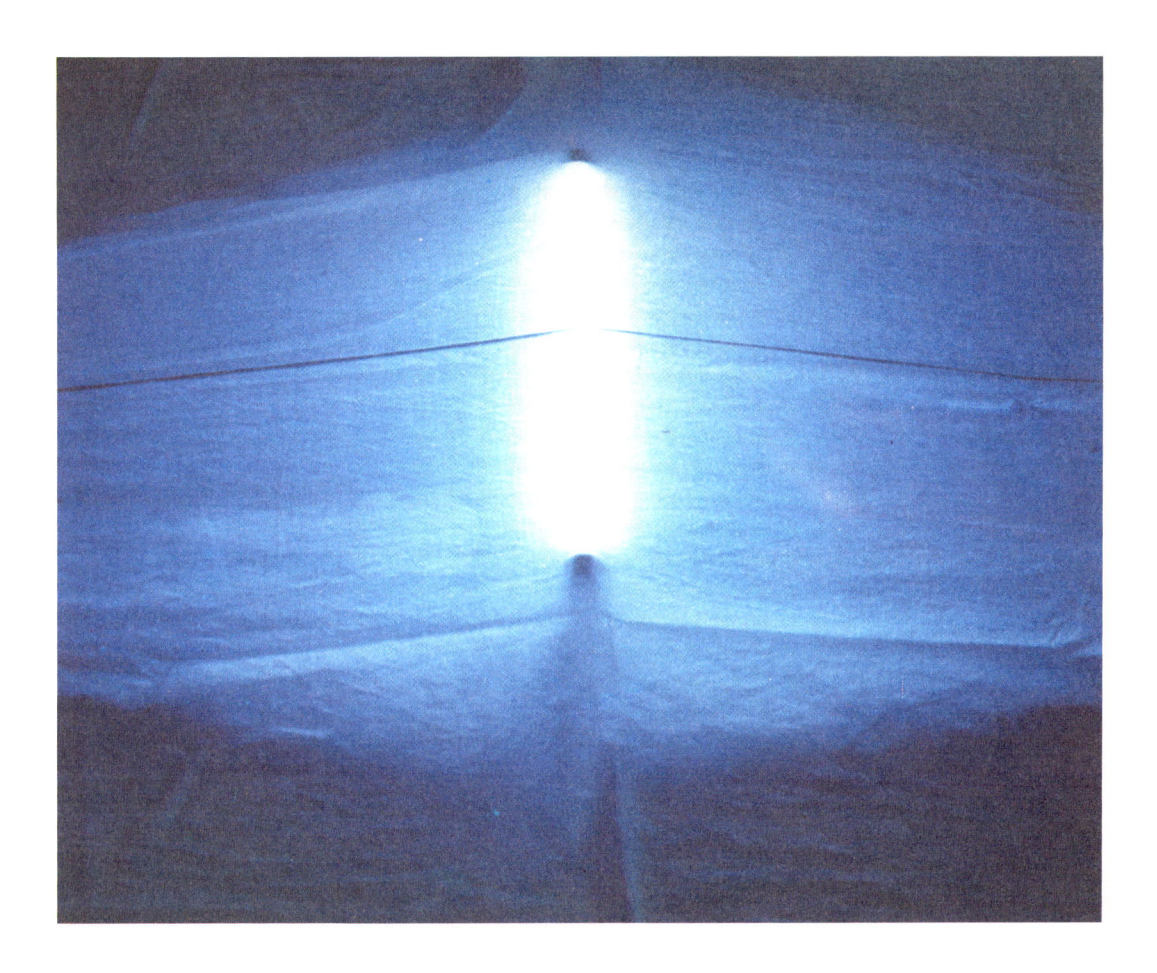

Abb. 42b Schwarzlichtröhre unter dem Tuch

---

3. Diese Beobachtung wird zur Herstellung eines Lichtganges genutzt. Abgerollte Papierbahn und Leinentuch werden als gegenüberliegende Wände hochgehalten, so daß die erhöht liegende Röhre hell strahlende Wände erzeugt. Im Gang konzentriert sich das Licht, dringt aber auch wie bei einem Lichttransparent durch die Wände hindurch in den dunklen umgebenden Raum.

4. Wird die senkrechte und waagrechte Begrenzung miteinander verbunden, wirft das in der Höhe ausgespannte Leinentuch einen hellen Lichtschein zum Boden zurück.

5. und 6. Die beiden abschließenden Versuche ermöglichen eine kontinuierliche Abstufung der Reflexionsstärke. Durch Hochziehen der Papierbahn bzw. Annähern oder Entfernen der senkrecht gehaltenen Leinwand können die Schüler die Helligkeit der Reflexion fließend verändern und dabei wieder erkennen, daß die Helligkeit zunächst mit der Entfernung der Wandgrenzen wächst (s. Umschlagabb.).

Erfahrung aus diesen Versuchen
Die gestalterische Verwendung von Licht war für ein experimentelles Erproben von Raumwirkungen sehr günstig. Das schnelle Realisieren einer Idee, Verändern eines Lösungsvorschlages, Wiederherstellen vorangegangener Arbeitsschritte, spontanes Eingehen auf die besonderen Eigenschaften und Wirkungsweisen eines ungewohnten Gestaltungsmittels und die damit verbundene Aufforderung zu neuen Beurteilungsmaßstäben – alle diese Merkmale eines experimentellen gestalterischen Erprobens konnten in den Raumversuchen mit Licht berücksichtigt werden.

Da es hier für die Schüler – im Vergleich zu den Versuchen mit den Stellwänden – schwieriger war, aufeinanderfolgende Arbeitsschritte zu vergleichen und in ihrer gestalterischen Wirkung einzuschätzen, war es besonders wichtig, Teilschritte ohne großen Zeitaufwand wiederholen zu können.

Im Kunstunterricht dieser Klasse waren den dargestellten Versuchen keine verwandten Arbeitsformen vorausgegangen; die Klasse war also in dieser Hinsicht nicht eingeübt. Die Tatsache, daß die Schüler trotzdem sehr bald intensiv und problemorientiert beteiligt waren, sollte die Vormeinung entkräftigen, solche Versuche seien nur unter besonders günstigen Voraussetzungen durchzuführen.

Aus schulorganisatorischen Gründen (Klassenzuteilung, Lage der Fachstunden im Stundenplan usw.) wurden die Raumversuche ein Vierteljahr nach der Arbeit an Raummodellen durchgeführt. Deshalb konnten hier Raummodell und Raumversuch nicht als sich direkt ergänzende Arbeitsformen innerhalb einer Unterrichtspassage dargestellt werden. Das Ineinandergreifen dieser beiden gestalterischen Erfahrungsmöglichkeiten hätte zweifellos den Vorzug, daß der Schüler sich aufgrund seiner fachlichen Erfahrung direkt an methodischen und inhaltlichen Entscheidungen zu einzelnen Unterrichtsschritten beteiligen könnte; z. B. indem er nach bestimmten Versuchen im realen Raum selbst Gestaltungsprobleme für ein Raummodell findet und diese – nach gemeinsamem Abwägen der Realisierungsmöglichkeiten – erarbeitet.

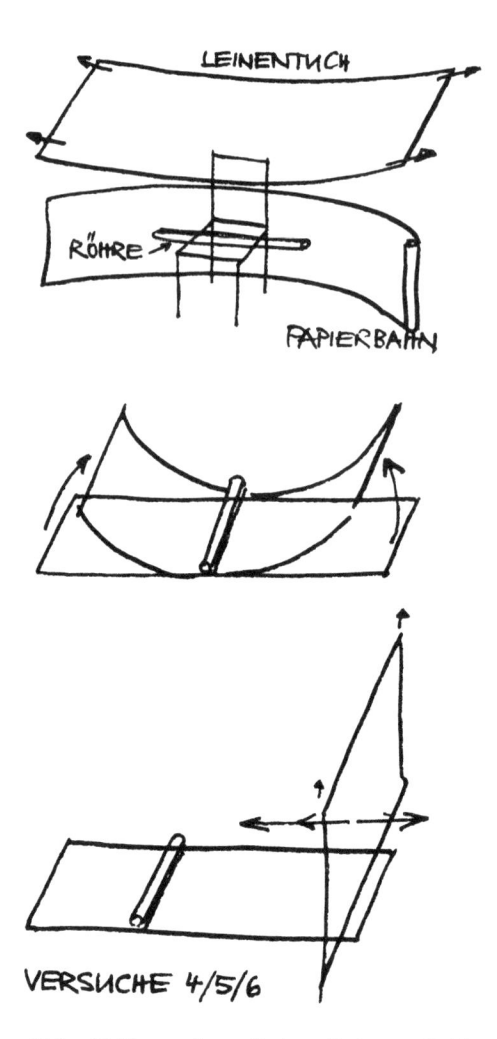

Abb. 43 Versuche mit dem Schwarzlicht

Anhang: Vorläufige Arbeitsanweisungen für den Kunstunterricht in den Grundschulen des Landes Baden-Württemberg Ausgabe vom 21.8.1973

1. Allgemeine Lernziele und die Struktur des Lernbereichs Kunst

Emanzipation ist übergeordnete Zielvorstellung dieser vorläufigen Arbeitsanweisungen. Sie bedeutet Lern- und Handlungsfähigkeit in Situationen, in denen der einzelne für sich und in bezug auf die Gesellschaft Stellung nehmen muß – (Selbst- und Mitbestimmung). Diese Stellungnahme schließt die Fähigkeit zur Kritik, zur Selbstentscheidung und zu veränderndem Handeln ein. Sie beruht auf rational begründetem Verhalten, das gesellschaftliche Phänomene als grundsätzlich veränderbar begreift.

Die Ableitung der *fachlichen Richtziele* wird von dieser Zielvorstellung bestimmt. Emanzipation fordert Verhaltensweisen, die auf bestimmten Inhalten und Formen von Kommunikation, Kritik, Kreativität und ästhetischer Sensibilität beruhen.

1.1 *Fähigkeit zur Kommunikation heißt*

Verstehen und Gebrauchen von Zeichensystemen, die den einzelnen in die Lage versetzen, als Individuum in einer Gesellschaft handeln und mitentscheiden zu können. Funktionelle und kulturelle Bereiche unserer Umwelt artikulieren sich in Zeichensystemen. Die Lesbarkeit und Verfügbarkeit dieser Zeichensysteme in ihrer gesellschaftlichen Bedingtheit öffnet den Zugang zu dieser Umwelt.

Im Rahmen des fachübergreifenden Zieles einer Erziehung zu wirksamer Kommunikation übernimmt das Fach Kunst die Aufgabe, die visuellen Phänomene unserer Umwelt in ihrem Zeichencharakter zu erfassen, die soziale und strukturelle Funktion der Zeichen zu analysieren und zu hinterfragen. Der Bereich Visuelle Kommunikation umfaßt demzufolge alle visuellen Zeichensysteme, insbesondere die der Massenmedien, der Architektur und des Design.

1.2. *Fähigkeit zur Kritik heißt*

den eigenen Standort im Gefüge gesellschaftlicher Bedingungen zu erkennen und die Maßstäbe des eigenen Handelns und Urteilens im visuellen Bereich als gesellschaftlich und historisch bedingt zu erfassen. Sachwissen und Methodenkenntnis sind als Instrumente kritischer Analyse zu entwickeln. Diese zielt auf die Einordnung der Gegenstände in ihr soziales Umfeld, auf eine prinzipielle Veränderbarkeit der Umwelt und gegebenenfalls auf die Entwicklung von Strategien zu ihrer Veränderung.

1.3 Fähigkeit zur Kreativität heißt

alternatives, divergentes und innovatives Denken und Handeln; ebenso wichtig wie das Problemlösen ist das Finden von Problemen. Beide setzen flüssiges, flexibles und fantasievolles Denken voraus, das auf Erneuerung, Erweiterung und Veränderung des Gegebenen gerichtet ist. Dieses Denken ist nicht an festgelegte Methoden gebunden, sondern vermag verschiedene Lösungszwecke und Verfahrensweisen zu kombinieren. Es erlaubt, nicht vorgezeichnete Sinn- und Formzusammenhänge aufzudecken. Kreatives Verhalten ist eine Form der Selbstverwirklichung, die auch als Korrektiv rigider und autoritärer sozialer Strukturen zu verstehen ist.

1.4 Fähigkeit zur ästhetischen Sensibilität heißt

Reflexion, Differenzierung und Intensivierung der Wahrnehmungsprozesse. In der systematischen Ausbildung der Wahrnehmungsmöglichkeiten sollten Wahrnehmungsgenuß und Wahrnehmungskritik erreicht werden. Beides verlangt die Überwindung von Tabus, die Befreiung von Frustrationen und Aggressionen, die einer Emanzipation entgegenstehen. Damit ist die ästhetische Sensibilität eine Grundvoraussetzung zur Kritikfähigkeit.

2. Fachliche Bezugsfelder, Strukturen, Richtziele

2.1 *Fachliche Bezugsfelder*

sind visuelle und haptische Phänomene der vorgefundenen und hergestellten Umwelt; insbesondere der Malerei, Grafik, Plastik und Architektur, des Design und der Massenmedien, der politischen, religiösen und gesellschaftlichen Symbolik und der Natur in wechselseitiger Bedingtheit und Durchlässigkeit. Die Kunst ist durch ständige Grenzüberschreitung vereinbarter Kategorien gekennzeichnet. Dadurch werden permanent Gegenstandsbereiche unter neuen Perspektiven reflektiert. In diesem Verständnis ist Kunst Funktionsbegriff, nicht Wertbegriff. Kunst wird also hier verstanden als spezielle Denk- und Handlungsweise zum Interpretieren und Herstellen von Realität, aus der die Kunstdidaktik Modelle zur Strukturierung von Lernprozessen ableitet.

2.2 *Fachliche Strukturen*

lassen sich kennzeichnen einerseits als Produktion:
– Umgang mit grafischen Mitteln
– Umgang mit Farbe
– Entwickeln von Körper und Raum
– Entwickeln von Spiel- und Aktionsformen, andererseits als Reflexion dieser Handlungsfelder. Die Richtung dieser Reflexion ist festgelegt durch die eingehende Analyse und Interpretation der Bezugsfelder der Umwelt und ihrer gesellschaftlichen Funktion.

2.3 *Fachliche Richtziele*

2.3.1 Fähigkeit zur Kommunikation
In der Umwelt Bildzeichen und Zeichensysteme (visuelle, haptische, gestische) erkennen, entschlüsseln, gebrauchen können; Bildzeichen in bestimmter Darstellungs- und Mitteilungsabsicht herstellen können; Bildzeichen und visuelle Zeichenzusammenhänge in einem bestimmten Kontext lesen können;

Wirksamkeit und Bedingtheit visueller Zeichensysteme einschätzen können;
über Fertigkeiten im Umgang mit Instrumenten, die der visuellen Kommunikation dienen, verfügen können.

2.3.2 Fähigkeit zur Kritik
Visuelle Phänomene in ihren Wirkungen erkennen und beschreiben, die Mittel, die diese Wirkungen hervorrufen, analysieren,
die Manipulationen, die mit diesen Mitteln erreicht werden, und die Absichten des Herstellers durchschauen können,
Manipulationen mit Hilfe visueller Mittel nachvollziehen und selbständig durchführen,
beabsichtigte Wirkungen visueller Phänomene aufheben und verändern können.

2.3.3 Fähigkeit zur Kreativität
sich in bildnerischen Prozessen und in Analysen ästhetischer Objekte kreativ verhalten können; d. h. in wechselnden Anteilen und gegenseitiger Durchdringung
— ein Problem benennen, analysieren, strukturieren können,
— experimentell und assoziativ vorgehen können,
— Lücken in der Problemstellung als Handlungsspielraum erkennen können,
— inhaltliche und methodische Varianten erproben und untersuchen können,
— eine neue Idee finden können,
— dieser neuen Idee entsprechen, d. h. einen Sachbezug herstellen und beurteilen können;
erkennen können, daß kreative Prozesse als problembezogene Selbstregelungsprozesse aufgefaßt werden können, in denen auf Fremdurteile verzichtet werden kann;
erkennen können, daß bei kreativen Prozessen mehrere unterschiedliche Problemlösungen möglich sind.

2.3.4 Fähigkeit zur ästhetischen Sensibilität
sich einem ästhetischen Objekt konzentriert zuwenden und sich mit ihm selbständig auseinandersetzen können;
von jeder visuellen Komplexität mehrere Auffassungen bilden und die Vieldeutigkeit visueller Komplexität erkennen und aushalten können;
jede gewonnene Auffassung als Endresultat einer Folge von Wahrnehmungsoperationen und Urteilen begreifen können;
die eigene Auffassung (als hypothetisches Modell) als eine mögliche unter vielen anderen bewußt machen;
Auffassungen anderer begreifen, mitvollziehen und tolerieren lernen;
erkennen können, daß ästhetische Sensibilisierung notwendige Voraussetzung zur Kritikfähigkeit ist;
das eigene Handeln und Herstellen als lustbetontes Tun gegenüber rezeptivem und passivem Konsumverhalten empfinden können.

3. Didaktische Strukturierung der fachlichen Bezugsfelder

Kriterien der didaktischen Strukturierung der Bezugsfelder sind Produktion und Reflexion. Sie beziehen sich im allgemeinen anthropologischen Sinne auf Wahrnehmung und Verarbeitung dieser Wahrnehmung von Umwelt. Das heißt, in der Herstellung von Objekten (Produktion) wie auch in der Wahrnehmung werden Einzelelemente zu komplexeren Einheiten zusammengeschlossen. Beide Prozesse schließen notwendigerweise Reflexion ein. Eine fortschreitende Differenzierung in der Herstellung von Objekten schafft damit zugleich die Grundlage für eine ständig weiterentwickelte Wahrnehmung.

Die Funktion der Wahrnehmung als einer Voraussetzung rationaler Umweltorientierung und Umweltplanung muß durch Reflexion aufgedeckt werden.
Die Durchdringung von Produktion und Reflexion hat methodische Konsequenzen in bezug auf die Auswahl von
- Lehrzielen und deren Evaluation
- Unterrichtsinhalten
- Unterrichts- und Lernformen
- Unterrichtsmedien.

3.1 *Lernziele und deren Evaluation*

Die Lernzielbestimmung richtet sich einerseits nach dem allgemeinen Erziehungsziel Emanzipation (Leitziel), andererseits nach der Struktur des zu erarbeitenden Gegenstandes. Die übergeordnete Intention des Leitzieles verlangt eine entsprechende Gewichtung und Auswahl exemplarischer Aspekte des Gegenstandes.
Die Lernziele werden im konkreten Einzelfall bestimmt durch folgende Komponenten:
a) die soziokulturelle Situation der Schüler
   (z. B. soziale Gruppen im Einzugsgebiet der Schule, kulturelles Angebot, Familie, Schule, Klassenverband)
b) individuell-anthropologische Bedingungen
   (z. B. Alters- und Bildungsstufe, Geschlecht, Persönlichkeitsstruktur)
c) Lehr- und Lernmethoden der Allgemeinen Didaktik und Fachwissenschaft
   (z. B. Analyse ästhetischer Objekte, Auswahlprinzip des Kategorialen und Exemplarischen)
d) Strukturierung des Gegenstandes unter fachspezifischen Kriterien
   (z. B. Text-Bild-Beziehungen in der Werbung, Form-Funktions-Beziehungen in der Architektur).

Lernziele beschreiben die Fähigkeit zu bestimmten Verhaltensdispositionen im kognitiven, affektiven und pragmatischen Bereich. Diese sind je nach Gegenstandsstruktur und Bildungsstufe unterschiedlich akzentuiert.
Die gleichzeitige Aktivierung der kognitiven, affektiven und pragmatischen Fähigkeiten in bezug auf die Gegenstandserschließung ist für den Kunstunterricht der Grundstufe charakteristisch. Die Verflechtung von Produktion und Reflexion entspricht in besonderer Weise diesem komplexen Verhalten.
Möglichkeiten der Evaluation sind gegeben im Bereich der Reflexion (verbale und schriftliche Äußerungen) und im Bereich der Produktion (praktische Arbeiten, Aktionen und Spielverhalten). Sie dienen der Kontrolle der Lernziele und der Lernzielkonzeption.

3.2 *Unterrichtsinhalte*

Die Unterrichtsinhalte werden aus den in 2.1 genannten Bezugsfeldern als ästhetische Objekte und bildnerische Prozesse abgeleitet. Grundsätzlich sind alle Gegenstandsbereiche der Umwelt unterrichtsrelevant. Entscheidend ist die fachliche Akzentuierung dieser Gegenstandsbereiche, d. h. ihre Strukturierung unter der Kontrolle der Lernziele (vgl. 3.1). Entsprechend der Gliederung der fachlichen Bezugsfelder (2.1) bieten sich folgende Unterrichtsinhalte an:

3.2.1 Visuelle und haptische Phänomene der vorgefundenen Umwelt
Wachstumsstrukturen und Veränderungsprozesse im organischen Bereich: Pflanze, Tier, Mensch (z. B. Zeichen- und Signalsysteme in der Tier- und Pflanzenwelt, Mimikry/Tarnung, Metamorphosen, Wachstumsrhythmen, De- und Regenerationserscheinungen, soziale Organisationsformen).

Im anorganischen Bereich: physikalisch-chemische Prozesse –
Mineralien, meteorologische Phänomene,
Morphologie der Landschaft,
Mikroästhetische Strukturen: z. B. Zellen, Kristalle.

3.2.2 Visuelle und haptische Phänomene der hergestellten Umwelt

Die hergestellte Umwelt läßt sich im Hinblick auf ihre Wirkungs- und Funktionsweisen als gebaute und instrumentelle und als eine abbildhaft reproduzierte Umwelt unterscheiden:
z. B. Landschaftsplanung und Städtebau, Umweltschutz, Verkehr;
Maschine, Gerät, Wohnung, Kleidung, Schmuck/Dekor;
Malerei, Grafik, Fotografie, Film, Plastik;
Massenmedien:
Fernsehen, Film, Illustrierte, Zeitungen und Zeitschriften,
Comics, Bilderbücher, Reklamebilder;
gesellschaftlich relevante Situationen: z. B. Sportveranstaltungen, Kinderfeste, Fastnacht, Verkehr, Supermarkt, Spielplatz, Fernsehen.

3.3 *Unterrichts- und Lernformen*

Emanzipatorischer Unterricht verlangt Formen des Lehrens und Lernens, die nicht auf Rezeption abrufbaren Wissens beruhen, sondern durch Erfahrung gewonnene Erkenntnisse und entsprechendes Verhalten begünstigen. Dazu sollte dem Schüler die Konzeption des Unterrichts offengelegt und die Möglichkeit zur Beurteilung und individuellen Abwandlung gegeben werden. In diesem Sinne kann ein erster Schritt zur Selbst- und Mitbestimmung des Schülers getan werden. Aufgrund der in den Lernzielen vereinbarten Qualifikationen und Kriterien vermag der Schüler seine eigene Leistung und die Leistung anderer distanziert zu beurteilen.

Sorgfältig aufeinander abgestimmte Lernziele innerhalb einer Aufgabenpassage ermöglichen dem Schüler, fachliche Strukturen im Zusammenhang zu durchschauen und seine dadurch gewonnenen Erkenntnisse auf neue Situationen zu übertragen (Transfer).

Dem fachlichen Richtziel der Fähigkeit zur Kreativität sollte einerseits bei der Organisation einer Aufgabenpassage durch genügende Komplexität der bildnerischen Aufgabenstellung entsprochen werden, andererseits sollten außerhalb der Passage die Kreativität begünstigende einzelne Lernsituationen von hoher Innovation angeboten werden.

Als Beispiele fachspezifischer Unterrichts- und Lernformen können genannt werden: projektbezogene Arbeit, Gruppen- und Partnerarbeit, freier Meinungsaustausch und gegenseitige Beratung, selbständige Problemlösung im bildnerisch-praktischen Bereich; Experimentieren, Aktion, Montieren, Erproben, Verändern, Umdeuten.

3.4 *Unterrichtsmedien*

Die Medien sind konstituierender Bestandteil der Aufgabenstellung und -lösung im Kunstunterricht auch der Grundschule. Sie sind die Realisationsmittel, an denen die Prinzipien von Produktion und Reflexion anschaulich erfahren und beurteilt werden können. Zu den Unterrichtsmedien gehören alle Materialien und Geräte zur grafischen, farbigen und plastisch/räumlichen Gestaltung: wie z. B. Zeichen- und Malmaterialien, drucktechnische Geräte, Reproduktions-, Foto- und Filmmaterialien;
Rohstoffe, Halbfabrikate und Fertigprodukte, Fundstücke aus der Natur und der technischen Umwelt.

Zu den Präsentationsmedien gehören:
Bild- und Tonträger (Drucke, Dias, Filme und Kassetten),
Apparate (Projektoren);
ästhetische Objekte (Schülerarbeiten, originale Malerei, Grafik, Plastik, Modelle, technische Objekte, Naturobjekte.

4. Fachliche Arbeitsbereiche

Die fachlichen Arbeitsbereiche sind Zeichen/Grafik, Farbe, Körper/Raum, Spiel/Aktion.

In diesen Arbeitsbereichen finden elementare Lernprozesse statt, die sich gleichermaßen auf anthropologische Voraussetzungen des Kindes, Umweltphänomene und gestalterische Probleme beziehen. Die Zuordnung von elementaren Lernprozessen und fachlichen Arbeitsbereichen kann folgendermaßen vorgenommen werden:

	Zeichnen/ Grafik	Farbe	Körper/ Raum	Spiel/ Aktion
Erfinden von Formen, Artikulation und Differenzierung von Zeichen	1.1	2.1	3.1	4.1
Beziehungsgefüge von Zeichen / Zuordnung von Formen	1.2	2.2	3.2	4.2
Ordnen und Gruppieren	1.3	2.3	3.3	4.3
Form-Grund-Beziehung (Körper/Raum)	1.4	2.4	3.4	4.4
Erfindung, Artikulation und Differenzierung von Bewegungsvorgängen	1.5	2.5	3.5	4.5
Experimentieren und Verändern	1.6	2.6	3.6	4.6

Literatur

Allgemeine Literatur

Badt, Kurt: „Wesen der Plastik" in Raumfantasien und Raumillusionen, Köln 1963

Conrads, Ulrich: Architektur, Spielraum für Leben, Gütersloh 1972

Braun-Feldweg, Wilhelm: Normen und Formen industrieller Produktion, Ravensburg 1968²

Giedion, Siegfried: Raum, Zeit und Architektur, Ravensburg 1965

Goffman, Erving: Verhalten in sozialen Situationen, Gütersloh 1971

Halprin, Lawrence: Creative Processes in the Human environment, New York 1969

Henri, Adrian: Environment and Happenings, London 1974

Kepes, Gyorgy: Arts of the environment, New York 1972; Der Mensch und seine Dinge, Brüssel 1972

Kultermann, Udo: Neue Dimensionen der Plastik, Tübingen 1967

Metzger, Wolfgang: Gesetze des Sehens, Frankfurt 1975

Oliver, Paul: Shelter and Society, London 1969

Piaget, Jean, Inhelder, Bärbel u. a.: Die Entwicklung des räumlichen Denkens beim Kinde, Stuttgart 1971

Proshansky, H. M.; Ittelson, W. H.; Rivlin, L. G.: Environmental Psychology: Man and his physical Setting, New York 1970

Selle, Gert: Ideologie und Utopie des Design, Köln 1973

Schmidt-Brümmer, Horst; Lee, Fellie: Die bemalte Stadt, Köln 1973

Trier, Eduard: Bildhauertheorien im 20. Jahrhundert, Berlin 1971; Figur und Raum, Berlin 1960

Kataloge

Die neue Sammlung München: Profitopolis, o. J. (1971/72)

Internationales Design-Zentrum e. V.: Mode – das inszenierte Leben, Berlin o. J.

Kunsthalle Recklinghausen: Kunst als Spiel – Spiel als Kunst, 1969

Neue Galerie der Stadt Aachen: Sammlung Ludwig in Aachen, 1972

Sammlung Ludwig im Wallraf-Richartz-Museum Köln: Kunst der 60er Jahre, 1. Aufg. 1969

Städtisches Museum Leverkusen: Räume und environments, Köln 1969

Didaktische Literatur

Belser, Helmut u. a.: Curriculum – Materialien für die Vorschule, Weinheim 1973[2]

K. Bodemeyer/M. Kutzer: Unterrichtsbeispiele zum Arbeitsbereich Körper/Raum (Kunstunterricht Grundschule), Ravensburg 1976

Burkhardt, Hermann: Zur visuellen Kommunikation in der Grundschulpraxis, Ravensburg 1974[2]

Denker, Johann: Kunstunterricht in der Grundschule, Oldenburg 1969

Ebert, Wilhelm: Kreativität und Kunstpädagogik, Ratingen 1973; Zum bildnerischen Verhalten des Kindes im Vor- und Grundschulalter, Ratingen 1967

Egen, Horst: Kinderzeichnungen und Umwelt, Bonn 1967

Grüneisl, G.; Mayrhofer, H.; Zacharias, W.: Umwelt als Lernraum, Köln 1973

Haebler, Luitbert von: Wahrnehmen und Gestalten. Heft 4 – Schulprojekte der Universität Bielefeld: Beiträge zur Planung der Eingangsstufe an der Laborschule, Stuttgart 1974

Heimann/Otto/Schulz: Unterrichts-Analyse und Planung, Hannover 1966[2]

Heinig, Peter: Spielobjekte, Ravensburg 1973

Huber, Erich: Visuelle Bildung 1 – Körper und Raum, Wien 1973

Kaiser, Gerold: Kunstunterricht in der Eingangsstufe, Ravensburg 1975[2]

Kowalski, Klaus: Sehen und Gestalten – in: Deutscher Bildungsrat: Gutachten und Studien der Bildungskommission 48/1. Die Eingangsstufe des Primarbereichs Band 2/1: Spielen und Gestalten. Stuttgart 1975

Lowenfeld, Viktor: Vom Wesen schöpferischen Gestaltens, Frankfurt 1960

Matthies, Klaus: Erkenntnis und Interesse in der Kunstdidaktik, Köln 1972

Merz, Florian: Materialbilder und Objekte, Ravensburg 1971

Mühle, Günther: Entwicklungspsychologie des zeichnerischen Gestaltens, München 1967

Museum of Modern Art: Assemblage – A New Dimension in Creative Teaching, New York 1972

Otto, Gunter: Didaktik der ästhetischen Erziehung, Braunschweig 1975

Peterßen, Wilhelm: Grundlagen und Praxis des lernzielorientierten Unterrichts. EGS-Texte, Ravensburg 1974

Pfennig, Reinhard: Probleme des Raums, Oldenburg 1973

Read, Herbert: Erziehung durch Kunst, München 1962

Seitz, Rudolf: Ästhetische Elementarbildung – ein Beitrag zur Kreativitätsforschung, Donauwörth 1974

Aufsätze

Barth, Walter: Kunst/Ästhetische Erziehung, in: Retter, H. (Hrsg.): Schlüsselbegriffe in der Vorschulerziehung, Bd. 1 Freiburg 1973; Bd. 2 1975

Die Grundschule Heft 12, 1974: Ästhetische Erziehung und Kommunikation.

Funhoff/Kattenstroth/Otto/Wienecke: Unterrichtskonzepte für das 1. u. 2. Schuljahr, in: Kunst und Unterricht Heft 9/1970; Heft 10/1970

Giel, K.; Hiller, G. G.: Verfahren zur Konstruktion von Unterrichtsmodellen als Teilaspekt einer konkreten Curriculum-Reform, ZfP 16. Jahrgang 1970 Nr. 6

Gocksch/Kock/Otto/Wienecke: Vorschlag eines Lehrplanes für das 1. und 2. Schuljahr, in: Kunst und Unterricht Heft 4/1969

Pfennig, Reinhard: Plastik und Objekt im Kunstunterricht, in: Kunst und Unterricht Heft 1/1968

Zeitschrift für Kunstpädagogik Heft 1/1972 (Vor- und Grundschule)

Lehrpläne

Baden-Württemberg: Vorläufige Arbeitsanweisungen für den Kunstunterricht in den Grundschulen des Landes Baden-Württemberg, Ausgabe vom 21. 8. 1973

Hamburg: Lehrplan Bildende Kunst für die Grundstufe 1973

Hessen: Rahmenrichtlinien Primarstufe Kunst/Visuelle Kommunikation, Wiesbaden 1973

Nordrhein-Westfalen: Richtlinien und Lehrpläne für die Grundschule in Nordrhein-Westfalen – Kunst und Design, Düsseldorf 1973

Kunstunterricht Grundschule

Die neuen Lehrpläne für den Kunstunterricht an Grundschulen gliedern sich übereinstimmend in die Arbeitsbereiche: Zeichnen/Grafik, Farbe, Körper/Raum, Spiel/Materialaktion.

Kunstunterricht Grundschule als neue Buchreihe nimmt folgerichtig mit den ersten Titeln Bezug zu diesen Themengruppen, die Autoren sind selbst Mitglieder der entsprechenden Lehrplankommision eines Bundeslandes. Im Konzept nehmen die einzelnen Bände zunächst in einer theoretischen Grundlegung Stellung zu den Themenbereichen:

a) didaktisch relevante Definition des Arbeitsbereichs
b) Interpretation der elementaren Lernprozesse in diesem Arbeitsbereich
c) Grundverhaltensweisen in dem Arbeitsbereich.

Danach werden jeweils im Hauptteil etwa 15 Unterrichtsmodelle genau beschrieben: Fachliche Intention, bildnerische Verfahren, Probleme und Mittel, Motiv; Umweltbezug; Methodische Aspekte; Erfahrungsbericht; Alternativen; Fachliche Querverbindungen; Quellenhinweise auf Abbildungen und Literatur.

Erich Grießhaber
Unterrichtsbeispiele zum Arbeitsbereich Zeichnen/Grafik

84 Seiten mit 46 Schwarzweiß-Abbildungen
Format 21 x 20 cm. Kartoniert, geheftet.
ISBN 3-473-61474-2

Gerold Kaiser
Unterrichtsbeispiele zum Arbeitsbereich Farbe

72 Seiten mit 23 Abbildungen, farbig.
Format 21 x 20 cm. Kartoniert, geheftet.
ISBN 3-473-61475-0

Klaus Bodemeyer, Michael Kutzer
Unterrichtsbeispiele zum Arbeitsbereich Körper/Raum

84 Seiten mit 43 Schwarzweiß-Abbildungen.
Format 21 x 20 cm. Kartoniert, geheftet.
ISBN 3-473-61476-9

Walter Barth, Hermann Burkhardt, Wolfgang Hämmerle
Unterrichtsbeispiele zum Arbeitsbereich Spiel/Materialaktion

84 Seiten mit 52 Schwarzweiß-Abbildungen.
Format 21 x 20 cm. Kartoniert, geheftet.
ISBN 3-473-61477-7

Otto Maier Verlag Ravensburg · Fachverlag

20.—
———
10.—